全国高等教育自学考试指定教材

社会工作理论

（含：社会工作理论自学考试大纲）　课程代码　14178

（2024年版）

全国高等教育自学考试指导委员会　组编

主编　刘　梦

中国人民大学出版社

·北京·

中国人民大学出版社自考数字教材配套数字资源使用指南

由全国高等教育自学考试指导委员会组织国内相关领域知名专家，编写了最新版自考教材，并首次配套数字资源。本数字教材有以下特点：

(1) 知识点微课贯穿全书，视频扫码随时学。

(2) 在线自测题按章分布，边学边练效果好。

(3) 支持课程互动和评论，让学习不再孤单。

(4) 考试资讯和资源更新，关注公号享服务。

凡是购买正版教材的考生，可凭封面的兑换码免费兑换教材配套数字资源。

数字资源获取方法和使用说明如下：

(1) 扫描并关注教材中的“人大社 e 自考”微信公众号。

(2) 点击“课程中心”，下拉进入“个人中心”，找到“兑换中心”。

(3) 刮开本书所附卡片涂层，获取数字资源兑换码，即可兑换教材配套数字资源。

(4) 在“个人中心”—“我的课程”里找到已兑换的课程进行学习。

如兑换码有误或有其他问题，请关注“人大社 e 自考”微信公众号并留言。

组编前言

21 世纪是一个变幻难测的世纪，是一个催人奋进的时代。科学技术飞速发展，知识更替日新月异。希望、困惑、机遇、挑战，随时随地都有可能出现在每一个社会成员的生活之中。抓住机遇，寻求发展，迎接挑战，适应变化的制胜法宝就是学习——依靠自己学习、终生学习。

作为我国高等教育组成部分的自学考试，其职责就是在高等教育这个水平上倡导自学、鼓励自学、帮助自学、推动自学，为每一个自学者铺就成才之路。组织编写供读者学习的教材就是履行这个职责的重要环节。毫无疑问，这种教材应当适合自学，应当有利于学习者掌握和了解新知识、新信息，有利于学习者增强创新意识，培养实践能力，形成自学能力，也有利于学习者学以致用，解决实际工作中所遇到的问题。具有如此特点的书，我们虽然沿用了“教材”这个概念，但它与那种仅供教师讲、学生听，教师不讲、学生不懂，以“教”为中心的教科书相比，已经在内容安排、编写体例、行文风格等方面都大不相同了。希望读者对此有所了解，以便从一开始就树立起依靠自己学习的坚定信念，不断探索适合自己的学习方法，充分利用自己已有的知识基础和实际工作经验，最大限度地发挥自己的潜能，达到学习的目标。

欢迎读者提出意见和建议。

祝每一位读者自学成功。

全国高等教育自学考试指导委员会

2022 年 12 月

目　录

全国高等教育自学考试

社会工作理论
自学考试大纲

全国高等教育自学考试指导委员会　制定

大纲前言

为了适应社会主义现代化建设事业的需要，鼓励自学成才，我国在 20 世纪 80 年代初建立了高等教育自学考试制度。高等教育自学考试是个人自学、社会助学和国家考试相结合的一种高等教育形式。应考者通过规定的专业课程考试并经思想品德鉴定达到毕业要求的，可获得毕业证书；国家承认学历并按照规定享有与普通高等学校毕业生同等的有关待遇。经过 40 多年的发展，高等教育自学考试为国家培养造就了大批专门人才。

课程自学考试大纲是规范自学者学习范围、要求和考试标准的文件。它是按照专业考试计划的要求，具体指导个人自学、社会助学、国家考试及编写教材的依据。

为更新教育观念，深化教学内容方式、考试制度、质量评价制度改革，更好地提高自学考试人才培养的质量，全国考委各专业委员会按照专业考试计划的要求，组织编写了课程自学考试大纲。

新编写的大纲，在层次上，本科参照一般普通高校本科水平，专科参照一般普通高校专科或高职院校的水平；在内容上，及时反映学科的发展变化以及自然科学和社会科学近年来研究的成果，以更好地指导应考者学习使用。

全国高等教育自学考试指导委员会

2023 年 11 月

Ⅰ　课程性质与课程目标

一、课程性质和特点

《社会工作理论》是社会工作专业的核心课程，是对社会工作专业方法类课程的总结和提升。本课程主要以介绍当前西方社会工作领域中常用的理论流派为主要线索，对社会工作理论的形成与发展、理论流派的代表性人物及其主要观点、理论运用与方法等内容进行了系统的介绍、归纳和总结，体现了诸多社会工作理论的内涵与发展，并对这些理论的发展趋势及优缺点进行了总结，力图呈现当代社会工作理论的精髓。课程以清晰的理论脉络，展示了社会工作理论产生和发展的历程，阐述了社会工作主要理论流派的概念框架与实践原则，本教材涉及的理论主要包括：精神分析理论、认知行为理论、危机干预理论、寻解理论、人本主义理论、生态系统理论、角色理论、赋权理论、优势视角理论、叙事治疗理论、女性主义社会工作理论和社会发展理论等。本课程通过案例分析的方式将社会工作理论与中国本土社会工作实务案例有机结合，展示如何运用相关理论来解决具体问题，指导社会工作实务。通过课程学习，帮助学生提高理论素质，提升将社会工作理论与社会工作实践相结合的能力。

二、课程目标

课程设置的目标是使得考生能够：

1. 正确理解社会工作理论的构成和对社会工作实务的指导作用；

2. 了解主要的社会工作理论及其主要观点；

3. 运用社会工作基本理论和方法解决具体问题，指导社会工作实务；

4. 掌握如何将不同的社会工作理论与不同的实务领域结合，提升学生的理论敏感度和实践能力。

5. 为进一步的社会工作专业学习和研究奠定基础。

三、与相关课程的联系与区别

为了更好地学习本课程内容，建议先修社会工作专业的基础性知识，例如社会工作价值观与职业伦理、个案工作、小组工作和社区工作等内容。本课程将从理论应用的角度，整合社会工作的方法，不断强化在学习过程中对社会工作专业价值观、职业伦理、理论和方法的理解和反思，不断深化专业意识和能力，提升专业素养。

四、课程的重点和难点

1. 本课程的重点内容包括：

（1）理解和把握具体社会工作理论产生的背景、发展历程和发展趋势；

（2）把握具体理论的概念、原则、基本假设和技术，并学习在实践中的应用；

（3）了解理论的优缺点，并在实务中选择合适的理论和方法指导实践。

2. 本课程的难点内容包括：

（1）理解理论的内涵和具体技术，并恰当地运用到实践中；

（2）对理论应用的反思和总结。

Ⅱ　考核目标

本课程在考核目标中，按照识记、领会、简单应用和综合应用四个层次规定其应达到的能力层次要求。四个能力层次是递进关系，各能力层次的含义是：

识记（Ⅰ）：要求考生能够识别和记忆本课程中有关理论的概念、原理、应用原则和技术等主要内容，并能够根据考核的不同要求，做出正确的表述、选择和判断。

领会（Ⅱ）：要求考生能够领悟和理解本课程中有关理论概念及原理的内涵及外延，理解不同的应用原则和具体方法，并能根据考核的不同要求对实务案例进行具体分析，做出正确的判断、解释和说明。

简单应用（Ⅲ）：要求考生能够根据现实问题或案例，运用相关的概念或原理，做出基本的评估和分析，为后续的干预方案提供基础。

综合应用（Ⅳ）：要求考生能够根据现实问题或案例，运用相关的理论原理或概念，对问题或案例进行全面的需求评估，提出具体的干预方案。

Ⅲ　课程内容与考核要求

第一章　绪论

一、学习目的与要求

了解理论的构成和功能，认识到社会工作知识体系中理论的地位与作用；理解社会工作理论与社会工作实务的关系；把握社会工作理论发展脉络，了解社会工作理论的类型；深入了解社会工作理论的构成、功能、发展历史和特点，为接下来学习本书奠定基础。

二、课程内容

（一）理论及其特点

1. 理论

2. 理论的构成要素

（1）概念

（2）变量

（3）命题

（4）假设

3. 社会科学理论的特点

（1）解释性

（2）预测性

（3）可验证性

（4）指导性

（二）社会工作的定义与价值伦理

1. 社会工作的定义与服务领域

（1）社会工作的定义

（2）社会工作的服务领域

2. 社会工作专业价值观和职业伦理

（1）社会工作专业价值观

（2）社会工作职业伦理

3. 社会工作的知识体系构成
(1) 社会工作价值观与职业伦理
(2) 社会工作理论
(3) 社会工作方法
(4) 社会保障与福利制度

(三) 社会工作理论的发展阶段与分类

1. 社会工作理论的定义
2. 社会工作理论与发展阶段的分类

(四) 社会工作理论与实践的关系

1. 社会工作理论对实务的意义
(1) 预测社会现象
(2) 指导需求评估和制订干预计划
(3) 预测干预结果
(4) 提高专业的可信度
(5) 发现知识空白点
(6) 提升理论的选择能力
(7) 提高实务工作者的信心
2. 社会工作实务对理论发展的作用
(1) 提出问题
(2) 实证研究
(3) 理论应用
(4) 实践智慧
(5) 跨学科合作

三、考核知识点与考核要求

(一) 理论及其特点

1. 识记：①理论的定义；②社会科学理论的四大特点。
2. 领会：①理论的定义与构成要素；②社会科学理论的作用。
3. 简单应用：社会科学理论的构成与作用。

(二) 社会工作的定义与价值伦理

1. 识记：①社会工作的定义；②社会工作服务领域。
2. 领会：①社会工作专业价值观；②社会工作职业伦理。
3. 简单应用：运用社会工作专业价值观和职业伦理指导专业实践。

(三) 社会工作理论的发展阶段与分类

1. 识记：①社会工作理论；②社会工作理论的不同分类方法；③社会工作理论发展

阶段分类。

2. 领会：①社会工作理论的类型；②社会工作理论发展历程。

（四）社会工作理论与实践的关系

1. 识记：①理论对实务的指导；②实务对理论发展的作用。

2. 领会：①理论如何指导实务发展；②实务如何推动理论的创新。

四、本章的重点和难点

本章的重点和难点是：社会工作专业价值观和职业伦理；社会工作理论的作用；理论对社会工作实务的指导意义；社会工作实务对理论发展的作用；理论如何与实务有机结合。

第二章　精神分析理论

一、学习目的与要求

了解精神分析理论各流派的主要观点；把握精神分析理论在社会工作理论体系中的作用，理解精神分析理论对社会工作理论发展的贡献及其历史地位；把握精神分析各主要概念，做出正确表述，并能应用相关理论对个案做出分析解释；掌握精神分析理论在现代社会工作实践中的作用，认识到精神分析理论的优势与不足。

二、课程内容

（一）精神分析理论与社会工作

1. 精神分析理论简述

（1）弗洛伊德与经典精神分析传统

（2）弗洛伊德后继者对经典精神分析理论的拓展

2. 社会工作中的精神分析

（二）精神分析的有关理论与概念

1. 发展阶段理论

（1）弗洛伊德理论

（2）埃里克森理论

2. 潜意识理论

3. 人格结构理论

（1）本我

（2）自我

（3）超我

4. 自我防御机制

（1）压抑的防御机制

(2) 退行
(3) 反向形成
(4) 隔离
(5) 抵消
(6) 投射
(7) 转向自身
(8) 否认
(9) 理性化
(10) 合理化
(11) 升华
5. 移情与反移情
(1) 移情
(2) 反移情
6. 阻抗
7. 依恋理论
8. 分离-个体化
(1) 共生期
(2) 分化期
(3) 实践期
(4) 和解期
(5) 客体恒常性阶段

(三) 精神分析理论在社会工作实务中的应用

1. 精神分析理论在社会工作个案工作中的应用
(1) 接案阶段的应用
(2) 收集资料的方向与内容
(3) 诊断与预估阶段的应用
(4) 目标设立与干预计划制订中的应用
(5) 实施干预中的应用
(6) 评估与结案准备中的应用
2. 精神分析理论在小组工作中的应用

(四) 精神分析理论的案例分析

1. 需求评估
2. 干预方案制定与实施
3. 干预总结与反思

(五) 精神分析理论的优势与不足

1. 精神分析理论的优势

2. 精神分析理论的不足

三、考核知识点与考核要求

（一）精神分析理论与社会工作

1. 识记：①投射与内射的概念；②抱持性环境的概念；③过渡性客体的概念；④自体与自体客体的概念。

2. 领会：①弗洛伊德理论对心理问题产生原因的理解与治疗设置；②自我心理学对弗洛伊德理论的发展及其差异；③客体关系学派与弗洛伊德理论及自我心理学的差异；④自体心理学对自体的形成及其与个人发展的理解；⑤人际精神分析与弗洛伊德理论及客体关系学派的差异；⑥精神分析理论与社会工作的契合；⑦精神分析理论对社会工作理论的主要影响。

3. 简单应用：①弗洛伊德理论视角对个案的理解；②自我心理学视角对个案理解；③客体关系学派视角对个案理解；④自体心理学视角对个案理解。

（二）精神分析的有关理论与概念

1. 识记：①弗洛伊德发展理论五个阶段的内容；②埃里克森八阶段发展理论的内容；③潜意识的含义；④本我、自我、超我的含义；⑤主要的自我防御机制（压抑、退行、反向形成、隔离、抵消、投射、转向自身、否认、理性化、合理化、升华）；⑥移情与反移情的含义；⑦阻抗的含义；⑧四种依恋类型；⑨分离-个体化及其发展阶段。

2. 领会：①弗洛伊德与埃里克森发展理论提出的出发点；②潜意识理论与心理问题的关联；③本我、自我、超我之间的关系；④防御机制存在的作用及其与心理问题的关联；⑤移情与反移情在工作关系中的体现与运用；⑥阻抗产生的原因；⑦不同依恋类型与人际关系模式的关联；⑧分离一个体化与人的正常发展的关系。

3. 简单应用：①发展阶段理论视角对心理问题的理解；②潜意识理论视角对心理问题的理解；③人格结构理论视角对心理问题的理解；④移情与反移情视角对心理问题及助人过程的理解；⑤阻抗视角对心理问题及助人过程的理解；⑥依恋理论视角对心理问题的理解；⑦分离一个体化视角对心理问题的理解。

（三）精神分析理论在社会工作实务中的应用

1. 识记：①精神分析个案资料收集要素；②个案工作目标制定考量因素；③个案干预工作设置考量因素。

2. 领会：①个案是否适合精神分析工作的评估考量；②所收集的各类资料对理解案主的意义；③个案工作目标制定考量；④个案干预工作设置考量；⑤评估与结案工作考量；⑥精神分析理论对小组中成员互动的理解。

3. 简单应用：①接案评估与建立关系；②精神分析个案资料收集要素；③通过描述一回顾一联系对个案进行诊断与预估；④个案干预工作设置；⑤工作评估与结案。

4. 综合应用：①精神分析理论在社会工作个案工作中的应用；②精神分析理论在社会工作小组工作中的应用。

（四）精神分析理论的案例分析

1. 领会：精神分析理论在社会工作实务中的基本过程。
2. 综合应用：服务策略制定及案例分析的侧重点。

（五）精神分析理论的优势与不足

1. 领会：①精神分析理论的优势；②精神分析理论的不足。
2. 综合应用：理解理论的优势和不足，合理应用理论指导实践。

四、本章重点与难点

本章重点：精神分析理论的主要观点；精神分析理论的重要概念；精神分析理论在社会工作实践应用中的要点；精神分析理论在社会工作理论体系中的地位与作用。

本章难点：精神分析理论中各流派主要观点的理解；精神分析从弗洛伊德时代发展至今的主要变化；精神分析理论重要概念的理解与运用；精神分析理论在社会工作实际中的综合运用。

第三章　认知行为理论

一、学习目的与要求

了解认知行为理论与社会工作实务的关系，掌握行为主义和认知理论的主要概念和基本观点，理解认知行为理论实践应用的重点原则。学习认知行为理论在社会工作实务运用中的服务过程，认识认知行为理论服务问题评估的侧重点，领会社会工作服务目标的制定，掌握认知行为社会工作实务的服务策略。掌握认知行为社会工作的理论核心、评估焦点及在实务过程中需要完成的任务。

二、课程内容

（一）认知行为理论与社会工作

1. 认知行为理论的演变与发展
（1）行为主义理论
（2）认知理论
2. 认知行为理论与社会工作实务的关系

（二）认知行为理论的主要概念与基本观点

1. 认知行为理论的主要概念
（1）认知
（2）行为
2. 认知行为理论的基本观点
（1）基本的理论假设

（2）ABC 情绪理论框架

3. 认知行为理论实践应用的重点原则

（1）认知在行为和情绪中扮演着中介和协调的作用

（2）重视行为后续结果对行为的影响

（三）认知行为理论在社会工作中的应用

1. 合作式专业服务关系的建立

2. 认知行为社会工作服务问题的评估

（1）服务对象问题的清晰界定

（2）服务对象解决问题能力的挖掘

（3）问题的外在性与内在性及其二者的相互影响

（4）服务对象及其处境的差异性

3. 认知行为社会工作服务目标的制定

4. 认知行为社会工作服务实施策略

（1）澄清内在沟通

（2）向服务对象解释认知行为模式的运作方式

（3）帮助服务对象实现经验学习

（4）实现服务对象认知重塑和行为的改变

（5）结案与评估

（四）认知行为理论的案例分析

1. 建立合作式的专业关系

2. 确定评估重点

3. 服务策略

（五）认知行为理论的优势与不足

1. 认知行为理论的优势

2. 认知行为理论的不足

三、考核知识点与考核要求

（一）认知行为理论与社会工作

1. 识记：①行为主义理论的基本内容；②认知理论的基本内容。

2. 领会：①认知行为理论的理论来源；②认知行为理论与社会工作实务的关系。

（二）认知行为理论的主要概念与基本观点

1. 识记：①认知的概念；②行为的概念；③ABC 情绪理论框架。

2. 领会：认知行为理论的基本理论假设。

3. 简单应用：认知行为理论实践应用的重点原则。

（三）认知行为理论在社会工作中的应用

1. 识记：认知行为社会工作服务问题评估的侧重点。
2. 领会：①合作式专业关系的建立；②认知行为社会工作服务目标的制定。
3. 简单应用：认知行为社会工作服务实施策略。

（四）认知行为理论的案例分析

1. 领会：认知行为社会工作实务的基本过程。
2. 综合应用：服务策略应用及案例分析的侧重点。

（五）认知行为理论的优势与不足

领会：①认知行为理论的整合性优势；②认知行为理论的结构性优势；③理论的不足。

四、本章重点与难点

本章的重点和难点是：认知行为理论的核心要素；认知行为理论在社会工作实务中应用的重点原则；认知行为社会工作的服务策略及具体应用。

第四章　危机干预理论

一、学习目的与要求

掌握危机干预的基本内涵，熟悉危机干预的基本发展脉络。了解社会工作专业在危机干预发展脉络中扮演或者扩展了哪些内容。重点了解危机干预理论与社会工作实务之间的关系，熟记社会工作实务领域中有哪些危机干预模式，学会分析相关危机干预案例，指导社会工作实践。

二、课程内容

（一）危机干预理论与社会工作

1. 危机干预理论的发展脉络

（1）危机定义和分类

（2）危机干预模型

（3）危机干预技术和策略

（4）危机干预的目标群体

（5）危机干预的效果评估

2. 危机干预理论与社会工作实务之间的关系

（1）危机干预理论为社会工作实务提供了干预模式

（2）社会工作领域对危机干预的研究贡献

（二）危机干预理论的基本概念与假设

1. 危机干预理论的基本概念

（1）危机

（2）创伤性事件

（3）危机后果

2. 危机干预理论的基本假设

（三）危机干预理论在社会工作中的应用

1. 危机干预理论应用的基本原则

（1）快速响应

（2）评估与安全性

（3）建立关系

（4）社会支持

（5）应对策略

（6）问题解决

（7）后续跟进

2. 危机干预理论的行动策略

（1）认识个体差异

（2）评价自己

（3）保证求助者的安全

（4）给求助者提供帮助

（5）明确问题

（6）考虑可替代的应付策略

（7）制订行动步骤

（8）发挥求助者的应付优势

（9）关注求助者的迫切需求

（10）转诊

（11）建立和使用工作关系网

（12）得到承诺与保证

3. 危机干预理论的主要模式

（1）六步干预模式

（2）七阶段危机干预模式

4. 危机干预理论中的危机评估

（1）危机评估的内容

（2）自杀危险性评估

5. 危机干预理论中的效果评估

（1）量表评估

(2) 自我报告评估
(3) 定性评估
(4) 行为观察
(5) 追踪和后续评估
(6) 比较研究
(7) 定量数据分析

(四) 危机干预理论的案例分析

1. 接案过程
2. 服务对象的危机评估
(1) 身体健康评估
(2) 心理状态
(3) 社会文化经历和文化背景
(4) 社会网络关系
(5) 危机评估
3. 关系建立
4. 服务需求评估
(1) 短期需求
(2) 长期需求
5. 服务介入
6. 服务资源链接
7. 服务计划
(1) 与孩子告别
(2) 个人身心健康恢复
8. 服务跟进
(1) 后续计划
(2) 后续协议
9. 服务反思与启示
(1) 文化定义中的服务对象
(2) 社会工作者个人的生死观
(3) 危机干预的服务时长

(五) 危机干预理论的优势与不足

1. 危机干预理论的优势
(1) 提供社会工作实务情境的理论
(2) 提供个体立即性支持
(3) 提供综合性的服务方法

2. 危机干预理论的不足

(1) 对潜在问题的关注有限

(2) 预防功能的弱化

(3) 缺乏后续关怀和连续性的干预

(4) 引起服务对象的创伤

三、考核知识点与考核要求

(一) 危机干预理论与社会工作

1. 识记：①危机干预理论与社会工作实务之间的关系；②阶段模式的定义。

2. 领会：①危机干预理论的发展与演变；②社会工作领域对危机干预理论研究的贡献。

3. 简单应用：社会工作实务领域中的危机干预模式。

(二) 危机干预理论的基本概念与假设

1. 识记：①危机的概念；②创伤性事件；③危机后果。

2. 领会：创伤性应激障碍的内容。

3. 简单应用：危机干预理论的基本假设。

(三) 危机干预理论在社会工作中的应用

1. 识记：①干预的基本原则；②六步干预模式；③七阶段干预模式。

2. 领会：干预的基本策略。

3. 简单应用：①危机评估；②自杀风险评估；③效果评估。

4. 综合应用：七阶段干预模式。

(四) 危机干预理论的案例分析

1. 领会：服务反思与启示。

2. 综合应用：七阶段模式的具体内容及案例分析过程。

(五) 危机干预理论的优势与不足

1. 识记：①危机干预理论的实践情境性优势；②危机干预理论的个体性支持优势；③危机干预理论的综合性服务方法。

2. 领会：危机干预理论的不足。

四、本章重点与难点

本章重点：危机干预理论与社会工作实务之间的关系；危机干预理论的基本原则、假设和理论模式。

本章难点：危机干预理论的发展与趋势；危机干预理论的七阶段模式及应用。

第五章　寻解视角理论

一、学习目的与要求

掌握寻解视角理论的基本定义，熟悉寻解视角理论的基本发展脉络。重点掌握寻解视角理论的基本假设、价值和技术，掌握寻解视角服务流程，能够综合运用寻解视角服务流程进行社会工作实践和案例分析。

二、课程内容

（一）寻解视角理论与社会工作

1. 寻解视角理论的发展脉络
2. 寻解视角理论与社会工作实务的关系
（1）服务对象导向
（2）服务关系导向
（3）短期导向
（4）资源导向
（5）解决问题和目标导向

（二）寻解视角理论的主要理念和基本假设

1. 寻解视角理论的主要理念
（1）不追问问题的原因
（2）与服务对象合作
（3）寻找有效的解决方法
（4）重视正向力量
2. 寻解视角理论的基本假设

（三）寻解视角理论在社会工作中的应用

1. 寻解视角理论的专业价值
（1）尊重人类尊严
（2）个别化服务
（3）助长服务对象的愿景
（4）以服务对象的优势为基础
（5）鼓励服务对象参与
（6）充分提高服务对象的自我决定
（7）助长转移性
（8）极大化服务对象的赋能感
（9）保密性
（10）促进一般化

(11) 监测改变

2. 寻解视角理论的具体技术

(1) 会谈前改变的问句

(2) 例外式问句

(3) 奇迹式问句

(4) 评量式问句

(5) 应对式问句

(6) 假设问句

(7) 关系问句

(8) 赞美

(9) 家庭作业

3. 寻解视角理论的服务流程

(1) 会谈前改变

(2) 第一次会谈

(3) 后续会谈

(4) 回馈

(5) 服务评估

(四) 寻解视角理论的案例分析

1. 需求分析

(1) 人际交往的需求

(2) 学业适应的需求

(3) 情感支持的需求

2. 服务过程

(1) 第一阶段会谈

(2) 第二阶段会谈

(3) 后续跟进及评估

3. 反思与启示

(1) 服务对象的行为能力

(2) 非语言类技巧的使用

(3) 服务技巧的选择

(4) 会谈次数与会谈时间

(五) 寻解视角理论的优势与不足

1. 寻解视角理论的优势

(1) 专注于优势和解决方案

(2) 简短和有时间限制

(3) 合作和以服务对象为中心

2. 寻解视角理论的不足

（1）对潜在问题的关注有限

（2）缺乏标准化技术

（3）不适用于严重的心理健康问题

（4）对服务对象的能力要求高

三、考核知识点与考核要求

（一）寻解视角理论与社会工作

1. 识记：①寻解视角理论与社会工作实务之间的关系；②服务对象导向的定义；③服务关系导向的定义；④短期导向的定义；⑤资源导向的定义；⑥解决问题和目标导向的定义。

2. 领会：寻解视角理论的发展与演变。

（二）寻解视角理论的主要理念和基本假设

1. 识记：①不追问问题的原因；②与服务对象合作；③寻找有效的解决方法；④重视正向力量。

2. 领会：寻解视角理论的基本假设。

3. 简单应用：寻解视角理论的基本假设应用于社会工作服务设计。

（三）寻解视角理论在社会工作中的应用

1. 识记：①会谈前改变的问句；②例外试问句；③奇迹式问句；④评量式问句；⑤应对式问句；⑥假设问句；⑦关系问句；⑧赞美；⑨家庭作业。

2. 领会：①尊重人类尊严；②个别化服务；③助长服务对象的愿景；④以服务对象的优势为基础；⑤鼓励服务对象参与；⑥充分提高服务对象的自我决定；⑦助长转移性；⑧极大化服务对象的赋能感；⑨保密性；⑩促进一般化；⑪监测改变。

3. 简单应用：寻解视角的技术应用于社会工作实践。

4. 综合应用：寻解视角理论的服务流程。

（四）寻解视角理论的案例分析

1. 领会：服务反思与启示。

2. 综合应用：寻解视角的两个阶段服务流程。

（五）寻解视角理论的优势与不足

1. 识记：①专注于优势和解决方案的内容；②简短和时间限制；③合作和以服务对象为中心。

2. 领会：寻解视角理论的不足。

四、本章重点与难点

本章重点：寻解视角理论与社会工作实务之间的关系；寻解视角理论的基本原则与技术；寻解视角的服务流程。

本章难点：寻解视角的技术应用；寻解视角的第一次会面的具体流程；寻解视角的第

一次会面与后续会面之间的关系。

第六章 人本主义理论

一、学习目的与要求

了解人本主义理论与社会工作实务的关系，理解人本主义理论下社会工作应该坚持的价值原则。掌握人本主义的主要概念和核心命题，把握人本主义理论对社会工作的贡献，并能理解该理论在社会工作实务过程中的综合应用。

二、课程内容

（一）人本主义理论与社会工作

1. 人本主义理论发展简介

（1）威廉姆·罗恩

（2）迈克尔姆·佩恩

2. 人本主义理论与社会工作实务的关系

（二）人本主义理论的基本概念

1. 现象世界

2. 自我困扰

3. 价值干预

4. 关怀服务

5. 成长关系

（三）人本主义理论的案例分析

1. 介入思路

2. 介入过程

（1）建立专业合作关系

（2）调整自我概念，发现真实需求

（3）接纳服务对象，给予积极反馈

3. 跟进与回访

（四）人本主义理论的优势与不足

1. 人本主义理论的优势

2. 人本主义理论的不足

三、考核知识点与考核要求

（一）人本主义理论与社会工作

1. 识记：①人本主义思想；②人本主义小组工作的基本价值。

2. 领会：人本主义与社会工作的关系。

（二）人本主义理论的基本概念

1. 识记：①现象世界的含义；②自我困扰的含义；③价值干预的含义；④关怀服务的含义；⑤成长关系的含义。

2. 领会：①现象世界在社会工作实务中的应用内容；②关怀服务在社会工作实务中的应用内容。

3. 简单应用：①价值干预在实务中的应用；②成长关系在实务中的应用。

（三）人本主义理论的案例分析

1. 领会：①人本主义理论下对服务对象具体困境的分析；②服务反思与启示。

2. 综合应用：①人本主义理论指导下对解决服务对象问题的思路的制定；②人本主义理论指导下帮助服务对象摆脱困境的介入过程操作和效果评估。

（四）人本主义理论的优势与不足

领会：①人本主义理论的优势；②人本主义理论的不足。

四、本章重点与难点

本章的重点和难点是：人本主义理论与社会工作的关系；人本主义的主要概念及其对社会工作的启示；人本主义理论与社会工作实务的关系及其在实践中的运用，包括在该理论指导下的案例分析、介入过程及具体评估等。

第七章　生态系统理论

一、学习的目的与要求

了解生态系统理论的历史发展概况；掌握生态系统理论的关键概念；了解社会工作实务中使用生态系统理论的评估和干预路径；理解生态系统理论的优势和不足。

二、课程内容

（一）生态系统理论与社会工作

1. 生态系统理论的起源与发展

2. 生态系统理论与社会工作

（二）生态系统理论的基本概念与假设

1. 生态系统理论的基本概念

（1）人在环境中

（2）系统与子系统

（3）交互

（4）适应性

（5）生态定位

（6）时序系统

2. 生态系统理论的基本观点

（三）生态系统理论在社会工作中的应用

1. 整体性评估
2. 多层次干预
3. 动态反馈
4. 适应和成长
5. 协作方法

（四）生态系统理论的案例分析

1. 需求评估
（1）微观系统
（2）中观系统
（3）外部系统
（4）宏观层面（宏观系统）
2. 多层次干预
（1）微观层面
（2）中观层面
（3）外部层面
（4）宏观层面

（五）生态系统理论的优势与不足

1. 生态系统理论的优势
2. 生态系统理论的不足

三、考核知识点与考核要求

（一）生态系统理论与社会工作

1. 识记：生态系统理论的概念。
2. 领会：生态系统理论的发展与历史。
3. 简单应用：生态系统理论在社会工作领域的价值。

（二）生态系统理论的基本概念与假设

1. 识记：①人在环境中的含义；②系统与子系统的含义；③交互的含义；④适应性的含义；⑤生态定位的含义；⑥时序系统的含义。

2. 领会：生态系统理论的主要观点。

3. 简单应用：运用人在环境中（PIE）所涵盖的不同环境或背景来分析和理解案例。

（三）生态系统理论在社会工作中的应用

1. 识记：①整体性评估的概念；②动态反馈的概念；③多层次干预的概念；④适应和成长；⑤协作方法。

2. 领会：①整体性评估的优势；②多层次干预的不同环境层次；③动态反馈的循环

过程；④适应和成长的目标；⑤协作方法在社会工作中的重要性和特殊性。

3. 简单应用：①整体性评估应关注的关键内容；②多层次干预的综合方法；③社会工作中持续反馈循环的重要性；④如何应对适应成长中遭遇的变化与挑战。

（四）生态系统理论的案例分析

1. 领会：对案例服务的反思与启示。

2. 综合应用：①应用系统理论和生态视角对案例进行需求评估；②基于需求评估，设计相应的多层次干预方案。

（五）生态系统理论的优势与不足

领会：①生态系统理论的优势；②系统理论的不足。

四、本章重点与难点

本章的重点和难点是：生态系统理论的基本概念和观点；生态系统理论在社会工作实务中应用，包括需求评估和多层次干预；理解生态系统理论的优势与不足。

第八章　角色理论

一、学习的目的与要求

了解角色理论的历史发展概况；掌握角色理论的核心概念、基本观点；掌握角色理论在社会工作中的具体应用；理解角色理论的优势和不足。

二、课程内容

（一）角色理论与社会工作

1. 角色理论发展概况

2. 角色理论与社会工作实务

（二）角色理论的基本概念与假设

1. 角色期望

2. 角色扮演

3. 角色冲突

4. 角色压力

5. 角色转换

（三）角色理论在社会工作中的应用

1. 识别服务对象的角色与期望

2. 分析服务对象的角色冲突与压力

3. 提供角色调整和干预策略

（1）澄清并重新谈判对角色的不切实际的期望

（2）帮助服务对象设定界限并优先考虑某些要求较高的角色

(3) 消除造成过度压力的过于繁重的角色
(4) 提倡逐步过渡到更符合服务对象优势和价值观的新角色

(四) 角色理论的案例分析

1. 需求评估
(1) 多种角色压力
(2) 角色冲突
(3) 角色期望和社会压力
(4) 角色超负荷
(5) 角色与自我认同的冲突
2. 干预目标确定
(1) 角色清晰化与期望管理
(2) 建立健康的界限
(3) 时间和压力管理
(4) 提供资源和支持
(5) 提高沟通能力
(6) 自我关心与自身重建
3. 干预措施制定

(五) 角色理论的优势与不足

1. 角色理论的优势
2. 角色理论的不足

三、考核知识点与考核要求

(一) 角色理论与社会工作

1. 识记：角色理论的概念。
2. 领会：①角色理论的发展历史；②角色理论在社会工作领域的价值和优势。

(二) 角色理论的基本概念与假设

1. 识记：①角色期望的概念；②角色扮演的概念；③角色冲突的概念；④角色压力的概念；⑤角色转换的概念；⑥角色模糊的概念。
2. 领会：角色理论的核心观点。

(三) 角色理论在社会工作中的应用

1. 识记：①主要角色的概念；②次要角色的概念；③边缘化角色的概念。
2. 领会：①对角色期望过高或与现实不符的现实原因；②社会工作应用角色理论的最终目标；③角色的明确界定和优先级设定的重要性。
3. 简单应用：①在社会工作中识别服务对象的角色的步骤；②如何设定角色界限；③如何确定角色的优先级；④社会工作者在协助服务对象消除一些角色时要注意哪些方面；⑤社会工作者在协助服务对象过渡新角色时要重点考虑哪些方面。

（四）角色理论的案例分析

1. 领会：对服务的反思与启示。

2. 综合应用：从角色理论视角出发对案例进行分析，并做出相应的社会工作干预方案。

（五）角色理论的优势和不足

1. 领会：①角色理论的优点；②角色理论的局限性。

2. 简单应用：角色理论在社会工作中如何更好地适应具体情境。

3. 综合应用：如何警惕角色理论的可能偏见，并将其与社会正义相结合。

四、本章重点与难点

本章的重点和难点是：角色理论的基本概念和观点；角色理论在社会工作实务中应用，包括分析服务对象的角色冲突与压力，并提供合适的角色调整和干预策略；理解角色理论的优势与不足。

第九章　赋权理论

一、学习目标与要求

了解赋权理论的基本概念和核心观点；掌握赋权理论对社会工作实践的重要性和应用价值；能够综合运用赋权理论分析和解决实务过程中的具体问题。

二、课程内容

（一）赋权理论与社会工作

1. 赋权理论简介

（1）赋权理论先驱所罗门的观点

（2）西蒙划分的赋权取向社会工作“三时期”

2. 赋权理论与社会工作实务的关系

（二）赋权理论的主要概念与基本假设

1. 赋权理论的主要概念

（1）权力

（2）无权

（3）赋权

（4）脉络化

2. 赋权理论的基本假设

（三）赋权理论在社会工作中的应用

1. 赋权理论的基本特点与干预原则

（1）赋权理论与基本特点

（2）赋权理论的干预原则

2. 赋权取向的社会工作模型

（1）赋权的构成要素

（2）赋权过程

（四）赋权理论的案例分析

1. 服务对象无权感的主要表现

2. 服务对象个人的无力感产生的根源

（1）自我负向评价

（2）与外在环境互动过程中形成的负面经验

（3）宏观环境的障碍

3. 介入策略和技术

（1）关系建立与评估

（2）个体的能力建设

（3）群体意识提升

（4）社区宣传和倡导

（五）赋权理论的优势与不足

1. 赋权理论的优势

2. 赋权理论的不足

三、考核知识点与考核要求

（一）赋权理论与社会工作

1. 识记：①赋权理论的特点；②赋权理论可处理的问题。

2. 领会：①赋权理论与社会工作实务的关系；②赋权理论运用过程中的注意事项。

（二）赋权理论的主要概念与基本假设

1. 识记：①权力的概念；②无权的概念；③赋权的概念；④脉络化的概念。

2. 领会：①赋权的意义；②无权的表现。

3. 简单应用：赋权理论的基本假设。

4. 综合应用：赋权的三个层次。

（三）赋权理论在社会工作中的应用

1. 识记：①与服务对象建立协同的合作伙伴关系；②重视并发掘服务对象的能力和资源；③聚焦人与环境的关系；④确认服务对象的主体性；⑤提升服务对象的权力。

2. 简单应用：①赋权理论的干预原则；②赋权取向社会工作模型的构成要素。

3. 综合应用：赋权取向社会工作模型的实践架构。

（四）赋权理论的案例分析

1. 领会：①服务对象无权的表现；②服务对象无力感的根源。

2. 简单应用：赋权理论的介入策略与技术。

2. 综合应用：应用赋权理论进行需求评估和服务设计。

（五）赋权理论的优势与不足

领会：①赋权理论的优势；②赋权理论的不足。

四、本章重点与难点

本章的重点和难点是：赋权理论的主要概念及其含义；赋权理论的主要特点与干预原则；赋权取向社会工作模型构成要素与工作过程；赋权取向社会工作模型的实践架构及其在实践中的运用。

第十章　优势视角理论

一、学习目的与要求

掌握优势视角理论的基本内涵、核心命题，学习掌握优势视角理论指导下社会工作的实务原则和策略，并应用到实践中。

二、课程内容

（一）优势视角理论与社会工作

1. 优势视角理论简介
2. 优势视角下的社会工作实务特征

（二）优势视角理论的基本概念与假设

1. 抗逆力与优势
2. 赋权
3. 希望
4. 合作与对话

（三）优势视角理论在社会工作中的应用

1. 优势视角理论的适用领域和内容

（1）基于生态系统与赋权理论

（2）关注服务对象的优势与能力

（3）强调应转变社会工作的专业关系

（4）协助服务对象发现、增强潜能与能力

（5）重视能力，忽视缺陷

（6）关注和培育抗逆力

2. 干预的基本原则

（1）在具体情境中认识问题

（2）聚焦服务对象的期望、能力和资源

（3）提升服务推动对生活的自主感和控制感

3. 干预的策略

（1）对服务对象优势的聚焦

（2）发掘服务对象学习、成长和改变的能力

（3）和服务对象形成并维持良好的关系

（4）外展的处遇方式

（5）充分利用社区资源

（6）服务对象的倡导作用

（四）优势视角理论的案例分析

1. 需求评估

2. 干预目标确定

3. 服务提供

4. 效果评估

5. 反思与启发

（五）优势视角理论的优势与不足

1. 优势视角理论的优势

2. 优势视角理论的不足

三、考核知识点及考核要求

（一）优势视角理论与社会工作

1. 识记：①优势视角理论的含义；②优势视角理论的假设。

2. 领会：优势视角与问题视角的本质区别。

3. 应用：优势视角下的社会工作实务特征。

（二）优势视角理论的基本概念与假设

1. 识记：①抗逆力与优势的定义；②赋权的定义；③希望的定义；④合作与对话的定义。

2. 领会：优势视角中核心概念与该理论的关系。

3. 简单应用：运用优势视角核心概念具体指导社会工作实务。

（三）优势视角理论在社会工作中的应用

1. 识记：①优势视角在社会工作实践中的三个原则；②优势视角理论的六个实务策略。

2. 领会：优势视角取向的社会工作服务领域和内容。

（四）优势视角理论的案例分析

综合应用：应用优势视角开展案例分析。

（五）优势视角理论的优势与不足

1. 领会：①优势视角理论的优点；②优势视角理论的局限性。

2. 简单应用：优势视角在社会工作中如何更好地适应具体情境。

四、本章重点与难点

本章重点：优势视角理论的基本内涵、假设、核心概念及其在实务中的运用。
本章难点：优势视角理论的干预原则和策略。

第十一章　叙事治疗理论

一、学习目的与要求

理解叙事治疗的含义，了解叙事治疗理论与社会工作的关系；理解叙事治疗理论的基本概念，领会叙事治疗理论的基本假设；掌握叙事治疗的基本原则与干预的技术，领会叙事治疗在社会工作中应用的过程。

二、课程内容

（一）叙事治疗理论与社会工作

1. 叙事治疗理论的发展简介
（1）叙事治疗的含义
（2）叙事治疗理论的发展历程
2. 叙事治疗理论与社会工作实务
（1）叙事治疗理论与社会工作实务相辅相成
（2）叙事治疗理论与社会工作实务互为促进

（二）叙事治疗理论的基本概念与假设

1. 叙事治疗理论的基本概念
（1）叙事隐喻
（2）社会建构
（3）语言、知识、权力
2. 叙事治疗理论的基本假设
（1）故事是经由语言构成的
（2）问题本身才是问题，人不是问题
（3）服务对象是自己生活与问题的专家

（三）叙事治疗理论在社会工作中的应用

1. 叙事治疗干预的基本原则
（1）聚焦生活故事的叙述
（2）人与问题的分离
（3）重构主流故事
2. 叙事治疗干预的技术
（1）倾听

(2) 提问的技术

(3) 外化的技术

(4) 寻找独特的结果

(5) 治疗文件的运用

3. 叙事治疗理论在需求评估中的应用

4. 叙事治疗理论在服务方案中的应用

5. 叙事治疗理论在服务过程中的应用

(1) 主流故事的解构

(2) 服务对象生活故事的建构

6. 叙事治疗理论在服务效果评估中的应用

(四) 叙事治疗理论的案例分析

1. 需求评估

2. 服务方案设计

3. 服务提供

(1) 主流故事的解构

(2) 服务对象新故事的建构

4. 效果评估

(五) 叙事治疗理论的优势与不足

1. 叙事治疗理论的优势

2. 叙事治疗理论的不足

三、考核知识点与考核要求

(一) 叙事治疗理论与社会工作

1. 识记：①叙事治疗的含义；②叙事治疗的目的。

2. 领会：①叙事治疗理论与社会工作的关系；②叙事治疗理论与人类学的关系；③叙事治疗理论与社会建构主义的关系；④叙事治疗理论与后现代主义的关系。

3. 简单应用：①叙事治疗理论与社会工作实务契合点；②叙事治疗在社会工作的实践领域。

4. 综合应用：①叙事治疗理论与其他理论视角的关系；②叙事治疗理论在社会工作各领域的应用情况。

(二) 叙事治疗理论的基本概念与假设

1. 识记：①叙事的含义及其核心；②社会建构的含义；③语言、知识、权力的含义。

2. 领会：①叙事治疗中服务对象故事的构成；②叙事治疗理论对服务对象问题的理解；③叙事治疗中对服务对象能力的认识。

(三) 叙事治疗理论在社会工作中的应用

1. 识记：①主流故事的含义；②外化的含义；③独特结果的含义；④治疗文件的含

义；⑤解构与建构的含义；⑥“问题的影响地图”与“人的影响地图”的含义：⑦“局外人”见证的含义。

2. 领会：①叙事治疗干预的技术；②外化问题的影响；③重建主流故事的意义；④倾听的重点；⑤提问的类型；⑥外化的优点；⑦治疗文件的作用。

3. 简单应用：①对服务对象故事的理解；②服务对象问题的外化；③叙事治疗的程序；④叙事治疗服务的主要步骤。

4. 综合应用：①叙事治疗基本原则与技术；②叙事治疗服务过程。

（四）叙事治疗理论的案例分析

1. 领会：叙事治疗过程的步骤。

2. 简单应用：叙事治疗服务的设计与应用。

（五）叙事治疗理论的优势与不足

1. 领会：①叙事治疗的优势；②叙事治疗的不足。

2. 简单应用：叙事治疗理论的发展趋势。

四、本章重点与难点

本章重点：叙事治疗理论的有关定义、基本概念与假设；叙事治疗干预原则与干预技术；叙事治疗的过程与步骤。

本章难点：叙事治疗理论与其他理论之间的关系；叙事治疗理论的干预技术。

第十二章　女性主义社会工作理论

一、学习的目的与要求

了解女性主义社会工作理论的历史发展；掌握女性主义社会工作理论的基本概念和观点；掌握女性主义社会工作理论在社会工作实务中的应用；理解女性主义社会工作理论的优势和不足。

二、课程内容

（一）女性主义社会工作理论与社会工作

1. 女性主义社会工作理论缘起

（1）女性主义理论

（2）社会主义理论

（3）反压迫理论

（4）社会建构主义理论

（5）女性主义伦理学

2. 女性主义理论与社会工作实务

（二）女性主义社会工作理论的基本概念与核心观点

1. 女性主义社会工作理论的基本概念

（1）赋权

(2) 交叉性
(3) 协作实践
(4) 社会性别敏感性
(5) 个人经验的政治意义
(6) 关注关系
(7) 意识提升
2. 女性主义社会工作理论的核心观点

(三) 女性主义社会工作理论在社会工作中的应用

1. 以服务对象为中心的赋权
2. 解决系统性障碍
3. 共同决策
4. 交叉干预
5. 挑战传统性别角色
6. 倡导和政策变化

(四) 女性主义社会工作理论的案例分析

1. 问题定义
(1) 性别不平等
(2) 经济依赖
(3) 缺乏机会支持
(4) 担忧孩子的未来
(5) 自尊与自我价值的损害
(6) 社会服务资源的限制
2. 共同确立干预目标和措施
(1) 增强个体自主性与经济独立性
(2) 提倡心理支持与恢复自尊
(3) 构建社会支持网络
(4) 教育与提高社会意识
(5) 倡导政策与法律变革

(五) 女性主义社会工作理论的优势和不足

1. 女性主义社会工作理论的优势
2. 女性主义社会工作理论的不足

三、考核知识点与考核要求

(一) 女性主义社会工作理论与社会工作

1. 识记：①女性主义的定义；②女性主义理论的定义；③女性主义社会工作的定义。
2. 领会：①女性主义的历史与发展；②女性主义社会工作理论在社会工作领域的价

值和优势。

（二）女性主义社会工作理论的基本概念与核心观点

1. 识记：①赋权的含义；②交叉性的含义；③协作实践的含义；④社会性别敏感性的含义；⑤个人经验的政治意义的含义；⑥关注关系的含义；⑦意识提升的含义。

2. 领会：女性主义社会工作理论的核心观点。

（三）女性主义社会工作理论在社会工作中的应用

1. 识记：①系统性问题；②共同决策模式；③交叉干预；④传统性别角色。

2. 领会：①女性主义社会工作的任务和最终目标；②以服务对象为中心的赋权方法；③女性主义社会工作重视解决系统性问题的原因；④女性主义社会工作者与传统模式中社会工作者的区别；⑤交叉干预的优势；⑥传统性别角色的局限性。

3. 简单应用：①女性主义社会工作理论解决系统性障碍的策略；②女性主义社会工作者如何帮助服务对象摆脱传统性别角色的束缚；③理解女性主义社会工作者要充当倡导者的角色。

（四）女性主义社会工作理论的案例分析

1. 领会：对服务的反思与启示。

2. 综合应用：从女性主义社会工作的角度，分析服务对象所面临的问题以及干预的目标。

（五）女性主义社会工作理论的优势和不足

1. 领会：①女性主义社会工作理论的优势；②女性主义社会工作理论的不足。

2. 简单应用：女性主义社会工作如何更好地适应现实需求。

四、本章重点与难点

本章的重点和难点是：女性主义的基本概念和观点；女性主义社会工作理论在社会工作实务中的应用；女性主义社会工作理论的优势与不足。

第十三章　社会发展理论

一、学习目的与要求

了解掌握社会发展理论的基本内涵、核心命题，掌握发展性社会工作的实务原则和策略，并结合中国实践进行应用。

二、课程内容

（一）社会发展理论与社会工作

1. 社会发展理论简介

2. 社会发展理论与社会工作的关系

（二）社会发展理论的基本概念与假设

1. 社会发展理论的主要理念和命题
（1）社会进步
（2）物质主义
（3）有计划介入
（4）多元参与
2. 社会发展理论的主要特征
（1）以社会投资为核心
（2）强调社区为本的实践介入策略
（3）重视参与和自决
（4）着力于推进社会公正
（5）具有国际意识

（三）社会发展理论在社会工作中的应用

1. 社会发展理论在社会工作实务中应用的策略
（1）人力资本投资计划
（2）就业与自主创业计划
（3）微型企业和小额贷款计划
（4）以津贴补助工资的投资或颁布最终工资或最低生计工资标准计划
（5）资产积累计划
（6）社会资本计划
（7）消除妨碍经济参与的障碍并创造平等机会计划
（8）注重成本效益和促进实践的证据为本的方法
2. 社会发展理论在社会工作实务中应用的领域

（四）社会发展理论的案例分析

1. 确定干预策略和目标
（1）以社区为本，搭建多方合作的扶贫平台
（2）注重多重社会干预方法的综合运用
（3）以社区为基本介入单元
（4）以能力提升和可持续发展为理念
2. 反思与启发

（五）社会发展理论的优势与不足

1. 社会发展理论的优势
2. 社会发展理论的不足

三、考核知识点及考核要求

（一）社会发展理论与社会工作

1. 识记：①社会发展理论的含义；②三种不同的社会发展理论。

2. 领会：西方社会发展理论的转型。

3. 简单应用：①社会发展理论与社会工作实务的关系；②发展性社会工作。

（二）社会发展理论的基本概念与假设

1. 识记：①社会发展的四个理论假设；②社会发展理论的重要理念。

2. 领会：社会发展理论的五个特征。

（三）社会发展理论在社会工作中的应用

1. 识记：①社会发展理论在社会工作实务中应用的策略；②社会发展理论与社会工作实务中应用的领域。

2. 领会：发展性社会工作的实践策略。

3. 综合应用：发展性社会工作干预的基本原则和策略。

（四）社会发展理论的案例分析

1. 识记：①发展性社会工作干预过程；②社会发展理论在服务过程中的应用。

2. 领会：发展性社会工作实务过程和服务启示。

3. 简单应用：发展性社会工作实务的设计与应用。

（五）社会发展理论的优势与不足

1. 领会：①社会发展理论的优势；②社会发展理论的不足。

2. 简单应用：了解社会发展理论发展趋势，把握社会发展理论的优势与不足。

四、本章重点与难点

本章重点：社会发展理论的内涵、主要命题及其应用领域和范围；社会发展理论与社会工作实务的关系。

本章难点：发展性社会工作的干预原则和策略。

Ⅳ　关于大纲的说明与考核实施要求

一、课程自学考试大纲的目的和作用

课程自学考试大纲是根据专业自学考试计划的要求，结合自学考试的特点而确定。其目的是对个人自学、社会助学和课程考试命题进行指导和规定。

本课程自学考试大纲明确了课程学习的内容以及深度和广度，规定了课程自学考试的范围和标准。因此，它是编写本课程自学考试教材和辅导书的依据，是社会助学组织进行自学辅导的依据，是自学者学习教材、掌握课程内容知识范围和程度的依据，也是进行自学考试命题的依据。

二、课程自学考试大纲与教材的关系

课程自学考试大纲是进行学习和考核的依据，教材是学习掌握课程知识的基本内容与范围，教材的内容是大纲所规定的课程知识和内容的扩展与发挥。课程内容在教材中可以体现一定的深度或难度，但在大纲中对考核的要求一定要适当。

大纲与教材所体现的课程内容应基本一致；大纲里面的课程内容和考核知识点，教材里一般也要有。反过来教材里有的内容，大纲里就不一定体现。如果教材是推荐选用的，其中有的内容与大纲要求不一致的地方，应以大纲规定为准。

三、关于自学教材

《社会工作理论》，全国高等教育自学考试指导委员会组编，刘梦主编，中国人民大学出版社，2024 年版。

四、关于自学要求和自学方法的指导

本大纲的课程基本要求是依据专业考试计划和专业培养目标而确定的。课程基本要求明确了课程的基本内容，以及对基本内容掌握的程度。基本要求中的知识点构成了课程内容的主体部分。因此，课程基本内容掌握程度、课程考核知识点是高等教育自学考核的主体部分。因此，课程基本内容掌握程度、课程考核知识点是高等教育自学考试考核的主要内容。

为了有效指导个人自学和社会助学，本大纲已明确了课程的重点和难点，在章节的基本要求中都指出了章节内容的重点和难点。

本课程共 4 学分。

本课程内容丰富，涉及的理论比较多，各章节之间既有联系，又有区别，对自学应考者来讲有一定的难度。在学习过程中，自学应考者要特别关注几个主要方面：

第一，应全面系统地学习各章内容，记忆应当识记的基本概念和知识点，深入理解基本原理，弄懂基本理论与方法的内涵。

第二，在全面系统学习的基础上，掌握重点，有目的地深入学习重点章节，但切忌在没有全面学习教材的情况下，孤立地去抓重点。

第三，把学习社会工作理论与案例分析有机结合起来。本课程注重对社会工作理论的介绍和阐释，为了更好地理解社会工作理论的基本概念和原理，自学应考者应注意从社会工作实务案例入手来理解社会工作理论的作用和功能，重视理论应用的方法和思路，了解所学理论的发展脉络，通过案例分析，加深对理论的理解，在理解的基础上进行记忆，不要死记硬背。自学应考者应该注重理论素质训练，不断提高自己分析问题、解决问题的能力，切实将课程学习中的理论知识变成自己的实际能力。

五、对考核内容的说明

1. 本课程要求考生学习和掌握的知识点内容都作为考核的内容。课程中各章的内容均由若干知识点组成，在自学考试中成为考核知识点。因此，课程自学考试大纲中所规定的考试内容是以分解为考试知识点的方式给出的。由于知识点在课程中的地位、作用以及知识点自身的特点不同，自学考试将对各知识点分别按照四个认知（或者能力）层次确定其考核要求。

2. 在考试之日起 6 个月前，由全国人民代表大会和国务院颁布或修订的法律、法规都应列入相应的课程考试范围。凡大纲、教材内容与现行法律法规不符的，应以现行法律法规为准，命题是也会对我国经济社会发展的重大方针政策的变化予以体现。

六、关于考试方式和试卷结构的说明

1. 本课程采用闭卷笔试方式进行考试，考试时间为 150 分钟，考试满分为 100 分，达到 60 分为合格。

2. 本课程在试卷中对不同能力层次要求的分数比例大致为：识记占 20%，领会占 30%，简单应用占 30%，综合应用占 20%。

3. 要合理安排难度结构。试题难易度非为易、较易、较难、难四个等级，其中，四种难易度试题的分数比例一般为：易占 20%，较易占 30%，较难占 30%，难占 20%。必须注意，试题的难易度和能力层次不是一个概念，在各个能力层次中都有不同难易度的试题，切勿混淆。

4. 本课程考试命题采用的主要题型一般有：单项选择题、多项选择题、简答题、论述题、案例分析题等。

附录　题型举例

一、单项选择题：在每小题列出的备选项中只有一项是最符合题目要求的，请将其选出。

1. 社会科学理论的特点之一是

A. 解释性　　B. 标志性

C. 公平性　　D. 合法性

2. 心理分析理论的代表人物是

A. 佩恩　　B. 埃里克森

C. 弗洛伊德　　D. 豪

二、多项选择题：在每小题列出的备选项中至少有两项是符合题目要求的，请将其选出，错选、多选或少选均无分。

1. 社会工作的知识体系构成为

A. 社会工作价值观与职业伦理

B. 社会工作理论与方法

C. 社会工作实践

D. 心理咨询

E. 社会保障与福利制度

2. 认知行为社会工作服务实施策略包括

A. 澄清内在沟通

B. 向服务对象解释认知行为模式的运作方式

C. 改变服务对象的思维模式

D. 帮助服务对象实现经验学习

E. 实现服务对象认知重塑和行为的改变

三、简答题

1. 简述什么是危机。

2. 简述角色冲突的含义及表现。

四、论述题

1. 试论社会工作理论如何指导社会工作实践。

2. 试论优势视角理论的基本观点和优点。

五、案例分析题

小李今年 35 岁，与丈夫结婚十多年，有一份不太稳定的工作。婚后不久，因为家庭琐事和其他原因，丈夫从一开始的恶言相加，到扇耳光，再到后来的拳打脚踢，丈夫的暴力行为不断升级。此外，丈夫总是找各种借口，限制她与他人交往，甚至限制她与娘家人来往，这使她感到孤立无援，经常在心里默默地流泪。小李尝试过多次要离婚，但每次都因为种种原因而放弃。更令小李痛苦的是，她们有两个可爱的孩子，小李非常害怕如果自己决定离婚，孩子们会受到更严重的伤害。这使她陷入两难的境地，既想结束暴力的婚姻关系、保护自己，又害怕影响孩子的未来。

问题：请用所学的理论分析小李的需要，并提出相应的干预计划。

大纲后记

《社会工作理论自学考试大纲》是根据《高等教育自学考试专业基本规范（2021 年）》的要求，由全国高等教育自学考试指导委员会公共管理类专业委员会组织制定的。

全国考委公共管理类专业委员会对本大纲组织审稿，根据审稿会意见由编者做了修改，最后由公共管理类专业委员会定稿。

本大纲由浙江师范大学刘梦教授编写；参加审稿并提出修改意见的有南京大学孙亚忠教授、南京大学彭华民教授、上海大学彭善民教授。

对参与本大纲编写和审稿的各位专家表示感谢。

全国高等教育自学考试指导委员会
公共管理类专业委员会
2023 年 11 月

全国高等教育自学考试指定教材

社会工作理论

全国高等教育自学考试指导委员会　组编

编者的话

在中国式现代化进程中，社会工作在推动社会和谐发展中扮演了越来越重要的作用，社会工作人才队伍建设成为党和政府关注的重要议题。近年来，中共中央社会工作部的组建，对社会工作人才队伍建设提出了更高的要求。社会工作者不仅要求具备崇高的职业精神和良好的职业素养，更需要扎实的理论基础和专业技能。而社会工作理论对于社会工作者的实践工作具有重要的指导意义，它不仅可以帮助社会工作者理解和分析社会问题，更可以指导他们设计和实施有效的社会工作实践。

为了适应我国社会工作人才培养的新需求，满足广大自考生和社会工作者的学习需要，在全国高等教育自学考试指导委员会的指导下，我们编写了本教材。本教材旨在帮助学生全面了解和把握社会工作理论，掌握社会工作实践的基本方法，提高社会工作理论与实践相结合的能力。

本教材的特点如下：

（1）确保理论知识的系统性。本书在追求教材的完整性的同时，力求反映成熟的理论成果。本书系统地介绍了社会工作的基本理论，重点分析了在社会工作实践中，如何将社会工作理论、社会工作的基本原则、社会工作的方法和技术有机结合，真正发挥推动社会和谐发展的作用。

（2）展现理论的应用性。本书选择来自不同高校的教师参与编写工作，他们具有丰富的教学和实践经验，这使得教材内容更加贴近实际，富有亲和力；很多案例都是作者自己的实务研究成果，充分展示理论在实践中的运用，有利于学生掌握具有理论基础的实用技能。

（3）提高教材的可读性。理论教材增加案例分析内容，通过案例化的编写方式，使抽象的理论知识通过具体的案例呈现出来，有利于学生的理解和掌握。大量鲜活的案例，帮助学生理解和掌握教学内容，提升融会贯通、举一反三的能力。

本教材在编写过程中，参考了许多专家和学者的相关研究成果，吸收了多种观点，同时也听取了评审专家的指导意见，在此致以诚挚的谢意。

本教材在策划、编写和出版过程中，得到了全国高等教育自学考试指导委员会公共管理类专业委员会的大力支持和帮助，同时还得到了中国人民大学出版社各位老师的帮助，谨表深切谢意。

由于时间、精力和水平有限，书中难免有不妥之处，欢迎广大读者和考生批评指正。

刘梦　张宇莲

2023 年 11 月

第一章　绪论

学习目标

通过本章的学习，可以了解理论的构成和功能，认识到社会工作知识体系中理论的地位与作用，掌握社会工作理论与社会工作实务的关系，把握社会工作理论发展脉络，了解社会工作理论的类型，为接下来的理论学习奠定基础。

建议学时

4 学时

社会工作作为一个实践为本的学科和职业，拥有自己的知识体系，这个体系包含了专业价值观、职业伦理、理论体系以及干预技术。社会工作理论作为指导社会工作实务的核心，在社会工作知识体系和社会工作实务中，占据了重要地位。本章将从理论的定义入手，回顾社会工作理论的产生和发展历程，阐释理论在社会工作实务中的定位和作用，帮助读者为后面具体理论的学习奠定基础。

第一节　理论及其特点

一、什么是理论

什么是理论？根据《韦伯斯特大词典》的解释，理论（theory）指的是“一个连贯的、用于解释一类现象的一般原理组成的体系”。据此，理论是一组相互关联的概念、定义和命题，它们共同描述或解释某一现象或一组现象，这里强调的是理论的描述或解释性功能。《现代汉语词典》是这样定义“理论”的：理论是“人们由实践概括出来的关于自然界和社会的知识的有系统的结论”。这里强调的是理论来自实践，是对实践的概况和总结，是知识性、系统性的，用来解释自然界和社会的。

社会科学学者们对理论的理解和定义更加具体和明确。乔纳森·特纳认为：“理论是一种精神活动……它是一个提出观念的过程，这些观念使得我们能够解释事件如何以及为什么发生。”。默顿将理论定义为“关于社会现象的一般性陈述，这些陈述提供了对现象的解释和理解，以及对现象之间关系的推断。”。中国学者认为，所谓“理论”就是一组以特定的逻辑格式联结起来、可以用来解释相关经验事实的抽象观念或陈述。学者们从不同的角度强调了理论的组成形式、特征和功能。总之，理论是对现实世界的抽象化描述、解释和预测。它是通过系统性的概念、假设和推理构建的，用于理解特定领域内事件、现象或问题的本质、规律和关系。理论的目的是提供一种框架，帮助人们组织和解释所观察到的现象，并为人们的行动和决策提供指导。

二、理论的构成要素

理论是由概念与变量、命题和假设等构成的，将这些要素按照一定的逻辑进行排列，就构成了理论。

（一）概念

概念是用来描述学科现象的抽象化表述，是对现实的逻辑描述，它是抽象的、不能直接或间接被观察到，反映了事物或现象的本质属性。概念可分为实体概念和非实体概念。实体概念是用来描述社会中的有形事物和现象，例如：学校、房屋等。非实体概念用来描述不能直接观察的事物和现象，例如：自尊、歧视、幸福感等。概念是建构理论的“砖瓦”，将概念按照逻辑关系联系起来，就形成了理论。因此，概念成为理论建立的核心要素。

（二）变量

变量是概念的一种类型，是具有一个以上不同的取值（不同的子范畴、不同的属性）的概念，是对概念的限定，通过对概念设计一定的指标或操作化，使得抽象的概念可以被观察和测量。它反映了概念的可变动性，说明了现象在规模、重量、密度、速度等方面的变化情况，或现象在程度差异上的变化方式。例如，“性别”是一个概念，而“男性”和“女性”就是变量，它们清楚说明了性别的不同表现形式。变量间的关系可以是相关关系、因果关系和虚无关系。

（三）命题

命题是把两个以上概念或变量关联起来的陈述，反映了现象之间的关系。命题与概念的区别在于，概念是构成理论的基石，而命题是构成理论的架构，概念是描述现象之间“是什么”的问题，而命题回答的是现象之间“为什么”的问题。命题关注的是抽象概念间的关系，而假设关注的是具体变量之间的关系。

（四）假设

假设是一种有关变量间关系的尝试性的陈述，是一种可用经验事实检验的命题。假设可以通过研究过程中采用的各种规范的观察方法，得到准确的检验。一旦假设得到验证，理论的发展就前进了一步。

三、社会科学理论的特点

社会科学理论的作用在于可以解释社会现实，预测社会行为和现象的未来发展状况。理论能够从具体的实例和现象中提取出共性规律或普遍性规律，很好地指导人们的实践，此外，理论还具有可验证性的特点。

（一）解释性

社会科学理论对社会行为和现象进行解释，它通过建立概念、假设和关系体系，帮助我们理解社会现象产生的原因、过程，社会结构和机制。理论的解释性功能主要包括这样几个方面：

第一，原因和结果。理论可以帮助我们发现社会行为和事件背后的根本原因，了解不同影响因素之间的相互关系，以及某些行为可能会导致的后果，揭示社会现象背后的潜在机制和运作方式。

第二，一般性规律。理论是从具体的社会现象中归纳、总结出的一般性规律，这些规律描述了社会性的普遍趋势和模式，使得我们更好地理解和解释类似的社会现象。

（二）预测性

社会科学理论根据已有的理论框架和假设，对未来可能出现的社会现象做出推论，为决策、干预和规划提供方向和信息。理论的预测性主要表现在以下方面：

第一，预防和规划。在社会服务领域，理论可以帮助我们预见潜在问题的出现，并采用相应的预防措施，避免不良后果。

第二，指导研究。研究者可以基于理论对未来可能出现的问题或风险的揭示开展研究，提出新的概念推动学科的发展。

需要注意的是，社会系统的复杂性和不确定性使得理论的预测性会受到很多因素的影响，因此，理论的预测需要建立在合理的假设之上并有充分的数据支持，持续的监测和修正，这样才能确保理论的预测性能发挥作用。

（三）可验证性

一个理论蕴含的假设、规律或预测可以通过观察、实验等科学方法进行验证，不断得到修正和改进。理论的可验证性主要体现在这些方面：

第一，明确性。理论的表述应该明确清晰，有具体定义，可观察、测量。

第二，可重复性。其他学者应该能够重复进行相关的实验或观察，以验证由理论推导的结论是一致的。

第三，可测量性。理论所提出的变量和关系应该是可以用科学方法进行测量，使得实证研究成为可能。

（四）指导性

社会科学理论在社会科学研究和社会实践中发挥了指导和引领，因为理论不仅是对社会行为和现象的解释和预测，更是为研究者、决策者和社会实践者提供了指导和支持。理论的指导性作用主要体现在这样几个方面：

第一，研究领域和方向。社会科学理论会指导研究者确定研究方法和研究问题，为研究者提供研究框架和基础，使研究者在特定的理论范畴内开展深入研究，明确研究目标和问题。

第二，指导政策制定。理论可以帮助政策制定者了解相关的理论分析和预测，制定出更加有效的社会政策和措施，更好地回应社会发展的需要。

第三，社会行动和干预。社会行动者可以借助理论来解决实际问题，采取相应的干预措施，提高干预效果。

由此可见，社会科学理论在社会科学领域发挥了重要作用，它不仅可以解释社会现象，还可以预测社会现象，提出预防和解决问题的框架，指导社会实践。

第二节 社会工作的定义与价值伦理

一、社会工作的定义与服务领域

（一）社会工作的国际定义

根据国际社会工作学院联盟、国际社会工作者协会的定义，社会工作是以实践为基础的职业，是促进社会改革和发展、提高社会凝聚力、赋权并解放人类的一门学科。社会工作的核心准则是追求社会正义、人权、集体责任和尊重多样性。基于社会工作、社会学、人类学和本土知识的理论基础，社会工作鼓励人们和各类机构应对生活挑战和改善福祉。从这个定义中，我们可以看出社会工作的专业特征：第一，推动社会发展为己任。社会工作是一个实践为本的职业和学科，其专业使命在于通过服务社群和社会倡导，不断推动社会发展，为社会的公平公正而努力。第二，价值导向。社会工作的知识体系包含明确的以社会正义为主体的价值观。第三，包容性。社会工作的知识体系是由相关的社会学科理论和本土知识共同组成的，因为社会工作服务需要建立在科学知识之上，同时，也要契合当时当地的社会文化历史情境，只有这样，才能真正解决具体情境中的问题，推动社会发展。第四，发展性。社会工作的宗旨就是要协助和鼓励民众和机构应对挑战，提升幸福感和满足感。众所周知，社会工作进入不同的国家和文化之后，需要适应当地的社会发展需要，因此，在不同国家，人们对社会工作的定义也有所不同。

（二）我国学者的定义

社会工作早在20世纪20年代就进入中国，社会工作教育和实务得到了迅速发展，新中国成立后，由于学科调整，社会工作专业停止招生。80年代后期，社会工作专业得到恢复，社会工作专业教育和实务得到了长足发展。在我国社会工作教育界，对社会工作定义主要有这样几种观点。王思斌认为，社会工作是秉持利他主义价值观，以科学的知识为基础，运用科学的专业方法，帮助有需要的困难群体，解决其生活困境问题，协助个人及其社会环境更好地相互适应的职业活动。这一定义从学科比较的视角指出社会工作的实践性特质及与大多数职业的共性。顾东辉进一步明确提出，社会工作即福利部门和服务机构针对个人、团体（家庭或小组）、社区、组织、社会等与其外在环境的不当互动而形成的弱势情况，利用专门的方法和技术，协助当事人改变或推动环境的变化，促进两者的适应性平衡。这一定义对社会工作实践的具体构成要素从职场体系的视角给出了清晰的说明，强调社会工作是以机构为基础的实践，具有专门性，协助当事人改变或推动环境变化。随着社会工作越来越多地从高校教育走出来参与校外实践，准确理解社会工作的实践特质具有指导性，因此，本书采纳了后者的社会工作定义。

（三）社会工作的服务领域

一般而言，社会工作领域主要包括这些方面：

（1）个人辅导和支持。社会工作者通过个案和小组服务的方式，与个体建立联系，提供心理支持和辅导，帮助他们应对个人问题和生活挑战。

（2）家庭服务。社会工作者为家庭提供支持和服务，帮助家庭成员改善家庭关系、处理家庭矛盾，不断提高儿童和家庭成员的福祉。

（3）社区发展。社会工作者采用社区工作方法，促进社区发展，提高社区成员的生活质量，提升社区凝聚力和归属感。

（4）社会政策和倡导。社会工作者积极参与社会政策的制定，为弱势群体争取权益，通过社会倡导和资源整合，推动社会公平公正。

（5）危机干预。社会工作者在紧急情况下提供危机干预，保护受到危险或伤害的人们的安全，帮助他们走出危机，重返正常生活。

（6）实务研究。社会工作者运用社会科学研究方法，对实务开展研究，不断提高服务质量和服务水平，同时，为社会政策制定提供依据。

二、社会工作专业价值观和职业伦理

社会工作专业价值观和职业伦理是社会工作实务的重要指南。社会工作专业价值观指的是社会工作者在实践中所追求的道德标准和信仰，它基于社会正义、尊重人权、人类尊严、自我决定和多元性。社会工作职业伦理则告诉社会工作者在实务中应该遵守的道德准则和行为规范，它包括保护服务对象的隐私和自主权、避免利益冲突、尊重文化多样性和提供公正服务等。

（一）社会工作专业价值观

社会工作专业价值观是社会工作者在工作中所秉持的一系列核心原则和道德观念，它们指导着社会工作者的行为和决策，旨在促进社会公平、正义和人类福祉。以下是社会工作专业价值观的要点：

第一，尊重尊严和价值。社会工作者致力于尊重每个人的尊严和价值，无论其背景、种族、性别、性取向、宗教信仰、残疾等。他们相信每个人都有权被平等对待和尊重。

第二，维护社会正义。社会工作者坚信社会应该更加公平和平等。他们努力消除社会不平等、歧视和不公正的现象，推动社会制度和政策的变革，以促进社会正义。

第三，服务社群。社会工作者要致力于帮助有需要的个体、家庭、群体和社区，服务对象的需求和福祉是首要的考虑因素。

第四，诚实和透明。社会工作者要秉持专业操守，与服务对象和其他专业人士建立信任关系。

第五，保密和隐私。社会工作者秉承保密原则，确保服务对象的个人信息和隐私得到保护。

第六，文化敏感和多元性。社会工作者需要理解不同文化、价值观和背景，并在工作中保持客观性和文化敏感性，尊重多元性，以更好地满足服务对象的需求。

第七，恪守职业责任。社会工作者承担职业责任，遵守职业行为准则，不利用职权谋取个人利益。

第八，重视继续学习和专业发展。社会工作者致力于不断提高自己的专业知识和技能，以更好地为服务对象服务并应对不断变化的社会挑战。

这些价值观共同构成了社会工作职业的伦理和道德基础，不仅指导社会工作者在实务过程中的决策和行动，还促使他们积极参与社会变革，推动社会发展。

社会工作关注的是人类关系以及人类与环境关系，其主要功能就是要恢复和增加人们的社会功能性，帮助人们利用社会资源，积极主动适应周围的环境发展，具有很强的情境性，因此，社会工作专业价值观必须建立在当时当地的政治、经济、法律、文化等社会制度以及社会主流价值观之上，要高度重视传统文化对社会环境的影响，这样的专业价值观才有根基和发展空间。

（二）社会工作职业伦理

社会工作职业伦理是社会工作者在履行其职责，与服务对象、社区以及其他利益相关者互动时必须遵循的道德准则和原则。鉴于社会工作者是在一个系统中开展服务，因此，社会工作的职业伦理涉及不同的群体。以下是社会工作职业伦理的核心要点。

第一，社会工作者对服务对象的伦理责任。主要包括：对服务对象的承诺，帮助服务对象解决问题；尊重服务对象的自决权；尊重服务对象知情同意的权利；在自己能力范围内提供服务；妥善处理工作过程中可能发生的利益冲突；尊重服务对象的隐私权并加以保密；谨慎对待与服务对象的肢体接触；确保服务中断后的跟进服务；遵循服务终止的原则等。

第二，社会工作者对同事的伦理责任。社会工作者应该以尊重、礼貌、公平和充分信任的方式来对待同事，尊重同事、坚持保密原则，与同事间有合作和咨询关系，必要时可以提供转介服务等。

第三，社会工作者对工作机构的伦理责任。社会工作者应该遵守对服务机构做出的承诺，包括采用督导和辅导服务，参加教育和培训，做好服务对象的档案管理、服务转介以及机构的行政管理等。

第四，社会工作者作为专业人员的伦理责任。主要包括：社会工作从业人员要具有一定的实践能力，诚实正直，服务社群，具备评估和研究等能力，不断发展专业知识等。

第五，社会工作者对社会的职业伦理。要不断促进社会福利的发展，促进公众参与，通过服务和社会倡导，提升全社会的普遍福利，促进社会正义。

由于各国各地的社会、法律、政治、经济、文化、社会制度和历史传统的不同，上述伦理守则在不同的国家会有不同的具体应用和发展，这样，才能让社会工作实务具有适应性和可行性，才能推动社会工作职业发展。

（三）中国社会工作职业伦理

为了规范中国社会工作实务，指导中国特色社会工作的专业发展，中国社会工作者协会颁布了《中国社会工作协会社会工作者守则》，成为社会工作专业价值观和职业伦理在中国本土情境下的具体化的重要体现。

《中国社会工作协会社会工作者守则》由四个部分组成：（1）总则；（2）职业道德；（3）专业素养；（4）工作规范。总则共有两句话，但高屋建瓴地指出中国社会工作者要继承中华文化传统和吸收海外先进经验，其基本任务是促进社会稳定。职业道德部分包括了敬业、廉洁、保密，为社会成员提供预防与补救服务等 6 条。专业修养受到高度重视，这部分有 5 条，在工作规范部分还有 2 条，共有 7 条。是守则中内容最多的部分。

该《守则》指出了社会工作者要有正确的专业价值观，钻研业务，持续寻求继续教育，运用专业方法协助社会成员，要发展专业知识。《守则》体现了在我国社会工作发展初期，对社会工作者资质的格外重视，认识到社会工作者的核心地位及目前尚未待发展的状况。工作规范部分的第 1 条是重视调查研究，将研究放在社会工作服务的第一位；提出要为社会成员提供心理与精神服务。这里将服务对象表述为“社会成员”，一方面避免了污名化，同时也显示社会工作对象具有广泛性。这一表述显示《守则》吸取了国际社会工作研究的最新成果，具有先进性。工作规范还提到社会工作者要向政府传递社会成员的声音，向社会成员传达国家政策，动员社会成员参与社会事务。该《守则》作为一个指导性文本，成为中国社会工作者在实务中必须遵循的基本原则，为社会工作专业化职业化发展提供了伦理保障。

三、社会工作的知识体系构成

社会工作作为一门成熟的学科，其知识体系的构成，需要体现社会工作的专业特征，即社会性、专业性、价值导向、包容性和发展性。社会工作学科的知识体系主要包括以下几个方面：

（一）社会工作价值观和伦理

主要包括社会工作伦理原则、职业规范等知识。这关乎社会工作的专业操守和职业道德，规范了社会工作实务的底线和边界。

（二）社会工作理论

包括各种社会科学（社会学、心理学、政治学、法学等）、人文科学（人类学、哲学、历史等）、行为科学（沟通、人际交往等）、医学（健康和精神健康等）理论和知识，形成一个丰富的理论群，为社会工作实务提供理论指导。

（三）社会工作方法

包括个案工作、家庭治疗、小组工作、社区工作、社会调查、社会政策分析等多种社会工作方法，这是社会工作的实务技能知识。

（四）社会保障与福利制度

包括社会救助、社会保险、社会福利制度等内容。这是从事社会工作所必须了解的社会政策知识。

社会工作作为一门独立学科，与其他社会科学有明确的区别，但同时，作为一门社会科学的应用学科，它与其他学科在理论和技术上有很多相通的地方，在社会工作的知识体系中，借用了很多其他学科的理论和方法，来不断丰富自己对社会和社会问题的理解和认识，在后面的理论学习中，我们可以发现，社会工作理论具有很强的包容性和迁移性，它借鉴并整合了不同学科的理论和方法，并将其应用到社会工作实务中，不断推动着社会工作知识体系的完善和发展。

第三节 社会工作理论的发展阶段与分类

社会工作理论的产生后于社会工作实务，社会工作的知识体系建构从实践开始，在实践积累的基础上，开始方法技巧和理论的知识创造。回顾社会工作理论的发展历程，可以帮助我们了解社会工作知识体系建构的过程，全面把握理论发展的脉络，理解理论在社会工作专业发展中的重要地位，从而更好地运用理论来指导实践。

一、社会工作理论的定义

社会工作理论一般来讲，指的是在社会工作实务中，用于解释社会问题和提供指导的一系列基本原理、概念、模型和假设。它是社会工作实务的基础，帮助社会工作者理解社会问题的本质，了解服务对象的需要，选择适当的干预方法，给服务对象提供必要的支持和帮助，以促进个体、家庭和社区的福祉。鉴于社会工作专业领域涉及社会生活的很多方面，我们也发现，社会工作理论和知识系统具备跨学科性和整合性的特征。

不同的学者对社会工作理论的理解和定义是不同的。豪指出，社会工作理论分为为社会工作的理论（ theory for social work）和社会工作的理论（theory of social work），前者关注的是人与社会、人类行为与社会环境之间的关系，后者关注的是社会工作的本质、目标和过程。因此，前者更多涉及结构功能主义、符号互动、女性主义和后现代主义理论，后者更多关注的是危机干预、任务中心、认知行为理论和方法。

西布恩提出，社会工作理论有三个层次：什么是社会工作的理论、如何开展社会工作的理论、关于服务对象世界的理论。他将每个层次的理论分成正式理论（已经成文的、定型的涉及社会工作的概念和判断）和非正式理论（社会工作者基于实践而总结出来的未成文的知识）。

何雪松提出，社会工作理论指的是如何开展社会工作的理论。他吸收了沃尔什的观点，将社会工作理论定位在实践理论层面，他认为，实践理论是针对个人、家庭、小组和社区层面的干预，其功能在于预测服务对象或服务对象系统的行为，为干预活动提供结构和秩序。笔者在本书中也采用这个观点，将社会工作理论放在实践层面，强调其对社会工作实务的指导性，它将帮助社会工作者在实务中更加理性、有效地解决社会问题，提高服务质量和效果。需要注意的是，不同的社会工作理论适用于不同的实务情景，需要根据具体情况来选择和运用合适的理论来指导实践。

二、社会工作理论与发展阶段的分类

（一）社会工作的理论分类

社会工作理论发展到今天，已经形成了完整体系，内涵非常丰富，理论的数量也不断增加。为了清楚地呈现这些理论的内在逻辑关系，学者们尝试对理论进行分类，下面我们简单介绍几种分类方法。

1. 佩恩的分类

佩恩（2010）将社会工作理论分成了三类：第一类是增权视角，强调社会工作治疗性

的助人过程可以帮助服务对象成长，推动服务对象的自我实现，努力实现个人、群体和社会的最大福利。第二类是问题解决的视角，强调社会工作作为福利服务的一部分，要以满足服务对象的需求为己任。第三类是社会变迁的视角，强调社会的合作和互助，坚信社会工作应致力于促进社会的互助、团结和改变，让受压迫和弱势人群有能力控制自己的生活。

按照佩恩的分类，不同的视角会确定不同的社会工作服务目标，但采取的技术是大体相同的。

2. 豪的四分类型

豪从激进/非激进、客观/主观两个维度，将社会工作理论分成四个范式模式：(1) 功能主义模式强调对现有结构的矫正，实现有机体的功能恢复正常，主要理论包括心理动力和认知行为理论，社会工作者扮演了修补者的角色。(2) 马克思主义的模式强调的是社会问题是因为解决冲突、矛盾和斗争所致，因而需要从增权、倡导或社会运动的角度来推动社会变迁，提高人们的福祉，社会工作者扮演了革命者的角色。(3) 阐释主义模式认为社会工作强调互动和理解对个人改变具有非常重要的意义，主要理论包括标签理论、沟通理论和人本主义，社会工作者扮演了意义寻求者的角色。(4) 激进模式强调从激进人本主义或女性主义的角度来寻求社会变革，社会工作者扮演了启蒙者的角色。

3. 特纳的三分法

特纳（2023）从基本人类活动角度将社会工作实务理论分成三类：第一，人类的属性特征，主要阐释了人作为生物体的心理、生理、思想层面的特质，主要包括的理论有：功能心理分析、行为认知理论、建构理论和叙事治疗。第二，人的属性特征的使用，主要解释了人作为静观者、存在实体、沟通者和行动者与他人、与重要他者之间的关系，主要包括的理论有：冥想、存在主义、完形治疗、催眠、沟通理论、赋权理论、问题解决、任务中心等。第三，人与社会的关系，阐释了人作为个体、集体和社会存在与社会之间的关系，涉及的理论包括：自我心理学、服务对象中心、危机干预、女性主义社会心理理论、交互分析理论、角色理论和本土化理论等。特纳的分类法将其提出的 27 个社会工作理论模式全部纳入其中，对社会工作实务具有很好的参考和启发。

上述分类方法体现社会工作理论具备这样几个特征：第一，丰富性。社会工作成熟的理论体系正在形成，无论哪种分类法，都可以看出理论的数量在增加，理论体系日趋完善，相关的研究论文、专著、期刊也不断增加。第二，理论的指导性日益凸显，社会工作理论之所以发展，就是因为它们在指导社会工作实务中发挥了重要作用，并得到同行的认可。第三，包容性和整合性。现有的社会工作理论体系中，吸纳了其他学科的成熟理论，例如社会学和心理学，采用了其他学科的方法和技术，例如心理咨询和医学等，并将这些理论和方法与社会工作实务情境有机结合，体现了理论的包容性和整合性。

（二）社会工作理论发展阶段分类

为了更好地帮助人们了解社会工作理论发展历程，学者们对理论进行了梳理和分类，提出了不同的分类法。下面我们主要介绍三位学者的观点。

1. 豪的分类法

豪在 1987 年将社会工作理论的发展历史分成 7 个阶段。第一阶段为调查阶段，社会工作将自己当成实干家而非思想家，他们主要将常识应用到不同的服务场景中，社会工作者扮演了事实的收集者和调查者的角色。第二阶段是精神分析学阶段，从 20 世纪 20 年代开始到 30 年代，弗洛伊德的精神分析理论成为社会工作理论的核心内容，主导了整个社会工作实务。第三阶段是诊断学派和功能学派并存时期。这时社会工作实务的特征是关注探索和解决服务对象的精神疾病，同时，将个人行为视为情境的后果，关注此时此地，在社会工作者的助人关系中，服务对象缺乏中心地位。第四阶段是获得阶段，这个时期社会科学理论发展迅速，为社会工作理论和知识体系提供了很多支撑，例如心理动力学、认知行为理论等。第五阶段是盘点阶段。从 20 世纪 60 年代以来，社会工作学者开始对已有的理论、模式和流派进行整理、分类和排列。第六个阶段是理论统整阶段，学者们致力于将理论整合在统一范畴秩序，出现了若干个具有包容性的理论视角，特别是系统视角。第七阶段是理论归类阶段，理论的多元化是主要特征，社会工作者致力于理论的分类和有序化，出现了众多的理论分类模式。

2. 四段法

肯普、惠达科和特雷西将社会工作理论的发展分为以下四个阶段。（1）初级系统阶段（1900—1920 年）：这一阶段的社会工作理论侧重个人成因分析，代表作品有里士满的《社会诊断》。（2）次级系统阶段（1920—1950 年代）：这一阶段的理论开始关注人与环境的互动，如精神分析理论和功能主义理论。（3）系统和子系统阶段（1950—1970 年代）：这一阶段的理论强调不同系统的协调一致，如一般系统理论。（4）生态系统阶段（1970 年代至 90 年代末）：主要采用生态系统观点，关注人和环境的动态关系，如生态系统理论。肯普等人强调，社会工作理论是从对个人因素分析发展到对系统观点的生态过程的重视，反映了对人与环境关系更全面和动态的理解。

3. 六段法

何雪松（2017）提出了六段法。第一阶段（19 世纪 90 年代—20 世纪 20 年代），为社会工作理论的开创期，主要标志是里士满的《社会诊断》一书的出版。第二阶段（20 世纪 30 年代）为社会工作理论的“功能-诊断期”，开始了社会工作微观与宏观之争。第三阶段（20 世纪 40—60 年代），为社会工作理论发展的调整期，在功能和诊断学派之外，出现新的理论流派，包括问题解决、心理社会学派，理论开始融合和整合，为后来的综合性理论的出现奠定了基础。第四阶段（20 世纪 70 年代），是社会工作理论的整合期，主要标记是系统视角的兴起，为社会工作的知识框架建设提供了理论基础。第五阶段（20 世纪 80 年代），是社会工作理论的过渡期，这期间社会建构主义，女性主义、后现代思潮等不同的激进理论逐步形成，为下一阶段的理论发展提供了基础。第六阶段（20 世纪 90 年代以来），是社会工作理论多元发展时期，各种不同的理论相继出现，包括整合视角和折中视角，推动了社会工作理论朝着多元化、交叉性发展。何雪松的分类法从实践和理论发展的过程，清晰明了地总结了每个阶段理论发展的特点，可以帮助我们掌握社会工作理论发展的脉络。

第四节 社会工作理论与实践的关系

一、社会工作理论对实务的意义

社会工作作为一个学科和职业，理论是其知识体系中的重要组成部分，而社会工作理论对社会工作实务发展发挥着不可替代的作用。特纳系统总结了社会工作理论对实务的意义，主要包括以下方面。

（一）预测社会现象

理论可以解释和预测社会现象。在社会工作实务中，合适的理论可以帮助我们预测在某些情境中，社会工作的介入和不介入会产生怎样的后果？如果采取了某种介入方法会有怎样的结果？理论的预测性可以让社会工作实务更加准确和有效。

（二）指导需求评估和制订干预计划

实务工作者在开展需求评估和制定干预计划时，需要运用理论来深刻认识和理解情境，透过现象看到本质，采取相应的干预行动。缺乏理论指导，需求评估与干预计划就缺乏针对性。

（三）预测干预结果

理论还可以帮助实务工作者预测结果，预测不同变量之间关系，并能够找到概念性工具来处理意外的结果，提高干预效果，更好解决问题。

（四）提高专业的可信度

扎实的、逻辑的、一致性的理论结构和思维定式可以帮助我们向他人解释自己的行动，以可检测的、明确的方式实现知识和技术的迁移，反思我们的行动，并经得起他人的评估，从而提高专业的可信度。

（五）发现知识空白点

理论还帮助我们在新的情境中，发现知识的空白点。例如，当我们运用某个理论，却没有产生预期的结果，可能情况是我们误解了理论的概念，也可能是现有的知识不足以解决面临的问题，这样就发现了新的知识空白点，为未来的研究和实务提供启示。

（六）提升理论的选择能力

理论会提升实务工作者对理论的理解和评价能力，从而做出最合适的选择。在实务中，针对某个现象可能会有若干个理论解释，理论扎实的实务工作者懂得如何从若干个解释中，选择一个最有效的理论来指导实践。

（七）提高实务工作者的信心

扎实的理论可以帮助实务工作者得心应手地处理各种疑难案例，提升专业服务质量，同时，培育专业使命感和成就感，提供实务工作者的安全感和信心。

二、社会工作实务对理论发展的作用

社会工作理论的发展离不开社会工作实务，回顾社会工作理论发展历程可以看出，社会工作实务是社会工作理论发展的坚实基础，实务对理论建构和发展的作用主要体现在以下方面。

（一）提出问题

社会工作实务是基于问题解决而发展起来的，社会工作者直接面对各种各样的服务对象，处理各种不断发展变化的社会问题，为理论的发展提供了问题场景和实践基础。

（二）实证研究

社会工作实务通过大量的实证研究，验证了社会工作理论的有效性和实用性。实务工作者会收集数据、观察和记录实务过程，通过研究来评估不同干预模式的效果，对理论的更新和修正提供了实证支持。

（三）理论应用

社会工作实务将理论应用与实际问题解决连接，通过在实践中尝试不同的理论和干预方法，发现其适用性和局限性，从而不断完善和修正理论。

（四）实践智慧

社会工作实务中，社会工作者通过创新性的解决方案，生产了很多实践智慧，这些实践智慧为理论的产生、发展和完善提供了宝贵的资源。

（五）跨学科合作

社会工作实务常常涉及多学科的知识和方法，需要与其他领域的专业人士合作，共同解决复杂的社会问题，这种跨学科之间的交流和合作，为理论的拓展、学科间理论的融合提供了更加广阔的空间和视野。

作为一个实践为本的专业和学科，社会工作的实践丰富了社会工作理论的发展，为社会工作理论的科学性、实践性和适用性提供了基础。社会工作实务经验和反思，促进了理论的不断完善和创新，而理论的指导又使得实践更加科学和有效。社会工作的理论和实践相互促进、相互支持，共同推动社会工作学科的发展和成熟。

三、本书的结构与特色

（一）本书的结构

本书作为一本理论性的自考教材，在编写过程中，我们充分考虑自考学习的特点和理论课程学习的特点，在内容和编写格式上进行了深入研讨，最后形成了目前的内容和体例。

1. 内容的选取

在内容选取上，我们立足于实践理论，选择社会工作实务过程中比较常用的几类理论：

第一类：精神分析取向理论。包括精神分析理论，这个理论重视人的无意识内心世界，倡导通过探究个人的内心需求、动机和防卫机制来理解和帮助服务对象。

第二类：行为与认知取向理论。包括行为取向的认知行为理论和危机干预理论，这类理论注重观察和修改人的外在行为与认知模式，以改变思维方式和行为习惯。

第三类：人本与存在取向理论。包括人本主义理论，这类理论关注人的主体性和内在潜能，支持服务对象的自我实现和自由选择。

第四类：系统与交互取向理论。包括生态系统理论和角色理论，这类理论着眼于人与环境的互动和角色关系，强调关系脉络中的系统思考。

第五类：当代取向理论。包括赋权理论、叙事治疗理论、寻解视角理论、优势视角理论等后现代理论，这类理论关注当代社会语境，提供了新的视角和实践路径。

第六类：促变取向理论。包括女性主义社会工作理论和社会发展理论，这类理论提出对现实社会的反思与批判，并推动社会进步与发展。

这样的内容选取，一方面可以满足社会工作实务的基本需求，另一方面体现了社会工作理论具有明显的多学科特点，并使社会工作理论框架呈现多维性、开放性样貌。

2. 本书的体例

为了帮助广大读者更好地理解每个理论的脉络、基本概念、假设、方法与技术等内容，我们在每章中，通过一个真实的案例引导读者带着问题学理论。每章的内容都通过案例导入，然后简介理论的历史发展脉络，接下来介绍理论的主要内容、在实务中的应用，并按照理论逻辑，对案例进行深入分析，给读者呈现如何运用理论来指导社会工作实务的过程，展示了理论指导实践的魅力。最后是对本章主要内容的总结和概括，同时给出了思考题。

（二）本书的特点

社会工作是一个实践为本的学科和专业，这种实践性不仅体现在知识创造过程，而且体现在教育教学过程中，为了能够将枯燥的理论变得生动、有趣，容易掌握，我们挑选了具有丰富教学经验和实务经验的老师参加本书的撰写，通过案例分析方法，将理论与实践有机结合。总体而言，本书具有以下几个特点：

第一，强调理论与实践的结合，提高教材的可读性。理论教材增加了案例分析内容，使抽象的理论知识通过具体的案例呈现，有利于学生理解和掌握；通过案例化的编写方式，增加了教材的可读性，更利于学生学习。同时，案例教学符合教学“由浅入深”的原则，使理论更易被接受。

第二，突出作者的丰富经验，增强理论的实用性。选择教学和实践经验丰富的作者编写教材，可以使教材内容更加贴近实际，富有亲和力；很多案例都是作者自己的实务研究成果，案例分析充分展示了理论在实践中的运用，帮助学生掌握具有理论基础的实用技能。

第三，体现问题导向，激发学生学习主动性。案例源自实践的真实问题，可以引导学生进行问题思考，案例教学让抽象的理论知识变得生动有趣，展现理论分析的魅力。

本章小结

本章作为社会工作理论的绪论，从理论的概念入手，介绍了社会科学理论特点，阐释了社会科学理论对社会实践、研究方法和研究方向等方面的指导作用。系统介绍了社会工作的定义、价值和伦理，与其他学科的关系。同时，还具体介绍了社会工作理论与社会工作实务的关系。主要知识点包括：

1. 介绍了理论的概念和构成要素，总结了社会科学理论的特点和功能。从构成理论的概念入手，陈述了概念、变量、命题与假设的关系，总结了社会科学理论具有解释性、预测性、可验证性和指导性的功能。

2. 为了帮助读者更好地理解社会工作理论，系统介绍了社会工作的定义、价值和伦理，以及社会工作与其他学科的关系。社会工作是一门以个体、家庭和社区为研究和服务对象的学科，其价值在于通过服务社群，维护社会正义，推动社会发展，其中社会工作者需要遵循自己的专业价值观和职业理论，秉承尊重、平等、维护社会公平正义的价值观，在实务过程中，承担对服务对象、同事、工作机构、专业以及社会的伦理责任。

3. 介绍了社会工作理论的定义，社会工作理论的发展阶段与发展阶段的分类，以及社会工作理论的分类。在社会工作理论发展阶段分类中，介绍了豪的七段法、肯普等人的四段法以及何雪松的六段法。在社会工作理论分类中，介绍了佩恩的三类法、豪的四类法以及特纳的三类法。这些分类方法充分体现了社会工作理论的丰富性、指导性、包容性和整合性的特征。

4. 社会工作理论对社会工作实务具有非常重要的意义，主要体现在：社会工作理论可以预测社会现象、指导评估和干预计划制定、预测干预结果、提高专业的可信度、发现知识空白点。同样，社会工作实务也对理论发展产生了重要影响，主要包括：社会工作实务提出问题、开展实证研究、在理论应用中不断检验和修正理论、实践产生的智慧成为理论的基础以及跨学科合作推动不同学科的理论融合。

资源链接

视频微课 1-1　视频微课 1-2　视频微课 1-3　视频微课 1-4

思考题

1. 理论是什么？其构成要素有哪些？
2. 什么是概念？什么是变量？什么是假设？什么是命题？
3. 社会科学理论的功能是什么？
4. 社会工作的定义是什么？
5. 社会工作的核心价值观是什么？
6. 社会工作的职业伦理是什么？
7. 社会工作理论发展阶段有哪些？
8. 社会工作理论具有哪些主要功能？

9. 社会工作实务为什么需要理论指导?
10. 社会工作理论与社会工作实务的关系是怎样的?
11. 社会工作实务如何推动社会工作理论的发展的?

在线自测

扫一扫 练一练

第二章　精神分析理论

学习目标

通过本章的学习，可以了解精神分析各理论流派的主要观点及理论发展历程；了解精神分析理论在社会工作理论体系中的作用；掌握精神分析各主要概念；掌握社会工作实务中如何运用精神分析方法开展工作。

建议学时

4 学时

案例

YY 今年 14 岁，女生，刚从小学毕业进入一所私立初中。入学后不到 2 个月因为在校的人际关系问题，加上身体不适和学业压力出现自伤行为和自杀想法，在与家长协商后选择休学一段时间，调整好后再回校学习。休学期间家长带她前往精神专科就诊，医生诊断为双相情感障碍，并开了相应药物进行治疗，但家长担心药物副作用和药物依赖，不让 YY 继续服用药物，转而找到社区寻求社工的帮助。在与社工的沟通中，YY 讲述了自己小学两次转学及遭遇校园霸凌的经历。在家庭方面，她上幼儿园时父母因感情破裂而离异，妈妈带着她住到了外公外婆家，此后母亲多数时间在外工作挣钱，她和外公外婆一起生活，她时常因为外婆的无端责骂而感到难过。据 YY 母亲描述，她从小学 6 年级开始出现了令母亲担心的一些行为问题，上初中后她不适应新的环境，感到很有压力，人际关系方面也出现一些问题，与同学发生几次冲突。

作为社会工作者，我们如何理解孩子发生的这些问题？该如何提供帮助？本章我们将向大家介绍精神分析理论，一起来了解这个理论对于我们开展社会工作的作用。

第一节　精神分析理论与社会工作

一、精神分析理论简述

精神分析是什么？很多人可能都能说出弗洛伊德、潜意识、释梦这一系列名词，但对精神分析理论具体内容与操作方式多数人可能不甚了解。这恰从一个侧面反映出精神分析其影响之深远。事实上，精神分析是现代意义上的心理咨询与治疗，特别是以谈话形式开展的咨询与治疗的鼻祖。自精神分析创立之日起，该具有突破性的理论学说就一直饱受争议，如弗洛伊德将心理疾病与性相关联，谈论潜意识对人的影响，认为人的早期经历对发展的决定性影响，这些都违背了其所处时代的共识而受到抨击、产生争论。弗洛伊德的学说在其所在的年代力争用当时科学的方式证明自身的正确性，并应用于治疗实践，也因此收获了众多追随者，其后继者也在其理论架构基础上不断发展。时至今日，精神分析的理论已逐步扩展到社会生活的各个领域，逐渐变成包罗万象的人生哲学，在人类学、社会学、艺术、文学、宗教等领域都有着较大的影响。而那些在当初饱受争议的理论概念，如无意识动机、性欲、早期事件对人格形成的影响等早已成为人类文化的要素，融入我们的日常生活，形成我们对彼此理解的基础。

（一）精神分析理论的发端：弗洛伊德与经典精神分析传统

弗洛伊德毕业于医学院校，在其生活的年代，对大脑生理结构的研究刚刚萌芽。在临床实践中，弗洛伊德发现很多病人的症状完全无法从精神学上进行解释。受到催眠与考古学的启发，弗洛伊德与其合作者约瑟夫·布洛伊尔将注意从生理转向意识。两人在1893年发表的第一篇精神分析论文《一份初步交流》中提出：“癔症是由于被压抑的回忆及其有关的情感所造成的”。

弗洛伊德对人内心世界的探索，由临床工作中观察到的无意识现象出发，逐步构建起一套理解心灵与心理行为问题的模型，其理论核心是：人的精神活动可分为潜意识、前意识和意识。潜意识深藏于意识之后，是人类行为的内驱力。弗洛伊德用冰山做比喻，把潜意识形容成浮在海里而沉入海水中的冰山的主体部分，构建了地形学模型，而后将其发展为本我-自我-超我的结构模型。在讨论人的内在发展动力过程中，弗洛伊德先后提出生本能、死本能与性驱力、攻击驱力的理论。性本能在不同身体部位产生的一系列紧张，并通过活动获得释放促成了人的发展，弗洛伊德由此构建起了他的发展阶段理论，在不同时期，身体性驱力占主导地位的不同形成了口唇期、肛门期、生殖器期、潜伏期、生殖期这几个发展阶段，而每一阶段都有其对应的发展任务需完成，否则冲突便会产生。

心理问题的产生被看作是潜意识内容的冲突，症状作为不被接受的冲动或想法的替代物出现，将潜意识内容意识化则可以解除症状。为探索潜意识内容，弗洛伊德探索出自由联想与分析梦的方法作为了解潜意识的手段。在治疗设置上，为了让潜意识内容更快地浮现，经典精神分析使用躺椅开展治疗，每周高频次地与来访者见面，同时治疗师采取一种节制的态度，尽量避免与来访者接触。

这些构成了经典精神分析的理论框架，其中一些内容在后续的发展中仍被延续并得到进一步的阐述，而有些则被后世的理论家所抛弃。尽管充满争议，但不可否认的是，弗洛伊德开创了精神分析这一影响深远的理论学说。

（二）精神分析理论的发展：弗洛伊德后继者对经典精神分析理论的拓展

弗洛伊德在世期间，将精神分析当成准政治运动，犹如一个权威的领袖，将任何反对意见和别人的独创解读视作背叛。在早期的精神分析中，弗洛伊德的影响无所不在。而在其离世后，精神分析发展至今，弗洛伊德的理论仅有很小一部分被原封不动地保留下来，本能驱力、俄狄浦斯情结的核心作用等主要理论支柱及分析性中立、组织病人的愿望满足、退行等基本技术原则都在后世理论家那里被重新界定、修正和改变。精神分析理论也发展出自我心理学、自体心理学、客体关系学派等众多理论分支。这些理论包含更多的社会、人际和情感因素，并将治疗过程置于一个更广阔的情境中。这些理论的发展也使得现代精神分析更加多元化、综合化，适应性更强。

1. 自我心理学

自我心理学中“自我”一词来自弗洛伊德的理论，指的是思想中占主导地位的部分，主要是意识的，不被压抑的内容，是弗洛伊德结构论中本我、自我、超我三个基本心理成分中的一种。但在弗洛伊德的理论体系中，自我并非讨论的重点，自我心理学家把焦点从本我转换到自我。

弗洛伊德的女儿安娜·弗洛伊德继承了其父亲的事业，发展出的自我心理学深化了关于自我功能的论述，同时也带来了治疗思路上的转变。自我被看作协调本我与超我的斡旋者，过程中建立了聪明的防御系统，帮助我们适应环境，安娜·弗洛伊德也在其父亲工作基础上进一步拓展了对各类自我防御机制的论述。相较于弗洛伊德，自我心理学更关注自我是如何发展起来，是如何获得这种功能的。在治疗过程中，揭露人类内心被压抑的原始冲动不再作为重点，而评估自我的功能，修复心理结构本身成为重点，即一个人的自我应当是要有能力去平衡来自本我的各种各样的欲望，使得它们能够以适宜的方式得到满足，同时不被超我过度地道德约束，变得什么事都不敢做。在个案工作中，面对例如存在酗酒、滥交、暴力或过分自我苛责、过分追求完美等问题的服务对象时，我们可以考虑其自我功能的缺陷，应帮助其增强自我功能。

自我心理学的另一重要贡献是，其理论家中许多重要人物，如勒内·斯皮茨、安娜·弗洛伊德、玛格丽特·马勒从事儿童精神分析工作，他们通过自身的临床工作观察与研究，拓展了弗洛伊德的发展阶段理论，关注到了前俄狄浦斯期，即生命头一年中儿童心理的发展。理论这样的发展也拓展了精神分析工作的对象。

2. 客体关系学派

经典精神分析理论强调生物本能的力量，而客体关系理论则将建立与他人的关系看作人类发展的驱动力。在客体关系理论发展中，克莱因、费尔贝恩、温尼科特、比昂等都做出过重要的贡献。

克莱因是弗洛伊德后最有影响力的精神分析学家，深受弗洛伊德影响，而其理论又在很多根本的方面与弗洛伊德大相径庭。作为儿童精神分析的先驱，更加关注儿童的心理世界。她提出婴儿在幻想中会将母亲体验为“好的”和“坏的”两个客体的部分，这时婴儿处于克莱因所说的“偏执-分裂心位”，感受到来自外部侵略的焦虑，从而发展出分裂的防御方式来将好的体验与坏的体验做区隔，并且会将坏的感受投射出去以应对这种坏的感受，这样就可以只把好的感受留给自己，因此而对外呈现一种攻击性。随着成长发展，婴儿会感到自己的攻击性可能会伤害那个给自己提供关爱的人，因此会产生内疚恐惧感，克莱因将此阶段称为“抑郁心位”，相较于“偏执-分裂心位”是一种进步。而只有当婴儿做出努力维持了与客体的良好关系，并且客体也能依然提供照料，个体才能获得进一步的发展，将客体体验中“好”与“坏”的部分进行整合，获得对客体完整的体验，这个维持良好关系的能力也会被保留下来并得到发展。而在成长中出现问题则与“内射”这种机制有关。前面说到婴儿会将不好的感受投射出去，例如哭闹，向父母生气，作为接收方的父母如果不能理解此时婴儿感受到不适，反而以一种忽视或是打骂的方式对待，年幼的婴儿可能无法区分这是由自己引起的还是父母当时受一些外在因素影响而对自己这样，只会将其归为这是自己的问题，因而将这样的感受内射，成为自我认识的一部分。

弗洛伊德认为受本能影响我们是追求快乐的，但在现实中我们会发现很多人宁愿让自己处在痛苦之中，对此应该作何解释呢？英国精神分析学家费尔贝恩提出一个不同的出发点，认为力比多并非寻求快乐，而是寻求客体。我们对客体的喜好往往是由于他们引起了我们对旧客体依恋的共鸣，其中也包含带来痛苦体验的旧客体，费尔贝恩由此提出强迫性重复的概念，我们会与生命早期的客体认同从而保持联结。我们每个人都是把自己的内部客体关系投射到新的人际情境中。在费尔贝恩的理论中，分析工作的开展是要为来访者提供一种新的关于客体关系的体验。

温尼科特是另一位重要的客体关系理论家，其最重要的贡献是提出早期照顾质量对人发展的作用。他提出婴儿在出生后会有一种全能感，而此时母亲要能提供一种抱持性的环境，对婴儿的需求及时回应。然而这样的状态是无法一直维持的，母亲或其他照料者必然会回到对自身的关注而对婴儿的需求回应减少或延迟，温尼科特提出过渡客体的概念，即客体经验留存在心中，当客体不在身边时婴儿可以保持一种想象中的联系。最终婴儿会形成一个稳固的客体意象，走出那个自己全能的世界，能够更好地适应现实。而当客体无法提供足够的照顾，营造抱持性环境会让个体陷入假我障碍，被迫去顺从现实，很多真实的自我感受被掩盖。在温尼科特看来，治疗的过程就是一个提供抱持环境，让病人的真我得以呈现和发展的过程。

3. 自体心理学

自体心理学的一些核心概念，最初由海因茨·科胡特在 20 世纪 60 年代提出。科胡特最初是经典精神分析理论的忠实实践者与传播者，而在个人实践中，他不满足于经典理论在面对一些病人时的局限，他从弗洛伊德的自恋理论出发，发展出自体心理学的理论。

自体是一个类似于客体的结构，可以在本我、自我、超我的任何部分中找到，是人的个性的一种感觉。在研究自体发展轨迹的过程中，科胡特越来越关注照顾者在自体的发生和存在中所起的关键作用。在阐述照顾者角色时，他描述这一角色是儿童心理中的一种功能，儿童将其作为自体的一部分而体验，被称作自体客体。在科胡特的理论中，拥有良好发展自体的个体在今后的生活中能够更加专注地追求自己的抱负，运用技能和天赋去追求一种创造性的、充实的生活。而不良发展的自体则会形成自恋、暴怒等特质。

自体是如何发展的，消极的自体又是如何形成的？与客体关系学派的理论家的观点类似，自体心理学也强调照顾者在人的自体形成与发展中的重要作用。自体是在与养育者的互动中通过积极的回应而形成的，养育者良好的共情性回应对自体凝聚力和价值感的形成具有重要作用。科胡特还谈到恰到好处的挫折这一概念。恰到好处的挫折指成长过程中照顾者那些无法避免的缺席时刻逐渐被儿童理解和接受，从而发展出现实感，而非沉浸在自恋的状态中。在治疗开展的过程中，移情的概念被强调，科胡特发展出了镜映和理想化两种移情。治疗师需要承受病人强烈的移情，更重要的是帮助对方理解，提供共情的体验。

4. 人际精神分析

经典精神分析理论关注的是自我，客体关系理论关注的是我们与另一个客体的关系，而人际精神分析的关注点则更向外扩展，关注我们所处的人际环境造成的影响。人际精神分析的创立者美国精神病学家沙利文认为，在与精神分裂症患者的工作中要理解病人，其状态与所处的人际环境是不可分割的。

在人际精神分析理论中，自我对环境是具有适应与调节功能。当身处环境中我们感到焦虑会发展出相应的应对方式，沙利文称为“安全操作”，部分应对方式就会发展成为病态的行为，在沙利文看来，精神分裂症患者同样如此。通过这样的调节，我们可以有意识地让自己偏好的情境更多地出现。沙利文的人际精神分析理论在与病人工作的方式上也有着自己的特点，强调询问问题发生的细节，目的是了解情境信息，建立信任的关系，共同探索和解开潜意识的冲突，通过个体在治疗中的关系体验来推进个体的发展和变化。

二、社会工作中的精神分析

社会工作秉持“助人自助”“以生命影响生命”“同理、倾听、接待”“服务对象自决”“增权”的利他主义价值观，为他人带来关爱性的专业服务。如前所述，精神分析从弗洛伊德开始虽然在理解人的视角、帮助人的方法上经历了很多变化，但就其帮助他人的本质来说首要的就是让人对自己更加诚实，过上一种满意和有益的生活，这与社会工作的理念是高度契合的。

根据国外学者对社会工作理论发展阶段的划分，精神分析处在理论发展的第二阶段，在 20 世纪 20 至 30 年代，精神分析理论几乎成为社会工作理论的代名词，弗洛伊德成为社会工作理论模式的核心人物。虽然这一形势在后来得到修正，但精神分析理论对社会工作的影响是不容忽视的。弗洛伊德之后，精神分析对于社会工作理论发展的影响并未消退，自我心理学、客体关系理论等理论依然为社会工作理论与实践做着贡献。精神分析对社会工作的影响主要体现在以下几点：一是为社会工作提供了一个具有很强解释力的理论。二是精神分析中的主要概念，如潜意识、移情、攻击、冲突、母子关系成为社会工作中的日常用语，为社会工作所用。三是社会工作重视早期关系受精神分析理论的影响。例如在本章开头的案例中，YY 到了新学校后与同学发生冲突，不爱与同学来往，我们回顾她的成长经历，会发现其父母在她年幼时的照顾是相对缺失的，经常不在其身边，而她的主要照顾者外婆与母亲在她面前情绪也不稳定，经常莫名地责骂。我们可以从依恋的角度对此进行理解，幼年时的经历导致其在成长过程中形成了不安全型的依恋模式，带着这样的依恋模式与身边人相处就容易导致关系出现问题。

本章内容将结合案例，介绍更多精神分析理论中的核心概念，以及精神分析理论如何实际运用于社会工作实务。

第二节 精神分析的有关理论与概念

一、发展阶段理论

（一）弗洛伊德理论

弗洛伊德的理论强调本能，特别强调性本能对人的一切行动的重要意义。在他的著作《性学三论》中，弗洛伊德提出人在幼儿时期同样拥有性欲，追求性快感，是性发展的第一个阶段。依据性欲的表现和获得性快感的不同区域，弗洛伊德提出性心理发展阶段理论，将人的成长与性心理发展相结合，认为性冲动在有引导的情况下充分释放会使人朝着正常的方向发展，而如果过度压抑则会发展为性变态或是精神病。在弗洛伊德看来，对性快感的追求总会实现，如果受到压制，除了通过病态行为表现之外，也可能通过升华的作用，以艺术的形式进行呈现。

弗洛伊德把发展分为五个阶段：口唇期、肛门期、生殖器期、潜伏期（6～11岁）；生殖期（11或13岁开始）。

1．口唇期

弗洛伊德认为嘴唇是最先出现的性快感区。吮吸本能也能产生快感，每个人都经历口唇期的阶段，时间是0～1岁。但是在这一阶段，如果父母对儿童的吮吸行为不加以管教或是过度管教，则可能导致今后厌食，暴食的出现，或是养成抽烟酗酒的习惯。

2．肛门期

1～3岁儿童的性兴趣集中到肛门区域，排泄会对肛门黏膜产生刺激从而使人产生性快感。这一时期是儿童如厕训练的时期，也是学习如何获得爱、表扬和赞赏的关键时期，如果这一时期不恰当的管教，儿童的人格就会残留着恐惧、内疚和蔑视的痕迹，成为固执、吝啬、不愿意给予也不愿意抛弃任何东西的人。

3．生殖器期

在3～6岁，儿童进入前生殖器期。到了这个阶段，儿童变得依恋于父母的异性的一方。这一早期的亲子依恋被弗洛伊德描述为“俄狄浦斯情结”，即恋母情结。因此，前生殖器期又叫恋母情结阶段，会对父母有一种复杂的感情，这种感情随后会融入我们对爱情的理解中。这一阶段也与道德规范、社会价值的内化及性别角色的认同有密切的联系。

4．潜伏期

随着建立较强的抵御恋母情结的情感，在6～11岁，儿童进入潜伏期。弗洛伊德认为，儿童进入潜伏期，其性的发展便呈现一种停滞的或退化的现象，也可能完全缺乏，也可能不完全缺乏。这个时期压抑了性的表现，因此，潜伏期是一个相当平静的时期。

5．生殖期

从年龄上讲，女孩约从11岁，男孩约从13岁开始进入生殖期，也就是青春期。经过暂时的潜伏期，青春期的风暴就来到了，青春期最为明显的变化就是外生殖器的发育，随之而来的是容易产生性的冲动。对于处于这一时期的人来说，最重要的就是从父母那里摆脱自己，通过正常发展亲密关系让自己的性冲动得到合理的释放，获得性快感。如果过度压抑则会让性冲突寻求其他途径的满足，性变态的行为和神经症可能因此而产生。

在弗洛伊德的发展阶段理论中，我们可以看到每个阶段对应的发展任务及发展失败所存在的问题，因此运用这套理论在和对应年龄阶段的服务对象工作时，我们知道应当着重帮助他们完成怎样的发展任务。

（二）埃里克森理论

除弗洛伊德外，埃里克森也根据社会文化的作用提出假设：(1) 人格依照个体与社会相互影响的意愿所决定的步骤逐步发展；(2) 社会倾向于和一系列潜能互动，并保证和鼓励他们以适当的速度和顺序出现，以维护人类社会的稳定。埃里克森提出了他著名的八阶段的发展理论，相较于弗洛伊德的发展阶段理论，埃里克森将生命发展阶段进行扩展，提出了青春期之后的几阶段发展任务，在相应的生命发展阶段完成对应的发展任务才能更好地适应社会。

1. 基本信任与基本不信任

在 0～2 岁的阶段，婴儿要在被照养的关系中形成对照顾者的信任，相信照顾者在离开自己的视线后会再次回来，因此亲子关系是影响这一阶段的重要因素。信任感的缺失会表现在成年人的个性中，可能会“缩进”精神分裂中，进入抑郁状态。在社会工作中与这样的服务对象工作，帮助他们重新获得对他人的信任感就成了关键。

2. 自主与羞耻感和疑虑

这一阶段在 2～4 岁，儿童开始发展出更多自主运动的能力，产生自己动手的愿望，父母通过鼓励孩子尝试新本领，可以培养孩子的自主意识。但如果父母嘲笑孩子的错误或者对孩子过度保护，孩子可能会对自己产生怀疑和羞耻，在成年后也会不希望被人看到，或是对他人攻击，从而避免被看见、被评价。

3. 主动感与内疚感

这一阶段在 4～7 岁，儿童开始表现出主动精神。如果父母让孩子自由地做游戏和玩耍，就可以强化他的主动性。如果父母总是严厉批评孩子或不让他们玩游戏或者提问，孩子就会认为积极参与活动是错的，会产生内疚感，并且会产生对自己过强的约束。同时内疚感还可能来自自主行动的想法超出了自身能力或是在与同伴的竞争中可能造成的伤害。

4. 勤奋与自卑

这一阶段在 7～12 岁，儿童开始学习那些社会认为重要的技能，适应社会规则。如果他们的学习成绩得到赞扬，他们就会形成勤奋的倾向。如果他们的能力不受认可，能力不足，他们会形成自卑的倾向，可能导致个体的自我限制。在这一阶段中，学校与社会的教育以及同伴的交往与支持是发展的重要影响因素。

5. 自我同一性与角色混乱

在 12～18 岁，人的发展进入青春期，在弗洛伊德看来是性心理逐步走向成熟的阶段，同时也是自我同一性形成的重要时期。随着身体的二次快速发展，在早年获得的一致性和连续性受到质疑，青年们必须将自身的经验进行整合，形成对自己的能力、特质等各方面的清晰认知，并明确自己对于这个社会的价值与意义。而相对的，这一阶段的危险是角色混淆，可能造成发展的停滞不前。

6. 亲密与孤独

在 18 至 30 岁这一时期，个体开始进入亲密的恋爱和正式建立婚姻，开始真正承担社会义务。个体在生活上有亲近他人的需要，并发展出遵守承诺的道德力量。但同时亲密关系的建立意味着失去部分的自我，可能会让一些人既亲近又对抗这种关系，从而不能建立亲密关系，陷入深深的孤独中。

7. 繁殖与停滞

这一时期在年龄上是 30～55 岁，个体保持平衡的主要动力来自指导下一代的兴趣。繁殖不仅指生育和照料孩子，而且指在工作中创造事物和思想。发展的任务是形成创造力感，避免自我关注和停滞不前。

8. 整合与绝望

来到 55 岁之后，人生已拥有多种经历，个体需要对过往的经验进行整合，并接纳自己的生命历程，体验生命意义。如果这种整合不足或缺失，个体便会恐惧死亡，感受到绝望与生命苦短。

二、潜意识理论

潜意识心理过程的研究开始于弗洛伊德。他和自己的合作伙伴布洛伊尔在对患者的症状进行工作时，发现有些症状和行为不能通过意识控制或理解，由此提出了在意识之外还潜藏着更多潜意识的内容的假设，这些内容对我们的思维、情感和行为产生着重要的影响。然而由于压抑作用的存在，我们并不能直接与潜意识内容接触，只有那些经过审查或是经过伪装的潜意识内容才能进入意识之中。根据对潜意识与意识关系的设想，弗洛伊德最早在《精神分析导论》中提出了潜意识-前意识-意识的地形学模型。这一模型中潜意识内容占比最大，好似冰山在水下的部分，而意识的内容仅是露出水面的很小一部分。

前面提到潜意识的内容会受到压抑，原因在于潜意识中充斥着原始的欲望，始终想寻求满足，但很多无法为社会所接受。但这些欲望总会寻求途径得到满足，不当的满足方式就成为我们看到的症状。弗洛伊德认为，为了消除这些症状，我们需要将潜意识的内容意识化，从而消除症状。后世的理论家也认为通过与来访者关于其潜意识方面的沟通，可以慢慢让人卸下防御的壳，成为真正的自己，这一点与社会工作的助人价值观是高度契合的。幻想是潜意识心智的主要过程，要了解潜意识的内容，我们可以通过口误、症状表现、自由联想、梦这些途径。

三、人格结构理论

弗洛伊德早年从潜意识研究出发，提出了潜意识-前意识-意识的心灵结构模型，对人内在的驱动力量做了探讨。人是如何在这样的心灵力量的作用下发展起来的？弗洛伊德又提出了他的人格结构模型，即本我（id）、自我（ego）、超我（superego），三者间是一个逐步发展的关系，自我从本我中分化出来，超我则是在自我的基础上，在外界规范的影响下发展形成。

本我是最先出现的，属于潜意识，潜意识内容是以感觉形式表征的，充满了原始的本能的内容。因此本我遵循快乐原则，要满足原始的欲望。在本我中分化出来的自我包围住本我，力求用现实原则替代在本我中占据绝对地位的快乐原则。二者的关系就像一个旨在驯服马匹的骑手。自我代表着人们通常所说的理性和审慎，让本我的愿望得以在现实允许的范围内实现。

超我是从自我中分化出来的，其产生与俄狄浦斯情结紧密联系。在俄狄浦斯期，幼儿对同性的父母产生了敌对的情绪，因为他们妨碍了自己对异性父母的占有。但这一愿望显然是无法实现的，会受到权威、宗教、课堂教育等现实世界道德与伦理的约束。在逐渐消除俄狄浦斯情结的过程中道德规则的内化，对同性父母进一步的认同使得超我逐渐形成。超我遵循着道德原则，对自我的行为进行着道德约束。

本我、自我、超我之间的关系并非一直保持和平的。前面说到不同的“我”遵循不同的原则，因此需要不断地协调相互间的关系。如果其中某一方的力量过于强大则会造成不可调和的冲突，例如一个人变得过于遵循原则而缺乏灵活性，或是放任欲望，生活无节制。

四、自我防御机制

防御机制这一概念最早由弗洛伊德提出，用来指代自我应对痛苦或无法忍受的意象和情感的功能。从这一概念的含义不难看出，防御机制是我们自我保护的一种方式，而我们需要防御些什么？防御机制又是如何发展出来的呢？既然是一种自我保护，为何我们要放在此处来讨论呢？前面的内容中我们谈到了本我、自我、超我的人格结构，其中自我发挥着统筹协调的作用，这个过程中自我就会受到来自超我、现实和抵抗本能力量的焦虑，由此发展出各类防御的方法以应对焦虑。安娜·弗洛伊德将其父亲的理论继承与发展，在《自我与防御机制》中提到了自我对本能和情感的防御斗争，即自我对来自本能的不被接受的愿望与焦虑、羞愧、愤怒等情感的防御以达到适应的目的。最初压抑、退行、反向形成、隔离、抵消、投射、内射、转向自身、反转和升华这十种防御的方式被提出。后世的学者根据自身的观察与研究对防御机制的形式作出了更多的总结，布莱克曼在其书中就总结出了 101 种不同的防御机制。尽管防御机制的形成是出于对我们自身的保护，但随着所处环境的变化，过去形成的防御方式可能对当前并不适用，抑或是防御方式本身也是一种权宜之计，保护我们的同时也造成了损失。例如极端退缩这样一种防御方式，可以让我们避免因社交产生的焦虑等不适情绪，但同时也损伤了我们的社会功能。南希·威廉姆斯在其书中对各类防御机制是否成熟，是否具有现实的适应性做出分类，提出初级防御过程和次级防御过程的概念。对于社会工作而言，对防御机制的了解可以帮助我们更加深入地理解服务对象，我们应当认识到防御背后隐藏着的往往是令人恐惧、焦虑的事物。下面就几种常见的防御机制的特点进行简要介绍，对于更多的防御方式，读者可查阅更多资料进行了解。

压抑的防御机制是个体将痛苦的内容由意识领域放到潜意识领域的心理活动过程，是避免痛苦的内容造成直接影响。退行是在面临压力或情绪冲突时，个体回退到更为幼稚或原始的行为模式，以逃避现实或寻求安慰。反向形成是个体表现出与他们真实感受和愿望相反的行为或情绪，以掩饰内心的冲突或不适。隔离是指将令人不适或痛苦的思想、感觉或记忆隔离起来，使其无法进入个体的意识层面。个体通过隔绝来保护自己免受痛苦或潜在的心理伤害。抵消指个体试图以一种积极的行为或表现来抵消或平衡内心的负面情感或冲突。投射是个体将自己不愿接受或承认的负面情感、欲望或冲突归咎于他人。转向自身是一种将本应该向外发泄的不良情感、态度和认知转为攻击自身的倾向，攻击自身会令人产生错觉，能借此增强自己在不良情境中的掌控感。否认指个体拒绝接受或承认现实中的不愉快或令人焦虑的事实。理性化是用合理和逻辑的解释来替代真实的情绪或动机。通过理性化，个体可以对自己的行为和决策进行辩解或合理化。合理化是个体通过找到合理的理由或解释来减轻或主观化自己的冲突、行为或感受。升华是一种比较成熟的防御机制，指将原始冲动以一种能被社会接纳的方式释放出来，既满足了本能欲望，又得到社会的许可，如通过拳击释放攻击他人的冲动，通过绘画调节焦虑，表达感受等。

五、移情与反移情

移情与反移情是了解受助者潜意识的心理生活的重要窗口，也是工作中可用的强大的工具。

最初在与临床病人接触过程中，弗洛伊德极具洞察力地发现，在分析过程中病人过去的体验在临床情境中再次出现，医生则代替了他们在生活早期遇到的人，他将其命名为“移情”。弗洛伊德认识到移情是分析中的一种障碍，但是如果能认识到它的存在并向病人解释清楚，它就会成为有力的盟友。

移情是一种普遍的人际关系模式，在这种模式中，与重要他人的过往经历和他们内心的阐述，以及古老的思维和感觉模式，在当今的人际关系中被保留、转化并带入互动生活。带着过去人际关系的经历，我们将好的或坏的体验投向当前的关系中，产生正向移情或是负向移情，例如服务对象可能对我们产生爱慕之情，或是对我们所说的言听计从，抑或是总会向我们发脾气。在社会工作实务中，应该认识到服务对象所产生的喜爱或是厌恶等情感并非针对我们，而是对过去生命中某人情感的再现，如果能认识到服务对象的移情性，就可以以此作为工具帮助他们理解当前所遇到的问题与过去的重要联系，从而有机会在现实关系中做出修正，因为服务对象对我们的移情也会反复出现在他们的日常关系中。

在心理治疗的关系中，移情是患者对治疗师情感的投射，而与之相对的由患者引起的治疗师对患者的感受反应被称作反移情。在移情的概念被弗洛伊德提出后，反移情的概念也被提出。不同的是，在精神分析最早的概念中，移情是可以帮助理解患者的重要工具，而治疗师的反移情则被看作破坏了治疗的环境，是治疗师应努力克服的。和许多其他精神分析中的概念一样，对反移情的理解在精神分析理论体系中的发展也发生了很大的变化。这一变化的趋势是将治疗师对患者的反移情正常化，认为这是不可避免会产生的，同时也将反移情作为理解和帮助来访者的工具。从克莱因的投射性认同概念角度对反移情做出理解，反移情是为我们在关系中扮演了对方投射来的某个角色，可能是父亲母亲，也可能是重要的朋友，可能是让他们喜爱、想要依靠的人，也可能是厌恶想要痛骂的人。在工作中，我们可能对服务对象产生喜爱、怜惜的感情，也可能产生愤怒、厌恶的感受。而无论是怎样的感受，我们都应对此保持觉察，我们的服务对象是否无意识中希望我们产生这样的感受？而这又能满足他们怎样的需要呢？

移情与反移情的概念为我们理解人际关系带来了一个新的视角，每个人都是带着过往的经验进入一个新的关系中的，日常交往是如此，帮助服务对象的过程中与服务对象建立的关系也同样如此。过去的情感体验会在新的关系中不断重现。社会工作者有意识地体会移情和反移情可以帮助服务对象理解这种关系的重复，在关系中做出改变，解决人际交往中的困扰。

在 YY 的案例中，随着与社会工作者工作的深入，她在人际交往中的一些特点逐渐显现，她总是在社会工作者面前呈现好的一面，对于自己的一些不足总会选择回避。在深入接触后，社会工作者发现其与母亲的相处中也是如此，总会选择隐藏一些想法，在耐心交谈后她透露出因为自己害怕被妈妈批评，害怕被看作不好的孩子，所以这样做。面对社会工作者时也认为社会工作者会不接纳自己，批评自己。在感受到社会工作者的接纳后，她慢慢更多地展露真实的自己。

六、阻抗

社会工作秉持的是利他主义的价值观，处于痛苦中的人们也很期望获得帮助，从痛苦中走出，二者看似十分契合，但实际工作中往往会遭遇一些障碍使得帮助的工作无法顺利开展。其中一种来自受帮助者自身，弗洛伊德将其称为“阻抗”，他在 1912 年的论文中写道：“治疗的每一步都伴随着阻抗”。

在心理治疗中，阻抗是指患者对治疗或改变的抵抗。缺少经验的助人者可能会感到困惑甚至愤怒，明明受助者如此痛苦，为何会对帮助拒绝，对改变拒绝呢？这可能导致对受助者的指责或是教导，而这往往会更增强阻抗的力量，可能导致关系破裂从而失去提供帮助的机会。阻抗早先被视作应当清除的障碍，之后阻抗作为能提供理解受助者是一个什么样的人的信息而被重视，治疗师的工作应当不是清除阻抗，而是帮助自己及受助者进行观察和反思，理解这其中的含义。应当认识到虽然受助者承受着痛苦，但这是他们已然达成平衡的应对世界的方式，改变可能带来欣喜的结果，但也是令人恐惧的，他们原有的平衡在治疗一开始就会受到威胁，这是阻抗产生的重要原因。因此我们必须学会对阻抗感到舒服，去细致地探究阻抗背后潜藏的信息，并引导受助者对阻抗感到好奇。

阻抗通常有付诸行动、对移情的阻抗、逃入健康、迟到、缺席这几种表现形式。付诸行动是指用行动的方式表达，而不是将其言语化并和治疗师进行讨论，这些行动往往是过往行动的重复。对移情的阻抗指否认治疗师带给自己的感受，当感到自己与治疗师关系深入时进行回避。对这部分来说，没有移情本身就是移情，他们难以和人建立起关系。逃入健康是一种具有迷惑性的阻抗表现形式，有时受助者在经过一段时间的帮助后会表现出自己已经完全改善因此想要退出，但在此时其核心问题往往还没有被讨论和解决。迟到和缺席是常见的两种阻抗的表现形式。通过迟到或缺席回避要讨论的重要内容、掌握关系的主导权、获得一种特权感、激起治疗师的愤怒或是担心等都是迟到和缺席背后的可能性，同时也都会让时间无法花费在直接的问题解决上，因此我们必须仔细地评估受助者的迟到或缺席以及对此反应的特殊意义，尽管受助者可能对此有各种看似合理的理由。

面对受助者的阻抗，我们应保持觉察，同时提醒自己保持耐心，维持好与他们的关系，以尊重、理解和合作的态度去面对阻抗，以促进被阻抗者的成长和变化。在和 YY 的工作中，她曾提出不再继续，也出现每次工作过程中以各种理由短暂离开，看到这些，社会工作者感到 YY 可能在阻抗着关系的深入，因为她难以真正信任一段关系，当关系开始走向深入时就会选择逃离。社会工作者能够理解这一点就可以借此帮助 YY 更理解自己的行为并尝试体验不一样的关系。

七、依恋理论

依恋的概念最先由约翰·鲍尔比提出。他通过自己早年在儿童福利院工作中对儿童的观察，总结出早年母婴关系的破裂是心理障碍的重要先兆，并且与最初精神分析理论强调性本能的驱动作用不同的是，他强调人在出生后就有参与社会交往的倾向，在生命之初这种倾向就表现为与养育者建立依恋关系。同时依恋理论也强调养育者在健康发展中的重要作用。生命之初与养育者建立起依恋关系是具有重要意义的，例如鲍尔比提到，婴儿的依恋行为如微笑与发声通常能吸引照顾者靠近，从而喂养自己，提供保护，也让自己在一个安全的环境下去了解环境。这个最初的出于生物本能的需要之后发展成被想要获得与照顾者亲近的感受的心理目标所取代。

在依恋的建立中，看护者的可得性以及婴儿对看护者行为的预期是重要的因素。玛丽·安斯沃思和其同事设计了一种陌生情境测试来观察婴儿与看护者短暂分离后又重聚这种情境下婴儿的反应，依据不同的反应，他们将依恋分为安全型依恋、回避型依恋、矛盾型依恋和混乱型依恋四种。安全型依恋反映出一种以“婴儿认为看护者会安慰他们的信心”为特点的内在工作模式。在测试中，看护者离开后会难过但在看护者返回后又能与其亲近并很快得到安抚。回避型依恋对看护者的可得性缺乏信心，他们与看护者分离时不悲伤，重聚时显得漠不关心，以一种不成熟的方式应对分离。矛盾型依恋的婴儿在分离时会感受到悲伤、很焦虑，但当母亲回来时可能表现出疏离和回避的行为。混乱型依恋的婴儿会以疏远、无序的方式亲近母亲，例如远离母亲、躲藏等。这一测试对了解婴儿和幼儿依恋模式提供了重要的研究数据，并对后续的依恋发展和亲密关系的形成有一定的预测作用。

八、分离-个体化

人的成长发展过程一直是精神分析理论关注的重点，许多心理疾病都可以在成长中找到线索。玛格丽特·马勒对发展的看法是从儿童—母亲这个共生母体，发展为在一个可预测的、可以现实性地感知他人的世界中获得稳定的个体身份，她将这一过程命名为“分离—个体化”。分离是从与母亲共生性的融合中脱离，而个体化是儿童认为自己成为一个独立的个体。在马勒的观点中，这样的成长过程是一个不断调和独立自主存在的渴望与同样强烈的在关系中融合的愿望的过程，达到最终成为一个独立的个体。马勒提出人的成长发展过程会经历以下几个阶段。

共生期：从 3～4 周开始到 4～5 个月时，婴儿对外界的刺激感受增加，使得他们感受到母亲的存在，尤其是母亲提供照顾帮助他们消除不舒适的感受时。这个阶段婴儿会感到自己和母亲是一体的，有一种全能感。

分化期：这一阶段发生在 4、5 个月一直到 10 个月，是分离—个体化的第一阶段。这一阶段婴儿发展出一定的自主活动能力，他们开始探索母亲，拉扯母亲的头发、衣服、眼镜。对外界的探索感知，使得自体和客体之间清晰的感觉区别首次出现。同时会逐渐发展出能对母亲与他人做出区分的能力，当陌生人出现，婴儿会感到焦虑和不安是这一能力出现的标志。

实践期：这个过程通常发生于7～10个月，直至15～16个月龄。这一阶段婴儿发展出更强的运动能力，如爬行、滑动、爬高等，使得他们可以移动到离母亲较远的地方。这一阶段儿童的兴趣主要集中在不断扩展的能力上，感觉自己无所不能。他们逐渐摆脱了与母亲的共生性状态，与母亲逐渐分离。但这些活动始终是围绕在母亲周围进行的，会在活动一段时间后回到母亲身边，母亲像是一个“情感加油站”。

和解期：这一阶段在16～25个月，开始于儿童对直立运动的掌握。在向外探索的过程中，儿童逐渐发现自己会遇到许多阻碍，并且单靠自己无法解决，认识到母亲是独立于自己存在的一个个体，无法时时刻刻在自己身边。在和解期最初的几个月，我们会观察到儿童开始重新主动寻求支持，向母亲“示好”。这一阶段的儿童会陷入所谓的“和解危机”中，想要获得外界的帮助，但同时为了巩固分离—个体化又会抗拒这种帮助。母亲会在这个阶段感觉孩子好像由之前的非常独立，转变成似乎更加难教养，更加令人费心。

客体恒常性阶段：这一阶段通常始于3岁，在3岁末就比较稳定了，但其实这一阶段是没有期限的，终其一生带有诸多变数。这一阶段有两个任务，一个是形成对自己的稳定认识，另一个是形成对他人的认识。发展正常的儿童内化了母亲的形象，能够在母亲不在的时候很好地自处，形成稳定的自体，从共生状态中分离。

在不同发展时期儿童的需求是不同的，马勒也强调母亲对于孩子正在变化的需求和行为反应做出调整和回应的重要性。尤其是在和解期面对孩子的矛盾性，有些母亲可能乐于有机会让孩子沉浸在她们的照顾中，从而可能遏制孩子的分离和个体化。有些母亲则拒绝孩子再次的依赖，从而忽视了这一时期孩子合理的需求。这样的反应都不利于孩子的健康发展，可能导致今后孩子的过分依赖、分离焦虑、独立困难或是有困扰的自我认同。马勒提出了与温尼科特的“足够好的母亲”类似的观点，认为母亲或是早期照顾者应当适应孩子需求的变化，提供最佳的养育。

第三节　精神分析理论在社会工作实务中的应用

随着工业化和城市化发展，社会越来越复杂多样，个人在与社会互动中面临的问题、风险越来越多，解决的难度很大。而社会工作对帮助人们克服困难、解决和预防社会问题，甚至改变社会环境，都发挥了不可忽视的作用。就社会工作对所服务的对象来说，可以帮助协调、改善人与周围环境的关系。精神分析所追寻的目标即是解决个体的冲突，追寻更真实的自我，其最终落脚点之一也是改善个体的人际关系，因此精神分析在社会工作的微观领域将有所助益。

一、精神分析在社会工作个案工作中的应用

针对某一个体进行工作是社会工作的重要内容，其过程通常包括接案、收集资料、诊断与预估、目标与干预计划、实施干预、评估与结案这几个过程。接下来将介绍精神分析

在个案工作过程中的应用。

（一）接案阶段的应用

接案的过程简单来说就是受理或接受个案的过程，是与服务对象的最初接触。在此过程中我们需要做出最初的评估，探讨能否为其提供服务。需要注意的是，并非所有服务对象都是主动求助，因此在此过程中与服务对象建立关系，降低他们的抵触情绪也是必要的。

精神分析在诸多研究中被证明有效但并非适用所有情况，因此在接案过程中需评估服务对象是否适合使用精神分析与其工作。通常会从以下两方面进行评估。

一是服务对象的问题是否由潜意识所影响，通常来说，如果服务对象的问题与他/她过去的某些事情相关，那么通常会有潜意识的影响。当服务对象在表述自己的问题时谈到“我很迷茫”“我不知道为什么我总是……”“当……时我就开始感觉很糟”时，通常他们的问题也受到潜意识内容的影响，也适用于适用精神分析开展工作，以揭开潜意识对他们的影响。

二是当服务对象是否在自我、人际关系、适应、认知、工作/娱乐方面遇到问题。传统的精神分析以揭开潜意识为主，而当代的精神分析也会提供一些支持性的帮助，因此在上述功能方面出现问题时，精神分析也同样适用。例如一位最初受失恋影响而无法正常工作的服务对象来求助，我们可以使用精神分析的方法帮助他调整情绪，进而从精神分析视角去探索他的亲密关系破裂以及由此引发他的反应受何影响，以为他提供帮助。

在接案过程中，另一重要工作就是建立与服务对象的良好关系。现代研究发现，不同方法的心理治疗都能起到类似的效果，其原因就在于心理治疗中共同性因素的作用，建立良好的关系就是其中之一。通过展现对对方的兴趣、进行共情、表示理解等方式都可以促成良好关系的建立。这些方式也并非精神分析所独有，因此不在此赘述。

（二）收集资料的方向与内容

收集资料目的在于对服务对象的问题及资源进行全面的了解，为后续工作做好准备。精神分析因为其工作的理论假设在收集资料时也存在一定的倾向性，通常情况下会从以下方面收集资料。

1. 主诉和当前症状

这是服务对象首先呈现在我们面前的内容，可能是焦虑，抑郁，也可能是人际关系上的障碍，与家人剑拔弩张的冲突，正常社会功能的缺失等。这些问题的出现应当引起我们足够的重视，对这些问题表示关切有助于关系的建立。

2. 个人史

对成长过程中的种种经历的关心体现了在精神分析理论中成长经历对发展的重要影响。对个人史的了解包括服务对象当前问题的发展历程，由何时开始，曾经出现过几次，在什么情况下会出现，服务对象对此做过哪些改变的尝试等都是我们所关心的信息。另外就是对成长史的了解，包括童年时期的性格特点、早期的重要关系特点、受教育程度、职业、当前的人际关系等。

3. 功能水平

经典的精神分析治疗适用的人群是十分有限的，弗洛伊德曾在总结什么样的人适合精神分析时说“人不太老，病不太重”，也就是需要接受精神分析者其自身的功能水平较高。随着精神分析理论的发展，其适用人群也在拓展，针对功能水平高低不同的人群所使用的方法也有所侧重，因此收集能够反映服务对象功能水平的资料是必要的。

（1）自我功能。

自我功能方面资料的收集主要集中于我们是如何看待自己的，在受挫时我们会如何调整对自己的看法。在收集资料时我们可以这样问：“你怎样形容你自己？”“你对自己的看法与别人对你的看法一致吗？”“你认为事情不顺利是你的过失导致的吗？”

（2）人际关系。

了解人际关系相关的信息，主要集中在是否具有亲近的关系、能否与他人保持良好的关系、能否准确理解他人。我们可以通过这样的问题来了解：“你生命中重要的人都有谁？你们认识多久了？”“如果你遇到困难或危险，你会想联系谁？”“有人对你不满吗？”“你觉得×××会怎么看？”如果我们了解到的信息反映出服务对象人际关系良好，能够从他人角度思考，那么代表其在这方面的功能良好，并且也更容易与社会工作者建立一个良好的关系。

（3）适应能力。

所谓适应能力就是当我们面临内在与外在压力时会如何应对。从精神分析的角度来说，我们的适应能力主要体现在前面提到的防御机制上，我们需要从与服务对象的互动中分辨出他们的防御机制属于哪种类型，投射、退行、合理化还是升华。更重要的是我们需要判断防御机制处于适应性较低水平还是相对较高水平。适应性较低的防御机制以分裂为主导，看待问题更加片面并且总会导致一些功能的缺失，而适应性较高的防御以压抑为主导，将一部分的感受压抑到潜意识中，但可以帮助人维持正常的功能。

（4）认知能力。

对于认知能力，我们需要了解服务对象在智力、记忆力、注意力等一般认知能力、心理觉察能力、判断力、情绪管理能力、组织、计划和问题解决能力等方面的表现。

为了解一般认知能力，我们可以通过提问的方式，也可以通过观察。可以让服务对象按照时间先后顺序讲讲最近一周发生的事情，也可以在和他们相处的过程中观察他们的注意力是否能集中在当前的事情上。了解这样的信息可以帮助我们确定服务对象需要的是什么类型的帮助，例如患有注意力缺陷多动障碍或是阿尔茨海默病的人，需要的更多是我们帮助其找到医疗资源获得治疗，而不是与其探究疾病与成长经历有何关联。

心理觉察能力是以精神分析方法进行工作时特别看重的一种能力，特别是以诠释的方法揭露潜意识进行工作时。如果服务对象心理觉察能力较为缺乏，与人冲突时可能会说“这都是他的错，他是个笨蛋”，而不会将眼前发生的事情与自己以及过去发生过的事做一些联系。与之对比，心理觉察能力较好的能可能会说：“他做的确实不对，但当时我也太生气了，本来问题不至于变成这样。而且我发现我总是会陷入这样愤怒的情绪中”。判断力是对行为适当性和可能发生的结果的预估。例如很多人可能知道无保护措施的性行为是危险的，但有的人还是会不采取保护性的安全措施。这种情况下这些人的判断力就是有所缺失的。情绪管理能力主要指承受和管理情绪的能力。面对同样的情绪感受，情绪管理能力强的人可以更好地体验、忍受和表达情绪而不是被情绪所困扰，只能以极端的方式表达情绪或是抑制自己的情绪。组织、计划和问题解决能力对于日常的工作、恋爱、娱乐都是非常重要的。我们可以问："你近期有做过什么决定吗""你今年会有什么计划吗"，并且通过了解服务对象实际的生活来进行对照，从而了解在计划执行方面的情况。

4. 动机

我们的服务对象因为什么前来寻求帮助？被动或是主动？他们希望从中获得些什么？了解这些对于后续工作也同样重要。一个主动寻求改变的人和一个被迫前来接受帮助的人在关系建立的难度及工作方式使用上显然是不同的。并且从求助动机中，我们也可以看到一个人的自我功能水平。

5. 资源与社会背景

每一个遭遇困难、需要帮助的人都并非"一无是处"，应当看到他们身上所存在的内在力量与外在资源。例如一个酗酒者，他/她呈现出的问题是酗酒，但同时他/她也可以是一个内心善良的人，一个有着积极改变意愿的人，并且有着不错的经济条件，这些是他/她出现问题之前的优点。利用好每个服务对象的优势能够帮助我们在后续制定出更适宜服务对象的方案，并且看到服务对象的这些优势本身也是对他们的一种莫大的鼓励。

（三）诊断与预估阶段的应用

在此阶段，我们的任务是对服务对象的问题性质、发生原因、后果影响做出分析判断。作为提供专业帮助的工作者，我们需要在了解了服务对象如此多信息的基础上，向他们做出我们的判断，从我们的理论视角出发描述所看到的问题，往往这也是服务对象对我们的期待，因为紧接着下一步就是我们可以如何做。而作为提供帮助，对问题做出解释的人，我们需要始终牢记，我们所做出的判断往往只是暂定的假设。

如何组织所收集到的如此多的信息以对服务对象做出理解？我们可以通过描述、回顾和联系三个步骤串联起信息。描述主要聚焦于服务对象当前的情况，包括其所遇到的问题、人际关系、适应状况、认知特征、自尊等，是对服务对象当前情况的整体描述。回顾是对成长过程中重要经历的关注。联系是将服务对象当前的状况与成长中的经历做关联，去发现其中具有共性的部分，以促成我们对服务对象的理解。

描述-回顾-联系是一般化地对服务对象问题做出理解的模式。从我们前面所介绍的精神分析各流派的视角出发，其理解又会各有所侧重。例如客体关系流派会更加看重客体尤其是童年经历中的重要客体与服务对象的互动模式对问题形成的影响，自我心理学会更加看重自我功能的水平，自我防御机制对问题形成的影响等。

（四）目标与干预计划制订中的应用

现在我们已经综合各种信息对服务对象有了一定的了解，下一步就是要朝向何处的问题了。与对服务对象问题的理解相对应，精神分析的各流派也会有不同的目标方向。弗洛伊德式的经典精神分析将工作的目标焦点放在内心冲突和防御方式上，要通过诠释的方法让人获得对自己的理解从而消除冲突，更好地使用防御。弗洛伊德之后的自我心理学将目标转向拓展人的自主性以及增强自我功能。客体关系学派中虽然有不同分支，但总的来说他们的工作目标从理解过去转向了聚焦体验当下尤其是求助者与帮助者之间的关系，通过理解当下的关系并形成新的体验从而达到改变的目的。自体心理学的主要目标是强化脆弱的自我，从而形成更加真实的对自己和对他人的体验，消除自恋。人际精神分析关注如何与求助者共同探索一种新的有效的关系模式。

在设定目标的过程中，我们与服务对象应当是一种合作的关系，共同商讨以确立目标，同时也需要根据服务对象的实际情况个性化地确立目标。以下内容是我们在设立目标的过程中不得不考虑的。

（1）紧急的诉求：依据我们对服务对象的理解做出的目标往往是较长期的，而实际工作中常会有一些紧急目标需要实现，例如服务对象有伤害自己或他人的危险，这应当被视作优先处理的目标。

（2）环境的特点：有些目标可能对服务对象有益，但也许并不适宜当下的环境。例如服务对象目前所居住的地方是临时住所，无法长期与其开展工作。或是从人际环境来说如果服务对象做出过大的改变，其周围人可能无法接受导致对服务对象的排斥等。

（3）来自服务对象或是相关方的诉求：服务对象或是将其送来寻求帮助的人必定会有自己的想法，有他们想要达成的目标。也许在我们看来这些目标并不合理，或是相互冲突，但这些也是我们不得不纳入考虑的因素。

（4）服务对象的功能水平：如前面内容所提到的，随着精神分析面对的人群扩大会有很多功能水平不佳的人寻求帮助，对于他们使用以诠释为主的精神分析方法就不太适用了。此时工作的目标应当是短期且具体的，要能为服务对象带来支持。而对于自身功能水平较好的服务对象，他们能维持一个较好的日常生活，且有着不错的心理觉察能力，以做探索为主的较长期的目标就变得可以考虑。

（五）实施干预中的应用

确定目标后，下一步就是按照计划来实施，为服务对象提供帮助。这里需要特别强调进行工作框架设置在精神分析中的重要意义。它包含角色、时间、环境、费用、联络方式等方面，需要在正式开始工作前与服务对象做好约定并在之后的工作中尽量保持设置的稳定性。下面就重要的几点设置进行说明。

（1）时间：是设置中的重要方面之一，包含面谈的次数、每次会谈持续时长、日程、可能持续的时间。稳定的时间设置能够带来一种确定感与稳定感。当然，时间的设置也并非是僵化的，如果服务对象哭得特别厉害或是突然遭遇了创伤，适当增加工作时间也是必要的。

（2）环境：在环境的设置中，最为关键的是要在一个确保隐私，尽可能减少被他人打扰的空间开展工作。

（3）联络方式：需要与对方确定采取怎样的方式联络，可以在什么时候联络，联络的内容可以包含哪些。

虽然工作框架的设置有可商量的空间，但作为工作者的我们不能完全按照服务对象的意愿来进行工作。原因在于要为我们的工作设定一个边界，让我们自己不至于过度卷入与某位服务对象的关系中。进行工作设置的另一方面作用在于为精神分析工作创设一个独特的时空，在这一约定好的时空中，服务对象可以完全投入其中，“利用”我们为他/她提供帮助。工作设置的现实意义还在于当框架被打破或是服务对象试图突破框架时所反映出的期待。

在目标设定中，我们强调考虑服务对象的功能水平来制定工作目标，与之对应的，根据服务对象功能水平的高低，干预分为支持性干预和揭露性干预两个方向。支持性干预包含鼓励、命名情绪、提供解释、阻止、帮助规划、安抚、提供保护、劝告、提供新视角等更为直接与主动的工作，帮助服务对象补足他们所欠缺的那部分功能。揭露性干预包含对质、澄清、解释等方式，以帮助那些具备良好心理功能的人理解无意识过程，贴近更真实的自己。

（六）评估与结案准备中的应用

与认知行为疗法这样非常具有结构化的治疗方法不同，我们对进程的评估通常不会以量表这样数据化的方式呈现，而是对照目标看看我们对服务对象有了哪些改变，这通常会体现在我们收集资料时关注的那些方面是否发生了变化。

精神分析有时会给人一种会一直做下去的感觉，但事实并非如此，这也并不符合助人的伦理。通常我们会从这些方面评估服务对象的状态来决定是否结束，即症状改善、增强自我意识、改善人际关系、提高适应性、增强反思能力、改善工作和娱乐状况、增强独立性。持续观察服务对象在这些方面的变化是我们评估其状态以及决定何时结束帮助的参考。

结束在精神分析中也是整个助人过程的重要一环，有时甚至真正的帮助是在结束阶段才开始。因为关系的结束可能会激起分离的体验，可能会让服务对象产生包含自己不被喜欢，其他人比自己更重要这样的幻想。因此结束阶段也会出现以服务对象错过既定的会面、很少说话、症状再次出现等为表现形式的阻抗。我们在结束阶段要做的重要工作就是帮助服务对象与我们发展出一种更现实的关系，理解关系都可能会有结束，而关系的结束并非意味着他/她是不被喜欢的或是关系就此彻底结束。

- 为了更好地结束，我们需要做这样一些准备。
- 在一开始就做好明确且具体的约定或是协议。
- 留出足够的时间来准备结束，并在过程中不断提醒服务对象关系终会迎来结束，以探索其对此的反应。
- 考虑服务对象是否有让他/她对结束格外敏感的背景和经历。
- 尝试用语言表达那些因为结束而激发出来的无以言表的感受和内心幻想。
- 鼓励对方表达与结束相关的情绪，并且对出现的任何反应进行正常化，帮助理解这些情绪。

除正常的结束外，也会有一些计划外的工作关系结束，对于这样的情况提前做好准备并且双方就此做相应的讨论，例如突然中断后如何联系，服务对象还可以在哪里获得帮助等。

二、精神分析在小组工作中的应用

小组工作是社会工作的方法之一，为小组成员提供了一个互动的机会，这种互动的经验让组员对自己以及问题有一个重新认识，同时小组成员间的互动也会形成一种相互支持的关系。

小组工作注重成员间的互动，也将人际关系真实地呈现在小组中。精神分析的理论，尤其是理论中有关客体关系，人际间精神分析的理论部分也被应用于小组工作中，为小组成员互动提供了一个来自精神分析的视角。

和个案工作一样，移情也会出现在小组工作中。不同的是在一个小组中，它们是多重的：一个组员可以被另一个组员当成母亲，被另一个组员视为父亲，还被另一个组员视为兄弟姐妹。同样，这个组员经常在小组中能“找到”自己的父母和兄弟姐妹。每位成员都会将对于过去生活中某个人的情感投射到小组组员身上。无论投射的情感是正向的还是负向的，都会使其他小组成员失去一部分的真实性，可能会理想化某个成员，对某个成员产生情爱的感受，或对某成员感到愤怒。在小组工作中，作为小组领导者的我们要注意观察成员对彼此的移情反应，解释组员过去的行为模式，并将这些模式与现在的行为联系起来，以帮助组员解决过去没有解决的冲突。当组员看到自己如何扭曲小组中的认知时，他们开始意识到自己是如何误解其他人际关系的。

第四节　精神分析理论的案例分析

一、需求评估

现在我们回到本章开头的 YY 的案例，将精神分析理论和实践原则应用到这一案例的分析之中。

首先我们面临的问题是，她是否适合使用精神分析的方法开展工作？在上一节中我们提到这需要考虑服务对象的求助意愿，他们的问题是否由潜意识影响产生以及我们能否提供帮助。在 YY 的案例中，虽然她是被家长带来，但其自身也存在想要改变的愿望，愿意讲述自己内心的想法，同时也能看到她遭遇到的问题也受潜意识所影响，从小缺少父母照顾，且在家中经常遭到外婆和母亲无故的责骂，作为家中力量最弱小的一个人，很多时候只能默默承受而无力反抗。在其内心，对家人的感受是复杂的，其上初中后出现一系列状况而休学背后就可能呈现潜意识中一方面希望被更多的照顾，另一方面也想表达自己的愤怒。我们运用精神分析的方式可以为其提供一些支持性的帮助，调整情绪并理解自己的问题背后的潜意识内容。因此对于 YY 我们可以考虑使用精神分析的方法与其工作。

二、干预方案制定与实施

接下来我们需要在收集其个人资料的基础上理解她问题产生的原因并开展干预。YY 当前的个人主要问题是情绪低落，存在自杀想法，难以适应新的学校的环境，她还存在一些行为方面的问题，如和一些不上学的青年玩在一起，开始打扮自己，会将一些比较暴露的照片发到网上。从她的成长经历来看，父母离异后来自父亲的照顾几乎没有，母亲的多数时间也在外工作，主要照料者变成外公外婆，而外婆又是一个情绪多变，常常对她批评指责的角色，来自家庭的关爱较少。在学校中，小学几次转学让她的同辈关系变得不稳定，又遭遇到校园霸凌，让她对同辈关系变得谨慎，没有十分亲密的朋友，但和其他同龄人一样她也十分渴望朋友。从功能水平方面看她对自己的看法较为消极，有很多的自我贬低，觉得自己活着没有价值。人际关系上缺少稳定的亲近的关系，与他人相处方式上处于热情与厌恶的两个极端。在适应新环境方面能力较弱，多采用适应水平较低的自我防御方式，容易产生偏执的、与现实不相符的想法。她的感受较为敏感，但对自己的心理觉察能力较弱，较难客观地看待问题。在情绪管理方面常常采用压抑自己的感受或是用行为的方式表达情绪，比如极端地用刀划伤自己来缓解痛苦的情绪。在组织计划和问题解决能力方面她有着良好的意愿，希望自己可以提高学习成绩，今后过上更好的生活，但缺乏计划和解决问题的方法。从资源来看，YY 虽然目前身处困境，但她有着改变的意愿且对于自己的价值和未来一直在思考，与她的年龄所处的发展阶段的发展任务是相符的，并且其母亲愿意为了她的改变付出，这些是我们能看到的积极一面。

以描述-回顾-联系的工作模式对 YY 进行理解，我们可以看到她对自己的认识是存在一定偏差的，只关注学习上自己与同学的差距而忽略了自己的优势与优点。在小升初的暑假她还曾打扮成熟，发一些暴露的照片到网上，风险意识较低，冲动控制能力较弱。回顾其成长史，成长过程中较少受到关爱，家人的批评指责较多，且在受到校园霸凌应当被保护时反而被污蔑是自己的问题。将过去与现在进行关联，我们可以看到 YY 在与成长中的重要客体相处过程中，缺少客观的反馈，因此其自我意象可能存在一定偏差，不能客观看待自己，使用外在价值标准来定义自己。另一方面因为缺少外在的保护，她需要被迫采用各种方式来保护自己，其中就包含不适宜的防御机制，如性欲化、退行、反向形成、转向自身等来维持自尊，对自己进行保护。但这样的方式使得她在人际关系、情绪管理、问题应对方面的能力发展欠缺，特别是到了初中阶段更加难以适应。

三、干预总结与反思

综合 YY 的这些资料，我们可以看到她是一个处于青春期，按照埃里克森的发展阶段论描述是发展自我同一性的重要阶段，她也努力在探索自己，虽然遭遇诸多困境，但并未放弃。她目前自身能力方面存在诸多不足，防御机制水平偏低，问题解决能力、情绪管理能力偏弱，且人际关系较差，对自我评价较低。从这些角度来看，接下来对其的工作应当更多从支持性的角度入手，去帮助她发展这些方面的能力，而不是急于对她问题背后的潜意识原因做出解释。例如在工作时间设置上尽量保持稳定，保持一个较为固定的与其见面工作的频率，在工作中更多体会她的感受，帮助她用言语表达自己的感受，对她的一些正面行为进行鼓励等。

第五节 精神分析理论的优势与不足

一、精神分析理论的优势

正如前文所谈到的，精神分析理论是整个社会工作理论演变过程中的重要一部分，尤其在早期阶段，精神分析几乎与社会工作理论画等号。在现代社会工作理论与实践中，精神分析的影响是基础性的，是一个具有很强解释力的理论，潜意识、移情、反移情、阻抗等理论都可以帮助我们更好地理解服务对象的问题和行为。

二、精神分析理论的不足

精神分析理论在社会工作领域也存在很多局限，并非适用于所有情境。首先社会工作一方面直接为服务对象提供帮助，另一方面作用于社会层面，推动社会正义的实现。精神分析理论更多聚焦于微观层面，帮助个体摆脱痛苦，而对于宏观层面的作用则有限。其次精神分析理论的应用通常需要与受助者维持一个较长的稳定关系，在这样长期的关系中让改变得以发生。虽然当代精神分析也出现了限时性的短程治疗，但相较于其他理论流派的工作方法，仍然需要一个相对较长的工作时间。而这样的工作方式有时会与社会工作的工作现实，即服务时间较短，服务对象可能无法支付过多费用相冲突。另一个精神分析工作方式带来的劣势是社会工作往往需要我们主动介入为服务对象提供帮助，而精神分析理论中主动介入往往会被看作干扰了潜意识的出现，不利于工作继续深入，在这一点上是存在一定冲突的。还有一点值得关注的是，精神分析理论从缺陷的视角看待个人，思考更多的是如何解决个人身上存在的问题。这样的视角往往会进一步强化服务对象的弱势地位，并且忽视服务对象、服务对象的环境、服务对象应对环境的能力中优势的部分，使得很多资源无法被重视。

总的来说，精神分析理论为社会工作发展带来了不可忽视的影响，即使精神分析已经从过去的占主导地位变为仅是社会工作理论中的一个部分，为社会工作提供了一些方法，但精神分析中的一些理论改变和理念早已成为社会工作方法的基础。当然也不可忽视精神分析理论放在当代社会工作场景中一些不适用的现实。不过精神分析之所以能受到持续的认可与其自身不断改进、吸纳新的观点与方法、推陈出新分不开的。事实上，当代精神分析对于应用原有理论尝试新的方法，特别重要的是用现代研究工具和方法对其效果进行验证持开放的态度，越来越重视理论在实际工作中的应用效果，相信今后精神分析理论会在社会工作理论体系与工作应用中找到更适宜自己的位置。

本章小结

本章介绍了精神分析理论的简要发展历程，阐述了精神分析理论各流派的主要观点。通过与案例相结合的方式讲解了精神分析理论中的主要概念，以及在社会工作实务尤其是个案工作的各环节中如何运用精神分析理论。主要包含以下知识点：

1. 精神分析理论是社会工作理论中的重要部分，为社会工作提供了一个有很强解释力的理论，社会工作理论也吸收了很多精神分析理论中的重要概念并运用于实践。但也存在应用领域局限、改变发生时间长、工作较为被动、从问题视角出发等不足。

2. 弗洛伊德的经典精神分析将人们对症状的理解从生理转向意识，提出了重要的潜意识、驱力理论、人格结构模型、性心理发展阶段理论。虽然从一开始就饱受争议，但由此开始的精神分析理论早已逐步扩展到社会生活的各个领域。

3. 弗洛伊德的后继者或摒弃或发扬经典精神分析理论内容，发展出了自我心理学、客体关系学派、自体心理学、人际精神分析等流派。总体变化是从关注自我转向关注人际间的关系，从关注过去到关注当下体验。使得精神分析更加多元化、综合化，适应性更强。

4. 精神分析理论的重要概念包含发展阶段理论、潜意识理论、人格结构理论、防御机制理论、移情与反移情、阻抗、依恋理论、分离—个体化。

5. 精神分析理论中个案评估框架、个案概念化视角、目标设置方向与考虑因素、工作设置、结束工作的考量等工作方法可应用于社会工作的个案与小组工作中。

资源链接

视频微课 2-1　　视频微课 2-2　　视频微课 2-3

视频微课 2-4　　视频微课 2-5

思考题

1. 精神分析理论从最初发展至今经历了怎样的变化？

2. 精神分析理论与哪些社会工作理论发展趋势相契合，与哪些社会工作理论发展趋势相违背？

3. 结合本章所提到的精神分析的发展阶段理论、潜意识理论、人格结构理论等概念，你会对 YY 作何理解？

4. 精神分析在评估个案过程中收集的多方面信息与其理论有何关联？

5. 精神分析的工作设置的要求是出于何种考虑，其对工作对象有何作用？

在线自测

扫一扫　练一练

第三章 认知行为理论

学习目标

通过本章学习，可以了解认知行为理论的发展脉络；了解认知行为理论的基本观点和主要概念；掌握认知行为社会工作的理论核心、评估焦点及在实务过程中需完成的任务；掌握社会工作实务中如何运用社会行为理论开展工作。

建议学时

4 学时

案例

小张今年 18 岁，从偏远的乡村以优异的成绩考入北京一所大学，现在是大学一年级新生。入学一个月之后，学校按照惯例开展新生入学心理测评，小张的心理测评结果显示焦虑、抑郁等几项因子出现阳性得分，后被学校心理咨询中心诊断为一般心理问题，有轻度抑郁症状。在咨询中心老师的推荐下，小张来到学校社会工作室寻求帮助。学校社会工作者通过接案评估了解到，小张目前主要面临大学适应问题。上大学对小张而言是个重大转折点，也是小张第一次出远门，从农村来到大城市这个崭新陌生的环境，因为他来自贫困地区，普通话讲得不好，害怕受到同学嘲笑；对于一些电子产品，比如说电脑、校园网络系统等他一开始不太会使用；与同宿舍其他同学关系疏远，平常不愿与同学多沟通，经常独来独往，他感觉自己很孤立、无助，也十分自卑；小张是家中独子，母亲是小学教师，父母从小到大对他都寄予厚望，对他非常严苛；上学一段时间后，小张逐渐出现焦虑、紧张情绪，害怕与人交往，影响了正常的学习与生活。

在与学校社会工作者会谈时，他表现得很自卑，觉得自己很差劲，什么都不会，什么都做不好。学校社工从认知行为疗法的视角出发，认为小张出现这些焦虑、抑郁等情绪以及种种不适应学校的状况与他对自己的看法，尤其是与他的核心信念有很大关系，反过来，上大学以来出现的各种不适应现状也会影响和加固他对自己的认知。小张是如何看待自己的呢？他的认知和核心信念分别是什么？为什么他会这样看自己，这些认知和核心信念源于哪里？认知、情绪和行为三者之间是如何相互作用、相互影响的？作为社会工作者，如何与服务对象工作，帮助服务对象觉察到自己的认知，从而改变他的情绪和行为？在本章中，我们将向大家介绍认知行为理论，以及这个理论在社会工作实务中的应用。

第一节 认知行为理论与社会工作

认知行为治疗模式是将认知和行为作为关注焦点的治疗模式，也是一种整合性的治疗模式。

一、认知行为理论的演变与发展

认知行为理论的兴起源于精神分析学派遭受到挑战。认知行为理论是由行为主义和认知学派整合而来的。因此，行为主义和认知理论构成认知行为理论的理论基础。

（一）行为主义理论

行为主义的理论基础来自巴甫洛夫的经典条件反射学说。行为主义理论的一个基本取向就是将心理与行为分离开来，只关注人的外显行为。行为主义者认为，除了一些天生的反射行为，我们大多数行为都是通过后天习得的，因此人类可以学习新的行为、改变旧的行为。问题行为被界定为不良行为，可以通过系统研究来进行理解，同时还可以通过行为技术来修正。行为治疗的重点在于弄清楚什么事情可以持续引起人的行为发生转变。而不去关注人的心理的内在变化，行为主义所致力的行为改变，在某种意义上所关注的是结果，而不是引起行为的原因。行为治疗理论模式是以学习理论为基础的，主要分为：经典条件作用理论、操作条件作用理论、社会学习理论。

经典条件作用理论的原理是：条件刺激通过与无条件刺激在时间上多次重合或相继出现的方式，与无条件反应建立暂时的联系，从而形成经典条件作用。以经典条件作用理论为基础的行为治疗方法主要包括厌恶治疗和系统脱敏法。

操作条件作用理论是由美国心理学家斯金纳在 20 世纪 50 年代创立的，他将行为分为应答性行为和操作性行为。应答性行为是由某种特定的刺激诱发的行为，在经典条件作用中的行为就是应答性行为，这种行为由刺激控制，相对较被动；操作性行为是个体操作于环境而产生结果的行为，这种行为是自发的、主动性，如游泳、写字等。斯金纳认为人类大多数行为属于操作性行为，这种行为也是其关注和研究的重点。斯金纳的操作条件作用理论来源于其经典的实验研究，在这个研究中，斯金纳总结出操作性条件作用的原理：一个操作发生后，接着给予一个强化刺激，那么其强度就会增加。所增加的不是某一特定的反应，而是使反应发生的概率增强了。通过该实验，斯金纳发现影响行为再度出现或者巩固的关键是行为之后的结果，即尾随刺激物的强化。因为强化物的出现，而增加有机体以后在相同情境下重复出现该反应的过程称为强化作用。斯金纳理论的核心就是强化这个概念。个体的操作性（或自发）行为一旦受到正强化或负强化时，会在出现频率上出现改变。或者，如果受到惩罚或者抵制强化时，某个行为出现的频率会减低，这种情况就是撤销。这种对人类行为的理论解释得到了后来的临床经验和研究的不断深化和发展，重要的一点在于，行为与发生在行为之前和之后的事件之间的互动关系，仍然是当代行为治疗的基础。

社会学习理论是由美国心理学家班杜拉在 20 世纪 60 年代提出的，包含了三大要素：

目标行为、前情事件和后果。该理论指出，以往的学习理论家一般都忽视了社会变量对人类行为的制约作用。其基本观念就是人的社会行为是通过观察学习获得的，个体通过观察他人的行为反应就可以达到学习的目的，其中认知是中介。班杜拉从个人的认知行为与环境因素及其交互作用的角度来探讨它们对人类行为的影响。班杜拉认为人的行为特别是人的复杂行为主要是后天习得的，是经由观察其他人或从事学习得来的。行为的习得既受遗传因素和生理因素的制约，又受后天经验环境的影响。生理因素的影响和后天经验的影响在决定行为上微妙地交织在一起，很难将两者分开。行为习得有两种不同的过程：一种是通过直接经验获得行为反应模式的过程，班杜拉把这种行为习得过程称为"通过反应的结果所进行的学习"，另一种是通过观察示范者的行为而习得行为的过程，班杜拉将它称为"通过示范所进行的学习"。因此，要想改变服务对象的"目标行为"，需要了解该目标行为发生的原因，即"前情事件"，以及"后续行为"即事情发生的后续行为，这些常常是我们在实务过程中帮助改变服务对象"不良行为"的控制性或维持性条件。

行为主义治疗模式运用上述行为主义理论的基本概念和假设，系统运用那些建立在条件学习理论基础之上的、能够协助个体行为改变的系列技术。行为主义治疗模式认为所有的行为都是后天习得的，因此都可以重新界定，并加以改变的。通常服务对象出现的问题行为也被界定为"不良行为"，可以通过系统研究来进行理解，同时可以通过行为技术来修正。因此，个人和社会问题都可以转换为可以观察、测量和改变的行为。通过重新安排"各种强化"，如通过改变某个具体行为之前和之后的事件，抑或改变环境性事件和环境中的重要他者的强化，从而改变行为。

（二）认知理论

认知学派源自阿尔弗雷德·阿德勒与弗洛伊德分析学说的分道扬镳。心理学奠基人弗洛伊德在1923年发表《自我和本我》一书，将人格分为自我、本我和超我，其中本我遵循快乐原则；自我是本我从经验中发展而来，包括意识和前意识，它遵循现实原则；超我是由自我发展而来，包括意识、前意识、潜意识，它遵循道德原则。当三者和谐平衡发展，人格就是完善的，反之，人格失调，人的活动就会受到影响。在阿德雷看来，过度强调被压抑的潜意识，没有太大的实质意义。阿德勒认为，人格是一个统一的整体，如果将其分成本我、自我和超我就没有意义了，而且阿德勒还认为人类行为来自性方面的动力远不如来自社会方面的动力，人类认知的重要性远远超出弗洛伊德的理解。阿德勒认为，人的行为是由个人整体生活方式或者方法所塑造的，这包括个人的思想、对自己的信念、自我理想以及对世界的看法等。生活方法还包括如何"正确"解决问题，如何在世界上生存的认知等。在这个过程中，认知起着至关重要的作用，它不仅影响人的行为，更会影响个人整个生活形态的形成。由此，认知因素在人的行为中的作用得到了充分认识。

在认知学派的理论脉络之下，美国心理学家阿尔伯特·艾利斯在20世纪50年代创立了理性情绪治疗模式，美国心理学家亚伦·贝克（Aaron Beck）在20世纪60年代提出了认知治疗模式。认知模式理论和理性情绪治疗理论构成了认知治疗理论的两个代表性理论模式。其中认知模式理论是最基本的认知治疗理论，认知治疗模式理论常常被应用于抑郁症的心理治疗，非常有影响力。认知模式理论的基本观点认为个体的情绪和行为受其对事件（情境）认知的影响，情绪问题和行为问题与偏差的认知有关。同时还提出了认知模式，事件是和情境结合在一起的，在某个特定的情境中，个体会有一些行为、情绪的反应，也会有生理唤醒。理性情绪行为治疗理论从名称上既有情绪又有行为，但是本质上是认知理论。

二、认知行为理论与社会工作实务的关系

认知行为社会工作实务是一组通过改变思维或信念和行为的方法来改变不良认知，达到消除不良情绪和行为的方法。尽管行为主义和认知理论有着不同的理论渊源，认知理论和行为主义理论实质上并非互不相容。在实践中二者常被整合在一起，为社会工作服务提供更有效的理论视角和服务途径。

认知行为社会工作实务从社会生态系统的视角来看，是针对服务对象微观系统——心理层面的介入模式；从个案工作的通用过程来看，是针对个案工作的服务内容——其中的观念澄清、行为改变的介入模式。行为治疗模式注重人的行为改变和学习规律，认知治疗模式强调人的内部信息加工过程和方式。实际上人的行为改变一定会涉及内部信息的加工过程，同样人的内部信息加工过程的改变通常也会带来人的行为的变化。认知行为治疗在个案辅导过程中，既看到人的行为改变的规律，又看到人的认知加工的特点，使内部和外部有机结合起来，因此在个案工作中采取综合的方式开展服务。该理论模式也可以应用于小组工作实务之中，如采取小组工作为正在进行行为治疗的团体实施干预，例如酗酒者或者那些有着相同背景和同一社会群体的人，果敢训练和社交技巧训练尤其有用。典型的过程是小组成员一起努力，进行问题测评，确定目标，讨论并决定策略，以及模仿和演练。

第二节 认知行为理论的主要概念与基本观点

认知行为社会工作的发展源于行为治疗和认知治疗的实践，社会工作者在专业实践中吸纳行为改变中包含认知改变的因素，认知改变中又需要行为改变作为支持。因此，如何将认知改变的因素与行为改变的因素整合起来，多方面地推动服务对象的改变，提高服务的成效，就成为认知行为社会工作探讨的核心。

一、认知行为理论的主要概念

（一）认知

认知这个词来自拉丁词根 cognoscere，意思是“知道”。从心理上说，认知是指人们获得知识或应用知识的过程，或信息加工的过程，这也是人的最基本的心理过程。它包括感觉、知觉、记忆、思维、想象和语言等。人脑接受外界输入的信息，经过头脑的加工处理，转换成内在的心理活动，进而支配人的行为，这个过程就是信息加工的过程，也就是认知过程。认知主要包括以下四个方面：第一，信息加工过程，包括信息的获取、存储和提取、利用的过程以及方式方法；第二，信念系统：包括个体的想法、态度和个人信念；第三，个体表述：影响行为和感受的个人表达方式，通常表现为自我表述；第四，有效解决和处理问题的思维方式。

由此可见，认知的内容是比较丰富的，它包含表层的自动思维，中间层面的条件性假设，以及最深层面的图式或核心信念。为更进一步理解认知这一概念，下面对该概念中所涉及的图式和信念这两个概念进行具体阐述。

1. 图式

图式是认知心理学的一个中心概念，在认知心理学看来，图式是个体组织信息的方式，是关于个体如何看待他们对世界、人、事件和环境的重要信念和假设，是人脑中已有知识经验的网络。

图式对于个体的社会认知具有重要作用，图式能帮助记忆，而且图式一旦形成，具有相当的稳定性，它决定着人做信息选择时相应的内容和倾向偏好。人们利用图式加工信息、在原来图式的基础上，新的内容被添加更新，形成新的认识，解释环境。当个体处于一个新环境时，个体并不是重新认识它，而是利用过去相似情境中的知识做出解释。正是通过这样一种方式来进行新信息的加工。但图示加工也有缺点，如可能产生错误的解释，不正确的期望和僵化的行为模式。图式帮助自动化推论，即个体无须任何有意识的努力就会自动产生一些与图式相关的推论。这种自动化的推论或者思维是大脑中自动产生的思维、观念和想法，它们是自然而然自动出现的，不用深思熟虑，表现得比较迅速和简单，是一种表层的认知，自动思维的出现往往是无意识的、迅速的，大部分时间都意识不到它的存在。自动的思维是经过长时间的积累形成的某种相对固定的思考和行为模式，行动发出已经不需要经过大脑的思考，而是按照既有的模式发出。或者说在某种意义上思考与行动自动地不理性思考，荒谬的信念、零散或错置的认知等可能存在于个人的意识或觉察之外。

2. 信念

信念是指人们对自己的想法观念及其意识行为倾向，强烈的坚定不移的确信与信任。信念分为中间信念和核心信念两个层次，其中核心信念更为根本。个体出现的自动化思维是受到中间信念的影响，中间信念是一种态度或者说是假设，它相对于自动化思维来说，更抽象和理性。核心信念是个体在成长过程中形成的，是概括并且牢固的，对自己、他人、世界的一种信念，这种信念服务对象不一定非常清晰地表达出来，但认知学派认为这种核心信念是一种根深蒂固的信念，虽然这并不代表一个事实，但对于个体来讲，它就是绝对的事实。服务对象很相信自己的核心信念，而这种核心信念是最根本的。

核心信念的产生是个体早期与环境互动过程中形成的，它受到个体的认知系统的影响，最初表现为自动化思维、不假思索的，并不通过深思熟虑的，已经自动化的。自动化思维源于中间信念（对自己、他人、世界的态度及假设），最根本的来源是早期与环境互动中形成的核心信念，如果这个核心信念偏于负向，由此可知中间信念也呈现非建设性，当然自动化思维也会表现出非建设性的，整个认知系统都是偏于非建设性的。因此，它所带来的情绪和行为的反应也会具有困扰性，或者说给个体带来了困难。因此，认知模式根本上是认知系统中最重要的核心信念所产生影响的。核心信念也会从根本上给服务对象带来情绪或者行为上的困扰或问题。在实务过程中，要针对认知的改变或调整的话，基于认知模式理论的认知治疗是专业工作者通过各种方式，促进服务对象认知（核心信念、中间信念）的改变，从而带来其情绪和行为较持久的改变。

（二）行为

该理论流派对“行为”这一概念的解释来源于行为主义理论，其认为“行为”的含义包括：(1) 行为是人们说的和做的；(2) 行为是可以度量（测量）的，如频率、强度和持续时间；(3) 行为是可以被观察、记录和描述的；(4) 行为受环境影响并对环境发生作用；(5) 行为可以是外显的，也可以是隐蔽的。

行为主义心理学认为一个人的行为是后天习得的，可以通过学习获得，同样也可以通过学习改变。在认知行为疗法中，除改变认知外，常用的行为疗法的技术主要有以下几点：

(1) 放松技巧——社会工作者教给服务对象放松技巧，特别是当出现焦虑或压力大的时候可以使用。该技巧的过程是从头到脚指头的放松技巧，可以结合一些轻音乐、引导词等，让服务对象在压力或不舒适的情境中使用这种技巧后感到舒适。

(2) 社交技能训练——社会工作者在帮助服务对象改变困扰或问题行为时，帮助其学习新的行为技巧，并在会谈中不断练习这种新的技巧。社会工作者可以先做出示范，然后由服务对象跟着社会工作者练习。社会工作者可以给服务对象布置家庭作业，让其在会谈结束后不断练习这种新的行为，然后向社会工作者反馈他是如何使用这种新的技能的。

(3) 果敢训练——这个过程跟社交技能训练相似，社会工作者和服务对象在确定服务对象面临情境出现问题，该情境不能满足他们的需求，是害羞的，是被他人利用或者被歧视的。果敢训练的目的是帮助服务对象学会适当的自我表达。

(4) 厌恶疗法——服务对象暴露在一种行为或情况（有问题的行为）中，同时，也暴露在不愉快或不舒服的行为或感觉中，该方法的目标是将有问题的行为和不愉快或不舒服的行为或感觉联系在一起，从而终止有问题的行为。例如，有一个服务对象有说脏话的问题，可以在他的手腕上戴一根皮筋，每次说脏话的时候弹一下皮筋。

认知行为理论认为，行为本身以及产生的后续结果也会影响认知，最终影响行为。因此，在社会工作实务过程中，社会工作者需要关注服务对象的行为改变及结果。

二、认知行为理论的基本观点

（一）基本的理论假设

认知行为理论的基本理论假设是人们对日常发生事件的认知会影响其情绪和行为，三者之间相互作用。因此，服务对象的问题需要从认知、行为和情绪三个方面着手，这样的服务策略才能有效。其中，认知扮演着中介和协调的作用。对于认知和行为两者之间的关系，认知行为社会工作有自己的理解，认为它包含三个基本假设：

(1) 个体的情绪和行为与个人对行动的解读有关系，即个体认知方式所决定；

(2) 个体的情绪困扰来源于不现实的消极思维方式；

(3) 改变个体不现实的消极思维方式就能够减轻或者克服情绪困扰，从而带来个体行为的改变。

由此可见，在认知行为社会工作看来，认知在帮助服务对象消除其不良情绪困扰、改变行为中起着关键的作用，个人的观点、思想、感受及认知方式会直接影响服务对象的行为，即个人如何想，个体则会如何做。

（二）ABC 情绪理论框架

艾利斯提出的“ABC 情绪理论框架”是认知理论的重要组成部分，这个模式中有一个 ABC 结构，A（Activating events）：引发事件，代表一个事实，一个事件或一个个体的行为或态度的客观存在；B（Belief）：代表个体对引发事件所持有的观念或信念（合理或不合理性）；C（Consequences）：是个体情绪和行为的结果或反应（由信念直接影响）。情绪和行为并不是由事件直接引发的，而是由个体的观念和信念引发的。因此个体的认知或信念是最直接因素和最重要的影响因素。如果要改变个体的情绪和行为，首先就要质疑服务对象错误的认知，进行干预，则会产生 D（质疑不合理的信念），并帮助其重新建立新的认知 E（新的信念），导致新的情绪反应。艾利斯认为，当人们的信念、想法和自我对话是理性的，他们感受到的情绪就是正常的。当人们的信念、想法、自我对话是歪曲的，或者是非理性的，那么，他们就会产生不正常的情绪、喜好和行为。

个体如果在最核心的信念上自己的看法是负向的，自然也会给个体带来不好的影响。通常对服务对象来讲，核心信念是不能清楚地表达出来的，甚至很多误解、非理性思维、不正确信念以及分散认知，服务对象是意识不到的。就如开车一样，初学者往往思维是非常活跃的，就会在开车时出现很多自我对话，给自己传递信息，如什么时候该转弯或者踩刹车，往什么方向打方向盘。在熟练掌握开车技术之后，这种自我对话和思维就变成了一种习得行为，开启了一种独立于人的意识之外的自动化思维和行为。因此，这种信念的行程往往是人们不断练习、学习误解和非理性对话形成（特纳，2023）。所以在认知社会工作实务中，社会工作者很重要的责任就是要帮助服务对象发现、看到自己最核心信念是什么，以及核心信念是如何影响他的行为与情绪的。在此基础上，协助服务对象改变扭曲的或不理性的认知、信念和自我对话。

三、认知行为理论实践应用的重点原则

（一）认知在行为和情绪中扮演着中介和协调的作用

认知行为社会工作认为，认知是影响个人情绪和行为的最重要因素之一，它既是服务对象产生情绪和行为困扰的关键，也是帮助服务对象找到消除这些困扰的有效方法的重点所在。为此，认知行为社会工作推崇一种理性的认知思维方式，我们假设服务对象在面对外部环境挑战或者遭受挫折时通常有两种应对的思维方式，一种是理性的思维方式，这种思维方式更具有弹性、合乎逻辑、不会以偏概全，与实际情况较一致，因为现实生活就是会有如意的时候，也会有不尽人意的事情发生，这种思维方式也更能够帮助个人解决面临的问题；另一种是非理性的思维方式，这种思维方式通常表现为绝对化，不合逻辑、往往有时候出现以偏概全的情况，主观意愿与实际情况不一致。因此，这种思维方式因为它们的不合逻辑往往给个体带来更多的困扰。它不仅无益于个人生活困扰的解决，还会带来个人情绪的困扰，甚至还会妨碍个人的成长。

举例而言：甲乙两名大学生毕业找工作，两人先后面试三次都失败了，没有找到自己满意的工作。在遭受第三次面试失败的挫折之后，甲同学是如何看待的呢？甲认为三次都

失败了，这证明自己很失败、很没用，他抱怨现在的社会竞争残酷，觉得很糟糕，情绪上接近崩溃的边缘，这个挫折事件给他的打击非常大，如果找不到合适的工作的话，未来都不知道如何活下去，而目前自己也没有信心能够找到一份合适的工作。乙同学同样经历了一件挫折事件，他是怎么看待这个挫折的呢？乙也很难受，的确是很糟糕的体验，有些遗憾，但是可以忍受，乙觉得今年的就业市场竞争很激烈，加上自己竞争优势不明显，因此错失了一些机会，乙打算总结一下经验继续找工作，相信自己还是有能力找到一份工作的。由此可见，甲和乙面对同样的事件，但他们的情绪和行为是有差别的，相对来讲，甲的情绪和行为更多的是困扰，而乙相对而言没有造成困扰。乙确实是遇到了困难和挑战，但是自己还能够应对。所以甲和乙面对的事件是一样的，但反应是不一样的，所以根本在于甲和乙有着不同思维方式，或者是对这件事的不同的理解。

（二）重视行为后续结果对行为的影响

认知行为社会工作对认知的看法与认知社会工作非常相似，但是它们对于行为的理解却大相径庭。认知行为社会工作不仅关注认知的作用，同时还关注行为的影响，一方面，认知会影响人们的情绪和行为，而行为及其结果反过来也会影响人们的认知和情绪，而这方面常常被认知社会工作忽视。认知行为社会工作认为，生活是复杂的，不仅认知影响行为，行为也同样影响认知，这样认知、情绪和行为就会围绕服务对象的日常生活事件形成相互影响相互作用的循环圈（童敏，2019）。如上述案例提到的，甲多次面试失败，在接下来找工作的过程中，甲就会自信心明显不足，甚至自卑，或者是害怕再次面试失败而采取逃避找工作这个问题，这个行为结果又会加强甲对自己的否定、崩溃等情绪。久而久之，甲就更难找到合适的工作。因此，个人在日常生活中遭遇的问题通常不是由单一因素导致的，它可能涉及多种因素，如非理性的认知方式，也可能涉及行为技能方面的缺乏，比如甲多次面试失败，可能是面试经验和技巧的缺乏与不足有关，如果甲能够加强这方面的技巧学习和培训，他的状况会有所改善。显然，认知行为社会工作所要倡导的是一种能够将认知和行为因素很好地结合在一起的理论模式，以帮助服务对象有效应对生活中面临的多方面的困扰。

从认知因素和行为因素的结合方式可以看到，在认知行为社会工作的逻辑框架中，两者之间的联系非常复杂，并不是简单地把认知因素和行为因素放在一起那么容易，其中还涉及两者结合背后的基本逻辑框架的建构。

第三节　认知行为理论在社会工作中的应用

认知行为治疗模式在社会工作实务中体现了较强的结构性，并严格遵循实践逻辑，社会工作者在实务过程中主要扮演指导者、教育者以及陪伴者的角色。一方面作为指导者和教育者，社会工作者要训练服务对象运用认知行为理论的方法与技巧来检视自己的认知，指导并训练其修正不当的行为；另一方面作为陪伴者和伙伴，社会工作者要陪伴服务对象一起探讨其思维方式，使其觉察错误或非理性的认知，确定行为修正的目标与策略，并协助他学习正确的行为，合理规划自己的生活方式。将认知行为理论应用于社会工作实务中，具体的服务过程及侧重点如下所述。

一、合作式专业服务关系的建立

专业关系是社会工作者与服务对象之间在协商的基础上通过签订合约建立起来的结构性的、有期限的角色联系。认知行为社会工作推崇个别化的理论逻辑，认为每个服务对象都是不同的，都有自己的成长发展要求，因此社会工作在专业服务中要尊重服务对象的个体需求，强调以服务对象为本。在此过程中，注重对服务对象的尊重，建立良好的专业关系。

专业关系有效与否的关键在于服务对象对社会工作者是否接纳与信任。在接纳与信任的基础上，服务对象才可以自由地表达自己的想法和观点，社会工作者才可以帮助服务对象学习改变错误的认知，形成能应对错误认知的行为。因此，社会工作者要依据理解、友好、同理等原则与服务对象建立信任、平等的合作关系，组成调查研究小组，一起观察、一起建立问题的假设、一起设计和执行服务计划等。在专业关系持续期间，社会工作者要不断反省，因为服务对象可能会将他对生活中的重要他人的期待投射到社会工作者身上，这是处理专业关系中非常重要的一环。

二、认知行为社会工作服务问题的评估

在实务过程中，认知行为理论社会工作对问题评估时有以下侧重点。

（一）服务对象问题的清晰界定

认知行为社会工作强调以问题为导向，在认知行为社会工作看来，社会工作的服务目标不是让服务对象感觉更好或者更有自信心那么简单，为了能够帮助服务对象更好地应对日常生活中的困难，它需要更有针对性，而问题的清晰界定是增强服务对象这种能力不可缺少的部分。

（二）服务对象解决问题能力的挖掘

认知行为社会工作认为，服务对象的问题不是固有的，服务对象的问题及其行为都是学习得来的，所以也是可以经由学习改变。社会工作者需要帮助服务对象识别在应对问题困境过程中表现出来的能力，包括那些仍旧有效的应对方法和经验。这些能力包括服务对象自身所拥有的，也包括其支持系统和周围环境提供的机会。因此，社会工作者需要以一种互动和发展的视角看待服务对象解决问题的能力，即借助互动的关联，通过微小的改变，逐步挖掘和培养服务对象解决问题的能力。在这一过程中，也减少服务对象对社会工作者的依赖，使其学会运用自身能力以及周围环境的资源，帮助自己解决问题的同时提升自身能力。

（三）问题的外在性与内在性及其二者的相互影响

在认知行为理论看来，服务对象的问题不仅仅是外在行为层面的问题，也是认知的结果。个人能力不足、习惯性思维可能造成个人错误认知的产生，以致无法做出正确的行为，而行为的结果也会反过来影响认知。在社会工作实务中，不仅要通过行为训练修正行为、调整个人的认知来促进行为的改变，同时也要关注到问题内外影响因素的相互作用。

（四）服务对象及其处境的差异性

认知行为社会工作强调每个人都是独特的，都有自己的成长发展要求。因此，需要社会工作者在专业服务过程中有所区别地对待。有别于其他社会工作理论，认知行为社会工作强调个别化的理论逻辑，在服务过程中不再关注问题的客观分析和专业服务过程的科学安排，而是转向注重服务对象在问题困境中所呈现的个人发展需求，注重改变服务对象所需要的，从而让服务对象过上更好的、更满意的生活。

三、认知行为社会工作服务目标的制定

认知行为社会工作的助人目标主要为：改变服务对象错误的认知或不切实际的期待以及其他偏颇和不理性的想法；修正服务对象不理性的自我对话；加强服务对象解决问题和决策的能力；增强服务对象自我控制和自我管理的能力。围绕这些助人目标，认知行为治疗的评估焦点为认知或行为，因此评估的重点主要在服务对象的思想、情绪和行为。包括辨识服务对象扭曲的、非理性的认知，思想如何推动情绪和行为，行为如何带动思想和情绪，情绪又如何影响思想和行为。在一个特定案例中，要明确思想、情绪和行为是如何影响服务对象的，以及它们的先后顺序和影响作用的大小，这是社会工作介入服务的关键。

对于认知行为治疗评估，谢尔登提出一个比较全面的评估框架，该框架指出：在评估中我们要聚焦于引起服务对象问题的可见行为，包括从不同视角对问题进行描述、追踪问题的开端、如何变化、什么影响了问题，目标行为序列等方面来评估改变的动机；同时我们需辨识服务对象问题行为发生之前、之中、之后的思考模式和感觉、想法；在具体实务过程中，社会工作者要辨认服务对象自身及其环境中有助于改变的优势和资源（何雪松，2017)。

结合通用社会工作过程模式，在预估阶段，需要注重收集服务对象两方面的资料——偏差认知（核心信念、不合理信念）和不适应行为方面；在统整分析资料时，一方面要看到偏差认知以及不适应的行为所带来的影响，另一方面要看到偏差认知以及不适应的行为相互作用所带来的结果。认知行为社会工作尤其注重个别化的理论逻辑，因此注意服务对象问题及其处境的独特性是正确界定和评估其问题的前提。

四、认知行为社会工作服务实施策略

在预估的基础上，社会工作者要和服务对象一起制定目标和计划，目标主要围绕新的认知和适应性行为，目标要具体、详细，要围绕服务对象想要形成的新的认知和想要发展的新的行为。在指定目标的基础上，在服务过程中，认知行为社会工作者的角色主要为教育者和陪伴者，需要完成以下任务。

（一）澄清内在沟通

该方法是认知社会工作实务中最常用的一个方法。认知行为理论认为，个人的知识经验的形成是积极主动的，个人的认知和生活形态是通过正确解读外在环境事件的意义、有效的自我调适来建构和调节的。因此，社会工作者要在尊重个人的自主决定和信念基础

上，协助服务对象觉察自己的想法及开展自我对话，通过这个方法给服务对象提供反馈，帮助他们了解自己是如何看待自己的，如何进行自我对话的。针对服务对象的不合理信念与服务对象一起讨论，使其逐渐发现自己想法或信念的矛盾或不符合事实的部分，确认它们是如何导致负面情绪和不良行为，进而使服务对象自觉调整认知。服务对象只有能够自主地觉察到这些非理性的、错误的认知、误解时，才有机会通过认知反思来改变这些错误的认知，建立新的正确的认知，并改正其错误的行为。

（二）向服务对象解释认知行为模式的运作方式

帮助服务对象学习运用 ABC 性格理论，解释前置事件与行为结果之间的关系，确认造成情绪问题的错误认知。协助服务对象觉察自己的核心信念，改变错误认知，逐步学习正确的行为。

（三）帮助服务对象实现经验学习

认知行为社会工作强调服务对象的经验学习，认为服务对象像其他人一样，也有自己的成长发展要求，即使面对问题，也只是说明服务对象的成长发展要求受到了阻碍，他需要学习新的知识和技能，而不是真的存在什么问题，需要社会工作者的治疗。因此强调服务对象不仅要在认知层面改变错误认知，更要在建立正确认知的同时，在行动上与正确认知保持一致，在行动中确认改变的成效，从而形成正向经验，直至最终达到目标（童敏，2019）。

（四）实现服务对象认知重塑和行为的改变

认知行为社会工作帮助服务对象的关键是协助他自助、自立，使其能够在正确认知的基础上成为自己的咨询者和帮助者，以达到调节和控制自己的情绪和行为的效果。通过认知中错误的辨认，通过对质、会谈等这些影响类的技巧，理性选择方式的列举，布置家庭作业等方法，帮助服务对象认识和改变无效的自动念头和图式，尝试运用不同的、具有正面功能的、正常的思维方式，学习新的有效行为方式，从而调整行为，适应环境。

（五）结案与评估

认知行为社会工作的助人模式与通用社会工作专业助人模式相同，当受助人的生活方式和行为模式回归到正常轨道上时，服务也进入结案阶段。在结案过程中，社会工作者要注意对服务进行总结性评估，应该和服务对象一起商讨在结案以后的若干具体的行为改善目标，一方面可以作为服务对象自我监督和努力的方向，另一方面也可以作为社会工作者在结案以后进行跟踪访问的依据。

需要注意的是，在整个服务过程中，每一个任务和过程并不是截然独立的，目标制定和计划实施之间是有交叉的，同时也要关注到服务对象和社会工作者的关系。

第四节 认知行为理论的案例分析

回到本章开头的案例：18 岁的小张是一名大学一年级新生，因不适应大学生活，伴随焦虑、紧张和抑郁情绪，影响了正常的学习与生活。社会工作者应用认知行为理论，从以下方面对其展开服务。

一、建立合作式的专业关系

社会工作者遵循尊重、接纳、同感等原则与小张建立信任、平等的服务关系，在服务过程中，社会工作者遵循以服务对象为本的服务逻辑，创造温暖、平等的沟通氛围，这样社会工作者引导小张自由地表达自己的意见和想法，并和社会工作者一起展开服务计划讨论及制定服务目标。

二、确定评估重点

在服务初期，学校社会工作者在与小张建立专业关系的基础上，主要从小张的思想、情绪和行为以及这三个方面的相互作用和影响方面收集有关小张的信息：学校社会工作者通过与小张面谈了解到小张所在的一个情境：他在宿舍里，室友们在聊天，在这样的情境中，他会保持沉默，有时候会离开，他告诉社会工作者，在这样的情境下，他感到紧张、难受，而且怕说错话被嘲笑，这个时候我们也了解到，伴随着紧张和难受的情绪状态，可能会有一些生理唤醒，如心跳加快等。

小张为什么会有这些情绪和心理上的反应呢？中间有一个环节就是小张会出现一个自动化的思维，比如小张觉得自己比较土，因为小张普通话讲得不好，从而会担心室友们笑话自己。这个表层的认知随之而来的是个体更多的情绪反应，也会有相应的行为出现。通过会谈了解到，虽然小张很努力，但不一定能做好，因此小张就认为“如果我做不好，就是失败者”。这是小张的中间信念，而这一中间信念的产生主要是受核心信念的影响。对于小张而言，核心信念就是“我总是不够好，我总是不受欢迎，我无论怎么做都做不好”。这种核心信念很概括，对小张来说却是绝对真实的。而这个核心信念是如何形成的呢？通过会谈了解到，主要来源于早期父母对他严苛的教育，由此可以看到，对于小张来讲，在与同宿舍同学相处时，自己的紧张、焦虑等行为的出现并不完全是由于宿舍同学及环境引起，它是受到小张个人的认知系统的影响，另一方面，自己自卑、内向、不爱说话等行为也造成小张与宿舍同学关系比较疏远，这也加剧了小张认为自己不受欢迎等认知的固化。

在了解到小张的思想、情绪和行为以及确认它们是如何导致小张焦虑、紧张、自卑等负面情绪和不良行为，以及它们之间的相互影响之后，社会工作者在接下来的服务中，帮助和陪伴小张探讨其思维方式，讨论其错误认知，确定行为修正的目标和策略，学习正确的行为，并协助他利用大学的资源，练习普通话，掌握必备的信息技术，调整与宿舍同学的相处方式，适应大学生活。

三、服务策略

认知行为社会工作采取教育式的服务策略，将服务对象视为有待发展的人，关注个体的成长，服务的焦点不是帮助服务对象克服问题，而是协助服务对象在问题的困境中成长。

首先，与小张进行澄清内在沟通。在服务过程中，社会工作者协助小张觉察到自己的想法及自我对话，并认识到这些想法背后所隐藏的错误的、非理性的认知，如“我总是不够好，我总是不受欢迎，我无论怎么做都做不好”，让小张觉察到自己是如何看待自己，以及这些非理性的认知是如何形成的（如父母从小严苛的教育方式等原因）；其次也能够看到自己的优点：自律、独立、很乐意帮助他人……以及通过小张考上大学这件事也让小张认识到自己可以做好很多事。

其次，向小张解释认知行为模式的运作方式。在这一过程中，社会工作者与小张一起探讨父母的教育方式以及自己的看法，还有大学宿舍同学相处方式等，让小张认识到自己产生错误认知的原因并慢慢改变错误认知，如父母很少夸赞小张并不等于小张不优秀，宿舍同学比较少跟小张谈心并不等于他不受欢迎。

再次，社会工作者在服务过程中给小张布置家庭作业，如写下自己的三个优点，与宿舍同学主动沟通一次，参加学校的社团活动一次……

最后，安排小张参加学校的社交训练小组，并鼓励小张利用大学里现有的资源学习电子产品相关知识、参加学校的口才与演讲选修课程的学习等。

经过连续六次的会谈服务，小张已建立较为理性的认知模式，基本消除了紧张、抑郁等情绪；与宿舍同学相处良好，其中与一个舍友关系较紧密，并主动承担宿舍长这一职责；不再害怕与陌生人交流，朋辈关系得到改善，社会支持系统进一步拓宽。在看到小张逐渐适应大学生活后，社会工作者与小张商量进行了结案。

第五节　认知行为理论的优势与不足

一、认知行为理论的优势

认知行为社会工作的发展源于行为主义和认知理论的实践，该理论在实务中的推展时吸纳了两种理论的观点并将其结合，在改变服务对象行为中既考虑认知改变的因素，同时在认知改变中又结合行为改变作为支持。因此，该理论能够将认知改变的因素与行为改变的因素整合起来多方面地推动服务对象的改变，提高服务的成效。认知行为社会工作对认知的看法与认知社会工作非常相似，但是它们对于行为的理解却大相径庭。认知行为社会工作不仅关注认知的作用，同时还关注行为的影响，强调个人怎样行动也同样影响个人怎样思考和怎样感受。

认知行为社会工作认为生活是复杂的，不仅认知影响行为，行为也同样影响认知，个人在日常生活中遭遇的问题通常不是由单一因素导致的，它既可能涉及认知方式的不足，也可能涉及行为技能方面的缺乏，如果个人的行为技能没有改观，他的生活状况也很难有所改善。显然，认知行为社会工作所要倡导的是一种能够将认知和行为因素很好地结合在一起的理论模式，以帮助服务对象有效应对生活中面临的多方面的困扰。认知行为理论聚焦是清晰的，方法是结构性的，在实务过程中可以给予社会工作者尤其是那些运用新技术缺乏自信的新手社会工作者明确的实践指导，这是认知行为疗法诸多优点之一。也正因为其有效性和结构性可以帮助、吸引服务对象，明确实务重点，方便管理并得到政策支持。因此，该理论也受到社会工作者的青睐。

二、认知行为理论的不足

认知行为理论也存在一定的限制，一是认知行为理论认为个人的心理功能是认知、行为和环境之间交互作用的结果，也正因为认知行为理论的特殊聚焦可能在一定程度上忽视了人类生活的丰富性，社会环境的复杂性，众多的层面没有考虑其中，在助人实践中很难分清认知、行为和环境三者的不同作用，这使得它在回应人们的多元需要时常常有心无力。在服务对象遇到较大的问题时，认知行为疗法也会限制社会工作者对服务对象的问题做出灵活反应；二是认知行为治疗的有效性，取决于社会工作者在多大程度上能够帮助服务对象把行为和认知学习推广到普通社会情境之中，这也是实务过程中面临的一大挑战；三是认知行为理论对个体的认知能力有较高的依赖，所以在面对缺乏足够认知能力的个体时，其适应性就受到很大限制；四是认知行为治疗通常是个人聚焦的，过分强调理性和客观性，是一种基于个人主义的科学方法，在社会工作实务中通常应用于微观领域，相对而言对宏观实践层面关注不足。

本章小结

主要知识点总结

本章主要从认知行为理论的发展脉络开始，对认知行为理论在实务中的应用知识进行了概述，并结合案例对认知行为理论的服务策略进行了具体的操作演练。主要知识点如下：

1. 认知行为理论是由行为主义和认知学派整合而来的，行为主义和认知理论构成认知行为理论的理论基础。其中认知的内容包含表层的自动思维，中间层面的条件性假设，以及最深层面的图式或核心信念。行为主义理论的一个基本取向就是将心理与行为分离开来，只关注人的外显行为。行为主义者认为，除了一些天生的反射行为，我们大多数行为都是通过后天习得的，因此人类可以学习新的行为、改变旧的行为。

2. 认知行为理论的基本理论假设认为人们对日常发生事件的认知会影响其情绪和行为，三者之间形成了相互作用，服务对象的问题需要从认知、行为和情绪三个方面着手。

3. 认知行为社会工作的理论核心是如何将认知改变的因素与行为改变的因素整合起来多方面地推动服务对象的改变，提高服务的成效。

4. “ABC 情绪理论框架”是认知理论的重要组成部分，这个模式中有一个 ABC 结构，这个 A 为引发事件，代表一个事实，一个事件或一个个体的行为或态度的客观存在；B 代表个体对引发事件所持有的观念或信念（合理或不合理性），C 是个体情绪和行为的结果或反应（由信念直接影响）。

5. 认知行为社会工作界定问题的基本原则：（1）服务对象问题的清晰界定；（2）服务对象解决问题能力的挖掘；（3）服务对象及其处境的差异性；（4）问题的外在性与内在性及其二者的相互影响。

6. 认知行为社会工作的评估焦点为认知或行为，因此评估的重点主要在服务对象的思想、情绪和行为及这三者之间的关系。

7. 认知行为社会工作者在服务过程中的角色主要为教育者和陪伴者，需要完成以下任务：(1) 与服务对象开展澄清内在的沟通；(2) 向服务对象解释认知行为模式的运作方式；(3) 帮助服务对象实现经验学习；(4) 实现认知重塑和行为的改变；(5) 结案和评估。

8. 认知行为理论在实务运用与发展中吸纳了行为主义和认知理论的观点并将其结合，具有整合性优势；同时由于其聚焦清晰，兼具有结构性优势，但正因为其特殊聚焦，缺乏灵活性，并且对社会工作者有较高要求，存在一定限制。

资源链接

视频微课 3-1　视频微课 3-2　视频微课 3-3　视频微课 3-4

视频微课 3-5　视频微课 3-6　视频微课 3-7　视频微课 3-8

思考题

1. 简述认知行为理论的理论来源。
2. 简述认知行为理论中“认知”的概念及包含的内容。
3. 简述行为主义理论的基本取向。
4. 简述行为主义理论中“行为”的概念。
5. 简述 ABC 情绪理论框架中的 ABC 框架。
6. 简述认知行为社会工作服务问题评估的侧重点。
7. 简述认知行为社会工作的基本理论假设。
8. 简述认知行为社会工作应用实际的重点原则。
9. 简述认知行为理论的优势与不足。

在线自测

扫一扫　练一练

第四章　危机干预理论

学习目标

通过本章的学习，掌握危机干预的基本内涵、危机干预的相关概念，熟悉危机干预的干预模型，重点掌握罗伯特的七阶段干预模型，并且对危机干预理论的优势与不足有自己的认识和见解。

建议学时

6 学时

案例

小夏（女，28 岁）和小蔡（男，28 岁）是一对湖南的小夫妻，两人在广东省 S 城务工，育有一子 3 岁，他们一家三口租住在城中村的一栋楼里，房子位于楼的 7 层。小夏在儿子出生后就不再工作，专心在家照顾孩子，小蔡做快递员，早出晚归。

危机发生的那一天，小夏在厨房收拾早餐后的碗碟，小蔡逗玩孩子后跟小夏打声招呼就出门上班，出门前小蔡跟小夏说："孩子一个人在客厅玩，阳台上的门我还没关，你等下记得关"，小蔡没听到小夏的回复就直接出门走了。小夏在洗完碗后，走到客厅找孩子，发现孩子不在客厅，也不在房间，通往阳台上的门是开着，阳台上的窗户也是开着。她听到楼下很多人的声音，往楼下看，发现自己的儿子已经掉落在楼下，地上全是血，很多人围着。

事件发生后，社区居委会、社工、警察、妇联等都参与到此次事件中，小夏和小蔡的双方父母也在当日赶到 S 城。事件发生后的一周，警察将此事定性为意外事故结案，社工小花是此次事件的负责社工，历时 2 个月跟进这个创伤家庭。6 个月后，小夏和小蔡离婚，小蔡离开了 S 城再也没有消息，小夏住进了精神康复医院。

第一节　危机干预理论与社会工作

危机干预理论是一种短期干预理论，它起源于心理学中的危机概念，后被广泛应用于社会工作领域。理论的重点在于强调服务对象处于危机状态，而危机状态需要从个体的认知、行为、精神和生理等多方面去评估，干预策略和干预技术的重点也会因服务者的知识背景而异，最终的干预目标是要帮助服务对象脱离危机状态，恢复其生活功能。

一、危机干预理论的发展脉络

危机干预理论强调理解个体对危机的主观体验的重要性，并相应地进行干预。它认识到危机可能由个人损失、创伤或突然的生活变化等多种因素引起，个体可能会经历一系列情绪和心理反应。危机干预的时间长度可以从7天到几个星期，国际惯例一般平均为4周。每次会面的时间可以从20分钟到两个小时不等。危机干预模式可以在很多场所内开展，如医院急诊室、危机处理中心、咨询中心、心理健康诊所、学校、惩教设施以及其他各种社会服务机构内（易臻真，2018）。危机干预理论的发展可以追溯到20世纪中叶，当时心理健康专业人士开始意识到需要专门的方法来应对急性心理困扰，危机干预理论最早始于美国椰林区大火后林德曼（Lindemann）开展了一个创新性的急性悲痛反应研究，他的理论主要关注创伤事件对心理的影响，并强调社会支持和情绪表达的重要性。随后的50—60年代，心理学家和社会工作者开始关注危机对个体的影响，并试图开发干预方法。卡普兰（Caplan）扩展了林德曼的工作，并引入"易受危机影响的个体"的概念，他强调个体的易感因素，如人格特质和应对机制，在决定个体对危机的脆弱性方面起到重要作用，他率先提出要提供社区为本的预防性危机干预服务。70年代，精神病学家卡尔·A.门宁格（Karl A. Menninger）强调危机干预的重要性，以防止个体在危机中产生自杀或自伤行为。

20世纪80年代，社会工作者阿尔伯特·罗伯茨（Albert Roberts）提出"社会工作危机干预模型"，20世纪90年代，心理学家理查德·K.詹姆斯（Richard K. James）和社会工作者伯尔·E.吉利兰（Burl E. Gilliland）整合多种理论和实践，提出系统性的危机干预模型，强调个体的主观体验、情感表达和问题解决的重要性。进入21世纪后，危机干预理论开始注重多元化和文化敏感性的重要性，研究者和实践者努力确保危机干预模型和技术能够适应不同文化和群体的需求，并考虑到社会正义和公平的原则。

危机干预理论借鉴认知行为、心理动力学和人本主义等多种理论观点，强调在干预过程中社会支持、积极倾听、共情和验证的重要性。危机干预理论作为理论框架和实践指导，广泛应用到司法、心理学、社会工作、灾难救援等领域，常见的干预模式包括林德曼的危机干预模型、理查德·K.詹姆斯和伯尔·E.吉利兰的六步干预模型、斯莱克的模式、罗伯特的ACT模型等。

危机干预理论的发展受到实践经验、科学研究和社会变革的影响，主要在以下几方面得到发展和演变。

（一）危机定义和分类

研究者们对于危机的定义和分类存在不同的观点。一些研究关注个体心理危机，如创伤后应激障碍、自杀危机等；另一些研究关注组织危机，如自然灾害、恐怖袭击等。研究者们试图对不同类型的危机进行分类，并提供相应的干预策略。

（二）危机干预模型

危机干预理论提供了一些模型和框架，用于指导危机干预过程。其中最著名的模型之一是斯莱克（Slaikeu）的危机干预模型，包括危机评估、策略选择、实施和评估等步骤。其他模型还包括克里斯滕森（Kristen）的危机干预模型和CAPS模型等。

（三）危机干预技术和策略

危机干预理论提供了各种各样的技术和策略，用于处理危机和提供支持。这些技术和策略包括危机热线、心理教育、心理咨询、群体辅导、应激管理等。研究者们通过实证研究来评估这些技术和策略的有效性和适用性。

（四）危机干预的目标群体

危机干预的目标群体可以是个人、家庭、组织或社区。研究者们关注不同群体在危机中的特殊需求和干预策略。

（五）危机干预的效果评估

研究者们对危机干预的效果进行评估，以了解干预措施的有效性和可行性。这些评估可以通过定量或定性的研究方法进行，包括问卷调查、访谈、案例研究等。

二、危机干预理论与社会工作实务的关系

危机干预理论应用于社会工作领域在于理论不仅仅是关注于个体的心理层面，也关注个体在社区中的危机情况，并提出干预的策略强调系统视角、家庭视角和社区视角。危机干预理论也因在社会工作中服务多领域而得到丰富与发展。

（一）危机干预理论为社会工作实务提供了干预模式

危机干预理论为社会工作者提供了一个框架和一套原则，指导他们有效应对正经历危机的个体，提供即时支持和援助，社会工作者运用危机干预技术来稳定个体，满足他们的紧急需求，并促进他们的应对和康复过程，在社会工作服务领域如禁毒、家庭暴力、临终关怀、灾害救援领域，广泛使用危机干预理论作为个案服务的理论指引，并在社会工作环境基于服务证据的评估、干预和后续跟进提供了完整的服务方法。

由于危机事件的影响力以及个体或者群体自身的特异性，会根据社会工作实务中的具体情境发展出不同的应用模式，目前在社会工作实务领域中较常使用的模式如下所述（易臻真，2018）。

1. 平衡模式

这种模式在处理危机的早期干预时特别适合，危机状态下的服务对象，通常都处于一种心理情绪的失衡状态，他们原有的应对机制和解决问题的方法不能满足当前的需要，因此危机干预的工作重点应该放在稳定服务对象的情绪，使他们重新获得危机前的平衡状态。这一时期的干预目标应主要集中在稳定个体的心理和情绪方面，在其达到某种程度的稳定之前，不宜采取其他干预措施。

2. 基于认知行为的模式

这个模型认为，个体的认知和行为模式对于危机的应对和解决起着重要作用。在这个模型中，干预者与个体一起探索和重构不良的认知和行为模式，帮助个体改变消极的思维和行

为，提高应对危机的能力。认知模式较适合于那些心理危机状态基本稳定下来、逐渐接近危机前心理平衡状态的服务对象。危机干预的目的在于将个体内部适当的应付方式，与社会支持和环境资源充分地结合起来，从而使服务对象能够有更多的选择机会来解决问题。

3. 阶段模式

这个模式是一种系统性的介入模式，它是线性的服务过程，适合复杂问题的个案，从服务对象的危机评估开始，到服务对象的危机解除作为结束，危机干预的目的是解决服务对象在危机过程中的心理、行为、环境、资源等多方面的需求，在每一个阶段都有具体的任务，每一个阶段的任务完成都是为了下一阶段的任务开始，也是目前危机干预理论中最常见的模式，如六步干预模式、7 阶段干预模式和斯莱克干预模型。

4. 关键事件应激管理和关键事件应回溯模式

这两种模式较多应用于团体危机中，关键事件应激管理强调在危机中将家庭看作全面干预的重要成分之一，重视对家庭的服务，并概括服务对象所面临的应激阶段与时间线、不同阶段的不同情感状态，针对每一阶段提出不同的干预策略。关键事件应回溯模式旨在防止或降低创伤性事件症状的激烈程度和持续时间，迅速使个体恢复常态。关键事件应回溯模式以危机干预理论和教育干预理论为基础，包含若干心理和教育的要素，是关键时间应激管理类别的延伸，是综合且多元的危机反应技术。

（二）社会工作领域对危机干预的研究贡献

社会工作领域对危机干预的研究起步早，并一直不断发展，目前在社会工作领域研究危机干预主要聚焦在以下方面。

1. 理论与模型的发展

一些常见的理论和模型包括危机干预的阶段模型、生态系统模型、创伤理论等。

2. 多样化的危机类型

包括家庭暴力、自杀危机、自然灾害、移民危机等，致力于了解不同危机类型的特点、影响和干预策略。

3. 文化和多元性的考量

主要关注不同文化背景下的危机经验、干预策略的文化适应性，以及社会正义和包容性的实践。

4. 创新的干预方法

包括使用技术和在线平台进行远程干预、发展社区支持网络、提供心理教育和心理健康促进等。

5. 实证研究和评估

通过实证研究来评估不同干预方法的有效性和效果，以指导实践和政策。

6. 跨学科合作

跨学科合作可以提供更全面的理解和干预方法，危机干预研究在社会工作领域中与其他学科如心理学、社会学、公共卫生等进行合作。

第二节 危机干预理论的基本概念与假设

一、危机干预理论的基本概念

（一）危机

林德曼将危机定义为一个人面临的严重的创伤事件或损失，超出了其应对能力的范围。这种事件可能是突发的、意外的，对个体的心理平衡造成了严重的冲击。卡普兰认为：危机是个体运用正常的应对机制和资源无法有效解决自身面临的情况产生的结果，导致个体的稳定状态被打破，随后导致心理和生理的痛苦。拉普波特（Rapoport）运用社会系统理论的术语，承认危机是对个体稳定状态的破坏。罗伯特和伊戈尔（Roberts&Yeager）将危机定义为对于压力和创伤性的生命事件或一系列个体感到危险的、威胁的或极度难受的事件，不能通过传统的应对方法解决时的主观反应，危机与三个因素相结合将导致：（1）压力性的或危险性的事件；（2）个体对事件的认识不够；（3）个体的应对机制和资源无法应对事件。

危机与压力处境不同，压力处境让人感觉到不舒服、常常令人焦虑，但个体能够利用应对机制克服压力处境，而在危机的情况下个体目前的应对机制不起作用，不能解决和克服目前遇到的困境。在不同的情况下，有的人认为是压力处境，有的人认为是危机，会因为个人的个性、资源、支持、解决技能以及过去面对压力的经验不同导致的（Roberts & Yeager，2009）。

危机是一种严重的情况混乱状态，常常伴随着困惑感、焦虑、抑郁、愤怒，以及社会功能障碍和身体症状。陷入危机的人有如下特点：（1）将突发事件视作有意义的和有威胁性的；（2）出现不能用传统的应对方法修正或减少压力事件产生的影响；（3）体验增强的恐惧、紧张和混乱；（4）显示比较高程度的不适；（5）迅速地进入实际的危机状态——失衡状态。

危机的状态即个体心理上和/或生理上感觉不舒适，表现为无助、困惑、沮丧、焦虑、生气、冲动、低自尊、混乱、疲劳和疲惫、杂乱无章、暴力、隔离、社会退缩、震惊、极度焦虑或失去理智、呼吸困难、睡眠障碍、饮食困难以及交流障碍。

（二）创伤性事件

创伤性事件是指给人带来非常严重的痛苦，在某些情况下，会导致长期的心理、社会和身体状态的障碍。目睹或经历的创伤事件主要包括：（1）自然灾害如洪水、地震等；（2）意外事故，如交通事故、火灾、矿难等；（3）暴力事件，范围大到战争、恐怖事件，小到被强奸、抢劫、斗殴；（4）重要丧失，如地位、财产、社会关系（婚姻、亲人等）。《精神障碍诊断与统计手册》（第五版）（DSM-IV，1994）中提到，创伤性事件包括诊断出威胁生命的疾病、严重交通事故、个人受到攻击（性攻击、身体攻击、打劫或盗窃），战俘或关闭在集中营中、自然或人为灾害，军事战争、被拐卖、当成人质、遭受恐怖主义威胁或酷刑。

（三）危机后果

危机的后果包括恢复之前的功能、功能增强或功能减退，危机后果可能演变成病理性后果。根据《精神障碍诊断与统计手册》（第五版）（DSM-IV，1994）的标准，遭受创伤性事件的人易发生创伤后应激障碍（PTSD）。创伤后应激障碍共有 17 个症状（DSM-IV，1994），可以分成三个类别：（1）创伤事件再体验（例如噩梦、创伤事件重现）；（2）回避和麻木（例如回避与创伤事件有关的事情和情境，拒绝与他人交往）；（3）警觉性增强（例如高度警觉、惊跳反应增强等）。

个人至少出现一种再体验症状、三种回避和麻木症状、两种警觉性增高症状，持续至少一个月，才能被确定为符合 PTSD 症状标准。如果症状持续不到 3 个月，就是“急性”，超过 3 个月就是“慢性”了，如果症状在创伤事件后 6 个月以后才出现，就是“延迟性”。

根据《精神障碍诊断与统计手册》（第五版），人在丧亲以后，出现如下症状，不属于正常的悲伤范围：

（1）幸存者在逝者离开时因为没有采取某些措施或者采取了某些措施而感到负疚；

（2）幸存者有死亡的念头，认为自己最好也死掉，或者跟逝者同行；

（3）近乎病态地认为自己毫无价值；

（4）显著性的心理运动迟缓；

（5）长期的、明显的功能受损；

（6）出现幻觉，认为自己听到了死者的声音，瞬间看见死者身影。

以上病理性后果的出现，可以作为社会工作者介入的依据，社会工作者也应及时采取具体的干预措施，必要时应配合药物治疗。

二、危机干预理论的基本假设

危机干预理论强调服务对象处于危机状态，而危机状态是服务对象无法通过个体的资源、力量和应对机制去处理危机，从而求助于专业的服务者进行干预，危机干预的重点是需要找到能够帮助服务对象脱离危机状态的资源，危机干预理论是一个分析理论，也是一个治疗理论。其基本假设如下：

（1）系统（即个体、家庭和社区）在整个生命期遭遇创伤性事件。这些事件会促使系统利用现存的力量、资源和应对机制来处理危机事件以减少或减轻事件的负面效果；

（2）当面临困难、压力或创伤性事件时，系统通过运用力量、资源和应对机制不能有效保持自身的动态平衡和稳定状态；

（3）当系统遭遇的压力或创伤性事件运用现有的力量、资源和应对机制不能有效地减少或减轻事件的负面后果，系统自身的平衡被打破，危机状态发生。

（4）在严重的危机状态下，通过介入建立系统的力量、资源和应对机制来克服危机状态。这种介入方式可以应对危机的突发事件，也可以在进一步的压力或危难的情况下作为可以利用的工具。

第三节　危机干预理论在社会工作中的应用

一、危机干预理论应用的基本原则

基本原则是危机干预服务者在服务过程中的服务步骤或者行为准则，为服务者提供了一个清晰的服务过程。

（1）快速响应：危机干预需要及时行动，以尽快减轻个体的困境和痛苦。

（2）评估和安全性：对危机情况进行全面评估，确保个体的安全，并识别潜在的危险因素。

（3）建立关系：与个体建立信任和支持的关系，以便有效地提供援助和支持。

（4）社会支持：利用社会资源和支持网络，帮助个体获得社会支持和连接。

（5）应对策略：帮助个体发展积极的应对策略，以应对危机并增强其自我调节能力。

（6）问题解决：协助个体识别问题，并与他们一起制定解决方案和行动计划。

（7）后续跟进：在危机干预之后，提供必要的后续支持和跟进，以确保个体的稳定和康复。

二、危机干预理论的行动策略

行动策略是危机干预服务者在服务过程中要遵循的原则，特别是要保护服务对象的利益，保障干预效果，詹姆斯和吉利兰提出了以下这些行动策略（詹姆斯，吉利兰，2009）：

（1）认识个体差异：要认识到每个求助者，每一个危机境遇都是独特的。

（2）评价自己：工作人员进行自我分析是必要的，任何时候危机干预工作者都必须全面、实际地认识到自己的价值观、不足、情绪状态，客观地面对和处理求助者及其危机。

（3）保证求助者的安全：危机干预工作者所采取的方式、作出的选择和应用的策略必须反映出时时都考虑到求助者和相关其他人的身心安全。

（4）给求助者提供帮助：在求助者危机阶段，工作人员应该作为一个支持者，危机干预工作者可以作为主要的支持者直至危机解决。对非常孤独和缺乏支持的危机求助者应该采用关怀、体贴、同情和树立信心的咨询策略。

（5）明确问题：许多求助者的问题是复杂的，并且会有多个问题同时存在。要从解决问题的角度出发，明确界定每一个问题。应该向求助者指出其自身问题与事件和环境的关系，并围绕求助者的核心问题，同时将各方面的问题澄清，明确迫切需要解决的首要问题是什么。

（6）考虑可替代的应付策略：工作人员应该尽可能地采用合作方式来验证、分析和列出可以考虑的应付方法。最好的变通方法是求助者自己找到合适的方法，所列出的应付方法是求助者可以做到的，也是切合实际的。

（7）制订行动步骤：在危机干预中，危机干预工作者应该协助求助者制订短期计划帮助其克服目前的危机，以及能适用于长期的应付方法。计划应该包括求助者自身的应付机制和周围环境能够提供帮助的资源。应付机制一般是具体、积极和实用的，可以重新帮助求助者建立生活的信心。

（8）发挥求助者的应付优势：在危机干预中不要忽视求助者自身的长处和应付机制，这一点很重要。危机事件常常使得求助者暂时性丧失通常的应付机制和能力。如果能重新确定、解释和找出这些机制，可有助于恢复求助者的心理平衡和树立信心。

（9）关注求助者的迫切需要：应该让危机求助者知道，对他们的迫切需要，危机干预工作者能够理解和帮助。如果求助者感到孤独，要尽量安排人陪伴左右，可以是亲戚、朋友、以前的同事或伙伴。

（10）转诊：危机干预的一个重要方面是转诊。列出有关机构名称，电话号码和人名是必要的。对危机干预工作者来说，与广泛的有关机构和人员建立工作性转诊关系也是重要的。

（11）建立和使用工作关系网：与各种不同机构建立个人联系，直接影响能否有效地为求助者服务。工作者与工作关系网中的人建立理解和信任的关系是非常重要的，可以克服官僚、办事拖拉的作风，为求助者提供及时、个别化的服务。

（12）得到承诺与保证：危机干预的一个重要方面是要得到求助者的承诺与保证去应对或根据计划实施行动。同时鼓励和促进求助者相信行动步骤会行之有效，如果不能得到求助者肯定、积极的承诺和保证，那么再好的计划也会失败。

三、危机干预理论的主要模式

社会工作作为一个以实践为本的专业及学术领域，以联系个人和组织去面对人生的挑战和促进人类的福祉。危机干预领域作为社会工作重要实践领域，阶段模式符合社会工作服务方法的线性逻辑，如个案工作和小组工作，并且危机干预作为短期服务理论，注重服务的期限和服务效果，服务方案设计的有效性，以下重点介绍詹姆斯和吉利兰的六步干预模式和罗伯特的七阶段干预模式。

（一）六步干预模式

该模型侧重于系统地聆听、解释和回应，以帮助个体尽可能地恢复危机前的心理状态。前三个步骤重点放在倾听和评估上，而不是采取行动。在任何时候，都应立即解决可能导致个体受伤或丧生的危机。

第一步：确定问题。

从求助者的角度，确定和理解求助者本人所认识的问题。在整个危机干预过程中，工作人员应该围绕所确定的问题来把握倾听和应用有关技术。

第二步：保证患者安全。

在危机干预过程中，危机干预工作者将保证求助者安全作为首要目标，对自我和对他人的生理和心理危险性降低到最小可能性。

第三步：提供支持。

在确保患者安全，并确定问题的情况下，强调与患者沟通和交流，让患者感觉到自己是一个有价值的、被关心的人，包括谈论生活中发生的事情，并想办法照顾其基本需求（如食物和住所），让求助者相信“这里有一个人确实很关心自己”。

第四步：提出并验证可变通的应对方式。

在确保基本需求得到满足后，鼓励患者探索潜在的解决方案或应对技能：（1）环境支持（如能关心自己的家人、朋友），这是提供帮助的最佳资源，求助者知道有哪些人现在或过去能关心自己；（2）应付机制或应对技能（如放松练习），即求助者可以用来战胜目前危机的行动、行为或环境资源，包括过去会用的和新学的技能；（3）积极和建设性的思维方式，可用来改变自己对问题的看法并减轻应激与焦虑水平。

第五步：制订行动计划。

计划应该：（1）确定有另外的个人、组织团体和有关机构能够提供及时的支持；（2）提供应付机制——求助者现在能够采用的、积极的应付机制，确定求助者能够理解和把握的行动步骤。计划的制订应该与求助者合作，让其感到这是他自己的计划。引导患者自己制定具体的行动步骤，帮助患者矫正其情绪的失衡状态并提供额外支持的其他资源，确定患者能够理解和把握的行动步骤。开始的干预行动宜先采用生理或身体的活动，根据求助者目前的情绪状态和环境支持制订切实可行的计划，其中可以包括与危机干预工作者合作直至求助者能独立应对。

第六步：获得承诺。

让患者复述一下制定的计划并获得承诺，这一步比较简单。但对一些比较难以按计划采取行动的患者，建议写下计划，并跟进他们以确保遵循了这些计划。同时，危机干预工作者不要忘记其他帮助的步骤如评估、保证安全和给予支持的技术，在结束危机干预前，工作者应该从求助者那得到诚实、直接和适当的承诺（廖艳辉，2003，詹姆斯，吉利兰，2009）。

（二）七阶段危机干预模式

七阶段危机干预模式应该被视为一个指南，而不是一个机械的过程，因为对于一些服务对象来说，阶段可能会重叠。七阶段危机干预模型已被用于帮助处于急性心理危机、急性情境危机和急性应激障碍中的人。

阶段一：计划并进行彻底的生物、心理、社会和危机评估。这涉及对风险和危险性的快速评估，包括自杀和杀人/暴力风险评估、医疗护理需求、积极和消极的应对策略以及当前的药物或酒精使用。初步危机评估应审查复原力和保护因素、内部和外部应对方法和资源，以及大家庭和/或非正式支持网络的程度。

阶段二：快速建立融洽关系和治疗关系。传达尊重和接受是这个阶段的关键步骤，工作人员必须在服务对象所在的地方与服务对象会面，必须表现出中立和非评判的态度，确保工作人员的个人观点和价值观不明显或陈述。

阶段三：确定与服务对象相关的问题以及危机诱因。使用开放式问题，要求服务对象解释和描述他们的问题，并用他们的语言讲述自己的故事，让服务对象感到工作人员真正对他们感兴趣并理解他们是很重要的，这也有助于建立融洽和信任。

阶段四：通过有效地使用积极的倾听技巧来处理服务对象的感受和情绪。

阶段五：通过确定服务对象的优势以及以前的成功应对机制来生成和探索替代方案。理想情况下，工作人员和服务对象在此阶段协同工作的能力可以产生最广泛的潜在资源和替代方案。

阶段六：实施行动计划。危机工作者应以最不严格的方式协助服务对象，使服务对象感到有能力。这一阶段的重要步骤包括确定要联系的人和转诊来源，并提供应对机制。

阶段七：制定后续计划和协议。危机工作者应在初始干预后跟进服务对象，以确保危机得到解决，并确定服务对象的危机后状态和情况。这可以通过电话或面对面的接触来完成。

四、危机干预理论中的危机评估

危机评估不同于其他社工服务需求评估，它贯穿于危机干预整个过程，危机评估的重要性在于它有助于工作者：（1）确定危机的严重程度；（2）确定求助者目前的情绪状态——求助者情绪能动性或无能动性的水平；（3）确定可变通的应对方式、应对机制、支持系统，或对求助者而言切实可行的其他资源；（4）确定求助者致死的可能（对自我或对他人的伤害危险性）。

（一）危机评估的内容

危机评估包括工作人员的主观评估和客观标准，客观标准可以从服务对象的三个功能方面进行评估：认知（思维方式）、情感（感受或情绪反应）以及精神活动（行为）。

1. 认知状态

工作人员对求助者思维方式的评估可以回答下述一些重要的问题：求助者对危机的认识的真实性和一致性如何？危机的范围如何？是合理的解释还是夸大？所认为的部分事实促发危机了吗？有这种危机的想法有多长时间了？求助者想改变危机处境的想法有多少？回答这些问题可帮助求助者改变不合理的或模糊的想法，建立更加积极和现实的思维方式来面对危机，以及思考实用的变通应对方式。

2. 情感状态

关心求助者情绪表现的危机干预工作者，能够用心地注意有关情感反应来评估危机的严重程度并确定帮助求助者的方式。情感异常或损伤往往是求助者心理失衡状态的首发征象，求助者可能表现出过度的情绪化和失控，或严重的退缩和孤立。要全面评估求助者的情绪状态，危机干预工作者必须了解影响时间和情绪稳定性程度的各种有关因素，如求助者的年龄、文化程度、家庭情绪、婚姻状况、职业和工作的稳定性、经济收入、药物和酒的使用情况、犯罪记录（拘留、在押、判刑等）、社会背景、智力水平、生活方式、宗教信仰、人际关系、对挫折的忍受力、躯体健康、疾病史，以及过去应付危机的历史等。

3. 精神活动

危机干预工作者要更多地注意求助者的所作所为：采取的行动步骤、行为或其他任何精神活动。最快速（往往也是最有效）的方式是帮助求助者恢复自己的主观能动性，使其能够立即采取积极的行动。工作人员可以询问一些适当的问题来帮助求助者采取有建设性的行动："如果过去发生类似的情况，你会采取哪些行动恢复自控？你现在能够做什么以摆脱最困难的境遇？你现在可以联系哪一两个人以支持处于危机之中的你？"

（二）自杀危险性评估

对于处在危机中的个体，用科学的评估量表对其进行诊断，有利于社工更精确地掌握个体状况，防止个体出现自杀或者杀他行为。

1. 抑郁自评量表（SDS）

抑郁自评量表编制于1965年，为美国教育卫生福利部推荐的用于精神药理学的量表之一，因使用简便，应用颇广。

2. 贝克抑郁问卷（BDI）

贝克抑郁问卷，又名贝克抑郁自评量表，由美国著名心理学家贝克编制于1961年，系美国最早的抑郁自评量表之一，早年应用本量表者甚众，至今仍有相当影响。

3. 临床用创伤后应激障碍量表（CAPS）

临床用创伤后应激障碍量表，于1990年由美国国家创伤后应激障碍研究中心的布莱克等编制，集诊断量表和症状量表于一身，用作诊断量表时与《精神障碍诊断与统计手册》（第五版）配套，临床用创伤后应激障碍量表已作为同类量表中的金标准，成为本领域应用最普遍的工具。

五、危机干预理论中的效果评估

危机干预效果评估是对危机干预计划或措施进行评估和测量，以确定其对个体或群体的影响和效果。以下是一些常见的危机干预效果评估方法。

（一）量表评估

使用标准化的量表和问卷来评估个体在危机干预前后的心理状况、情绪状态、应对能力和功能恢复情况。例如，可以使用焦虑和抑郁量表、创伤后应激反应量表等。

（二）自我报告评估

通过让个体描述其自身的变化和感受来评估危机干预的效果。这可以通过面对面的访谈、电话访谈或书面反馈形式进行。

（三）定性评估

使用定性研究方法，如焦点小组讨论、个案研究或访谈，以了解个体对危机干预的体验、感受和观察到的变化。

（四）行为观察

通过观察个体的行为和互动来评估危机干预的效果。这可以通过直接观察、录像回放或观察量表进行。

（五）追踪和后续评估

对个体进行长期的追踪和后续评估，以确定危机干预的持续效果和长期影响。

（六）比较研究

通过与对照组进行比较，评估危机干预与其他干预措施或无干预情况下的差异。

（七）定量数据分析

使用统计分析方法对收集到的数据进行量化分析，以确定危机干预的效果和统计显著性。

危机干预效果评估方法的选择取决于研究目的、资源可用性和个体特点。综合使用多种评估方法可以提供更全面和准确的危机干预效果评估。

第四节 危机干预理论的案例分析

本案例的服务对象在危机事件发生后，身心方面表现出明显的危机状态，社工采取七阶段危机干预法进行危机干预，帮助服务对象脱离危机状态，进行身心修复，从而恢复其危机前状态。

一、接案过程

小花是社工机构派驻在小夏所居住的社区居委会，在事件发生当天，跟随社区居委会工作人员进入小夏家进行危机干预，社区居委会书记和主任要求小花务必保证小夏不要出现任何生命危险，小夏就这样被动成为小花的服务对象。

二、服务对象的危机评估

（一）身体健康评估

服务对象在事件发生后睡眠出现障碍、进食不佳，身体消瘦很快。

（二）心理状态

服务对象精神状态不佳，常常哭泣，思维未出现混乱，情绪不稳定，认知情况未知。

（三）社会文化经历和文化背景

服务对象的家庭支持系统薄弱，其父母无法给予她正面支持，公婆责怪服务对象没有照顾好自己的孙子，丈夫在事件发生后未与服务对象进行任何交流。

在有些人的传统观念中，男孩子作为传宗接代的象征，会被男方家庭特别看重，小夏在其丈夫家未受到任何支持，而是增加了更多的压力，小蔡作为小夏的丈夫，没有在危机情况下提供小夏任何形式的支持，而小夏父母的支持并未给小夏带来任何正面的帮助。

（四）社会网络关系

服务对象的女性朋友小灵是小夏最强的支持者，为小夏提供了精神交流。社区居委会在事件发生后，启动了保护机制，安排社工、社区工作人员定期上门家访，为安葬孩子、遗物处理等工作提供了协助，也联络了妇联部门，妇联部门为小夏的家庭成员提供了心理咨询服务，减少了家庭的危机因素。

（五）危机评估

社工采取贝克抑郁量表进行评估，主要是确定自杀或杀人风险以及可能需要立即转诊。

三、关系建立

历时：一周。

服务过程：服务对象从初期的排斥到接受社工的过程，社工通过服务对象的朋友小灵帮助建立练习，社工通过频繁而又耐心的家访，让服务对象开始愿意与社工交谈。

服务分析：处于极度悲伤的服务对象，关系建立很重要，有时候可能会出现行为反复的情况，需要有足够的耐心等待服务对象的求助，并且要利用其身边的人或者物做关系连接，小夏的好朋友小灵是社工很重要的帮手，也是小夏愿意接受社工服务的关键因素。

四、服务需求评估

历时：一周。

此阶段社工要帮助服务对象找到自己的短期需求，也就是可以满足的需求，以及长期需求，也就是服务对象最终实现的服务目标。

（一）短期需求

1. 与逝去的孩子好好告别

服务对象呈现的危机诱因：(1) 思念孩子，担心孩子一个人太孤单，可能会造成服务对象极端化的想法与行为；(2) 认为自己的孩子离世太冤枉，可能会造成服务对象过度自责而出现极端行为；(3) 认为孩子的命苦，因为自己的失误才会命短，这样的想法随时会造成服务对象出现极端的行为。

2. 解决睡眠障碍、饮食障碍

服务对象呈现的危机诱因：(1) 服务对象脑袋里一直在回放事故发生当天的情况，一直睡不着；(2) 服务对象拒绝正常饮食，到出现无法正常饮食，吃了就会出现呕吐现象，服务对象拒绝进医院治疗。

（二）长期需求

1. 照顾孩子“失误”被原谅（包括自我原谅和他人原谅）

服务对象认为孩子是因为照顾“失误”离世，而这样的“失误”会被自己和家庭成员长期记着，也会常常在生活中被提起，这样的痛苦不知道何时才能结束。

2. 失去孩子后的生活重建

家庭成员的离世对于家庭来说是一种重创，生活需要重建是丧亲家庭的重要课题，也是非常难的挑战，生活重建包括夫妻关系重建、夫妻与其他亲人关系重建、家庭生活重心的变化、家庭目标的变化等，需要很长时间才能恢复家庭功能。

五、服务介入

危机介入最重要的要处理服务对象的情绪和情感，让其能建立正向情绪，开始正向行动。

服务技巧：(1) 社工要尊重服务对象的意愿，给予服务对象最大的支持让其讲自己所想讲的，不要站在社工的角度去认为服务对象该去面对什么，哪怕是服务对象不愿意承认孩子离世，尊重服务对象的节奏；(2) 要充分给予空间让服务对象去发泄自己的情绪，社工在这里利用“打拳击”“回音壁”等办法让服务对象动起来、吼起来，把自己心里复杂的情绪释放出来，不压抑自己；(3) 要正确利用“积极倾听”的技巧，缓慢地引导服务对象表达出自己的想法和感受，让她了解自己并不孤单，社工可以给她情感上的支持。

六、服务资源链接

这一阶段社工需要帮助服务对象找到她可以找到的帮助，从社区、失独家庭支持机构、心理咨询师、朋友等处获得支援，帮助服务对象的身心健康修复，重新建立自己的生死观。

七、服务计划

历时：四周

计划应该符合服务对象的能力水平，也符合其目前的需求。此案例中的服务对象最希望孩子灵魂能够安息，这个符合中国传统想法中幼儿离世后的愿望，不论社工是否相信人离世后有没有灵魂，也应该协助服务对象制定详细的计划，社工与服务对象制定了两个计划。

（一）与孩子告别

肉体上的告别。根据服务对象丈夫老家的规矩，小孩子离世后的骨灰必须安葬在老家，服务对象没有权利处理小孩子的骨灰，服务对象在物理层面失去了与孩子的连接方式。社工征得服务对象同意，与服务对象一起整理遗物，并听她说说里面的故事，帮助服务对象与自己的孩子建立另外一种形式上的感情连接。

精神上的铭记。服务对象希望能有办法让自己的孩子得到安息，社工让其选择通过捐赠失独家庭支持机构、做义工等方式纪念自己的孩子，服务对象最终选择捐赠、做义工的方式纪念自己的孩子，服务对象与人交往次数开始增加。

（二）个人身心健康恢复

（1）身体方面：有规律地外出参与简单的运动，如散步、冥想、做瑜伽；

（2）心理方面：接受社工的定期辅导，包括睡眠评估、饮食评估、情绪评估、个人生活重建；接受心理咨询师的行为辅导，防止非理智行为出现。

八、服务跟进

在服务 3 个月后，社工对服务对象进行危机评估，认为服务对象的危机情况有所减轻，就终止了定期服务，制定了后续计划和协议。

（一）后续计划

（1）社工在服务结束 1 个月内将每周对服务对象进行回访，更改为半个月进行一次回访，直到服务结束 6 个月后彻底结束回访；

（2）服务对象可以通过朋友圈单独可见的方式与社工互动，以发布朋友圈的方式分享自己的日常，社工给予及时的回应。

（二）后续协议

（1）希望服务对象如有情绪低落或者睡眠障碍的情况，立即寻求帮助；

（2）希望服务对象能够按照社工提供的危机评估表自测，如有出现中度以上的危机，立即寻求帮助；

（3）希望服务对象能够坚持执行计划。

九、服务反思与启示

（一）文化定义中的服务对象

本案例中的服务对象仅限于当日事件发生时的亲历者，其实在很多人的观念中，孩子不仅仅是属于母亲的，他关系到两个家族，特别是父系家族，本案例中的服务对象最终因为没有受到其丈夫的支持，并且其丈夫在父母的要求下必须跟服务对象离婚而导致服务对象精神出问题，一个可能存在的问题是，危机干预中并未将这些相关人考虑进去，危机可能一直存在于这个家庭中。

（二）社会工作者个人的生死观

在此类失去亲人的危机干预案例中，社工个人的生死观可能会影响服务。在本案例中，服务对象一直希望社工能够告诉她，人死后是否有灵魂，如果社工是无神论者，就不会相信灵魂的存在，而服务对象在此阶段希望跟孩子有灵魂上的连接，这就要求社工价值中立，让服务对象选择自己的信仰。

（三）危机干预的服务时长

危机干预最重要的事情是保证危机中的个体的生命安全，而历经亲人离世的痛苦不是线性下降的，它可能是反复存在，所以生命安全威胁就一直可能存在，所以此类案例会需要很长的时间进行干预或者进行后续的服务跟进或者转介，以保证危机真正解除。

第五节　危机干预理论的优势与不足

一、危机干预理论的优势

危机干预理论经过多年的发展，得到实践领域的检验与发展，呈现的优势在于以下几点：

（一）提供社会工作实务情境的理论

危机干预理论是一种描述特定过程的理论模式，通过这一过程，人们开始思考突发事件给其自身带来的情绪反应及影响，它为社工的实务工作提供了一个颇为有用的基础，帮助人们处理和应对严重的情境事件。

（二）提供个体立即性支持

危机干预理论为正在经历危机的个体提供即时支持。它专注于满足个体的即时需求和关切，及时应对以减轻困扰。它的优点还体现在不把危机个体化以及问题化，对危机有着更为积极和正面的态度。该理论也强调个体在应对危机时的差异性，是一种更具有弹性和动态的助人自助的理论模式。

（三）提供综合性的服务方法

危机干预采用全面的服务方法，它会考虑个体的心理、情感、社交和身体健康等全面性的需求，认识到这些方面的相互关联，并全面解决它们以促进康复。

二、危机干预理论的不足

危机干预理论作为短期干预理论之一，由于服务时间短，追求快速的服务效果，从而导致它会呈现以下一些不足。

（一）对潜在问题的关注有限

危机干预主要关注应对即时危机并稳定个体。它可能不深入探讨导致危机的潜在原因或长期问题。这种方法可能需要额外的干预或治疗来解决潜在问题。该理论注重简短快速处理危机，有人批评它回避长期的个人问题以及社会议题，对于那些持续性的危机或是长期的心理问题，危机干预理论就显得有些力不从心，它不能为因贫困和社会排斥而在整个人生中遭遇连续不断危机的人群提供帮助。通过危机干预可能会改善因普遍化的社会缺陷而造成的后果，但是不能处理影响人们生活的重要社会议题。

（二）预防功能的弱化

危机干预理论在其发展道路上，在一定程度上丧失了原本所应该强调的预防功能。危机干预理论在社会工作的实务工作中往往扮演应急处理的角色，而每一次出现新的危机，往往是个体自身已有经验无法应对的情境，这也应是危机干预理论进一步发展的重要方向。

（三）缺乏后续关怀和连续性的干预

危机干预通常是一种短期干预，可能无法进行长期的后续关怀或连续性护理。在危机干预之后，个体可能需要持续的支持或额外的干预来维持其福祉。

（四）引起服务对象的创伤

在某些情况下，危机干预可能无意中引起个体的再次创伤，通过唤起令人困扰的记忆或加剧其情绪状态。这需要具备对创伤敏感并能够提供适当支持的熟练从业者。

本章小结

本章主要从危机干预理论发展史开始，对危机干预在实务中的应用知识进行了概述，并结合案例对危机干预的七阶段模式进行了具体的操作演练。主要包含知识如下：

1. 危机干预理论的发展史从 20 世纪 40 年代的仅关注个体心理层面和情绪层面的危机，到 50、60 年代提出社区可以为个体提供支持，到 80 年代后开始出现成熟的干预模式，到当今危机干预模式变得日益多元化，并且在社会工作领域受到更多的重视。

2. 危机干预理论作为社会工作重要的实务理论之一，与社会工作实务之间的关系在于其为社会工作研究和实务提供了一个理论框架和实务指引，常见的模式有平衡模式、基于行为的模式、阶段模式和团体干预模式。

3. 社会工作实务促进了危机干预理论的发展与演变主要包括理论与模型的发展、多样化的危机类型、文化和多元性的考量、创新的干预方法、实证研究和评估、跨学科合作六方面。

4. 危机干预理论在实务中的应用从干预的基本原则、干预策略和干预模式三部分展开，社会工作中常见的干预模式是阶段模式，有六步干预模式和七阶段干预模式，案例的应用是对七阶段干预模式的一种检验。

5. 危机干预理论作为一种短期而追求效果的服务理论，其优势在于在短期内能够帮助服务对象处理心理层面、情绪层面、行为层面的问题，并且以保证服务对象的生命为前提的服务理论，对于处于危机的人群或者团体有很好的干预效果，但是其不足在于对服务对象问题的界定、干预后的问题、危机干预效果评估困境等。

资源链接

视频微课 4-1 视频微课 4-2 视频微课 4-3 视频微课 4-4 视频微课 4-5

视频微课 4-6 视频微课 4-7 视频微课 4-8 视频微课 4-9

思考题

1. 简述危机的定义。
2. 简述危机干预理论与社会工作实务之间的关系。
3. 简述危机干预理论的主要观点。
4. 简述危机干预理论的基本原则和假设。
5. 简述危机干预模式。
6. 概述罗伯茨的七阶段干预模型。
7. 简述危机干预理论的优势与不足。

在线自测

扫一扫 练一练

第五章　寻解视角理论

学习目标

本章的学习目标主要是掌握寻解视角的基本定义和基本发展脉络，基本了解寻解视角的基本价值和基本假设，重点掌握寻解视角的技术和服务过程，并能理解案例的基本要义，对寻解视角的服务评估和理论的优势、不足有基本的认知。

建议学时

6 学时

案例

社工小刘是一名驻校社工，她所在的学校是一所中学，仅有初中三个年级。某天学校心理咨询室老师领进一名初二的女学生小灵到社工办公室，并告知小灵是因为班主任老师认为她目前成绩不理想，跟班级同学也不来往，想让小灵接受心理咨询。但是小灵不想别人认为她心理有问题，不愿意接受心理老师的咨询服务，所以就被心理老师转介给社工小刘。

服务对象小灵是一位 14 岁的女孩，父母在她年幼时离婚，随后母亲失去联系，父亲一人将其抚养长大，父亲很少关心小灵，从来不参加小灵学校的家长活动，小灵告知社工其父亲常常家暴她，社工在小灵身上发现了伤痕。

班主任认为小灵的人际关系有问题，因为小灵从不与班级同学来往，小灵自己认为她没有人际问题，她只是不愿意跟班级同学来往，因为她要把时间用在跟网上的“男友”聊天，而且她准备在期末考试结束后去山东找自己的“男友”，所以她没有时间跟自己班级同学相处。班里同学和老师都不知道她有“男友”，小灵也要求社工不能告诉其他人，特别是小灵计划去山东的事情，如果社工告诉其他人，小灵就再也不上学了。

小灵升入初二后，成绩下降很快，按照目前的水平可能面临无法顺利升入初三的危险。小灵的班主任希望社工找到小灵成绩落后的原因，帮助小灵尽快进入学习状态，提高成绩，这是班主任让小灵接受社工服务最主要的目的。小灵不认为自己学习不认真，但她是觉得课程变得很难，她跟不上学习进度。小灵的任课老师们都认为小灵学习不够认真。

小灵是个表达能力强的女生，她求助的意愿很大，也希望社工能够帮助她，她觉得自己很混乱，心情不好的时候会用刀划自己的手臂，她右手臂可见好几道不深的刀痕。小灵认为自己没有自杀的想法，也不认为划伤手臂是“自残行为”，只是想让自己冷静下来。

这个案例的服务对象情况复杂，需求多。由于小灵是初中学生，学习任务重，不能有太多的时间接受社工服务，且小灵的求助意愿强烈，语言表达能力好，积极配合社工服务。综合这些因素，社工采取了寻解视角作为服务指引，此案例成功解决了服务对象的自残行为、网恋问题，服务对象也承诺会好好学习，但是服务对象不愿意面对父亲的家暴问题，是此案例最大的伦理困境，也是社工认为寻解视角的不足之处。

第一节 寻解视角理论与社会工作

一、寻解视角理论的发展脉络

寻解视角（Solution-focused brief therapy，SFBT）是以解决方案为中心的短期治疗方法，是一种基于能力和循证的干预措施，可帮助服务对象专注于个人优势，识别问题的例外情况，并突出小成功的干预方法。

早在 1965 年，美国心理研究院（The Mental Research Institute，MRI）成立了短程家庭治疗中心（Brief Family Therapy Center，BFTC），并致力于研究人类沟通、家庭治疗及行为导向的问题解决技巧。寻解视角主要是由史蒂夫·沙泽尔（Steve de Shazer）及茵素·柏格（Insoo Berg）夫妇在短程家庭治疗中心（BFTC）发展出来的一种心理治疗模式。影响它的主要有社会建构主义的多元观、家族治疗的系统观、弥尔顿·埃里克森（Milton Erickson）的咨询理念与技术以及心理研究机构（Mental Research Institute，MRI）的短期咨询（Brief Therapy，BT）。它声称个人对真实事物的看法——包括他的问题，能力和可能的解决方案的本质的想法，都可以在日常生活和与他人的交流中得到解释，治疗师不是拥有所有答案的专家，而是允许自己从创建自己的解决方案的服务对象那里获得信息。

沙泽尔于 1982 年出版《短期家庭治疗的范式：一个生态系统的取向》，是寻解视角理论正式诞生的标志，随后该实践范式愈来愈受到社会工作界的重视与欢迎（沈黎，2008）。寻解视角理论非常重视生命的正向积极作用，探索服务对象内外在资源，协助服务对象提取过去成功经验中的要素与信心，在访谈过程中关注如果服务对象问题获得了解决，他们的生活会有怎样的变化，帮助他们建立具体可行的目标，并采取行动，重新诠释困境、失落或创伤，重新创造新生命的成功经验。它不仅是一种访谈方法和干预手段，还是一种思考方式，在 2006 年被归为认知-行为治疗。

在过去的 20 年中，寻解视角已成为咨询专业人员的流行治疗模式，跨学科的从业者，特别是社会工作，因其灵活性和短期性质而认可寻解视角。克里斯·艾维森（Chris Iveson）、埃文·乔治（Evan George）和哈维·拉特内（Harvey Ratner）是该方法最著名的发展者，他们对寻解视角方法的演变被许多人称为精要短程治疗方法，这是一种极简主义的模型方法，重点是建立服务对象对会谈的最大希望，然后花费大量时间详细描述服务对象的最大希望的存在，这一进化步骤，虽然被许多人视为向前迈出的一步，但没有公开关注或考虑情感或情感语言作为持久变革的重要组成部分或途径。乔治等人出版了一份更新的治疗手册，其中确实包含了对情绪/情感的一点关注。

二、寻解视角理论与社会工作实务的关系

寻解视角是一种短期治疗模式，强调解决问题、建立目标和发掘个人资源，以帮助个体实现变化和解决困境，也是社会工作实务的一种新范式，与叙事治疗并称后现代主义社会工作最为重要的两大实践范式（沈黎，2008）。它与社会工作实务之间存在一些关系，包括以下几个方面：

（一）服务对象导向

寻解视角强调以服务对象为中心，关注服务对象的需求、目标和资源。这与社会工作的价值观和原则相契合，社会工作也强调以服务对象为导向，尊重服务对象的自主权和权利，旨在通过发挥服务对象自身的潜能，改善个人动机和社会功能，进而调整服务对象与社会系统之间的关系。

（二）服务关系导向

寻解视角强调服务对象的主动角色，促进本人由“被动变主动”，促进关系达到“帮助变合作”，充分挖掘服务对象自身的资源和潜能，引导服务对象在化解危机的基础上重组资源、提升能力。因为该模式的辅导过程强调在合作的专业关系中，社工与服务对象共同讨论工作的目标，从积极正向的观点出发，致力于善用服务对象的优点与资源，从引发服务对象例外成功经验的过程中，唤起服务对象现在与未来的愿景，进而进行改变。

（三）短期导向

寻解视角是一种短期治疗模式，注重快速解决问题和实现目标。社会工作实务中，有时也需要在有限的时间内为服务对象提供支持和帮助，因此短期导向的方法可以为社会工作实务提供一种实用的框架。

（四）资源导向

寻解视角关注个体的资源、能力和解决问题的潜力，通过发掘和利用这些资源来实现变化。社会工作实务也强调关注个体和社区的资源，通过促进个体和社区的自力更生和自我支持，帮助他们解决问题和改善生活。

（五）解决问题和目标导向

寻解视角注重帮助个体明确问题和目标，并通过寻找解决方案来实现目标。社会工作实务也强调帮助服务对象明确问题和目标，并协助他们制定和实施可行的计划。

尽管寻解视角与社会工作实务之间存在一些关系，但它并不是社会工作实务的唯一方法或理论。社会工作实务是一个多样化的领域，涵盖了多种理论和方法，根据具体情境和服务对象需求选择适当的方法和技术。

第二节　寻解视角理论的主要理念与基本假设

一、寻解视角理论的主要理念

在后建构主义思潮下发展出来的寻解视角视服务对象为自身的专家，治疗过程主要探索改变何以发生以及可能性、小改变以及例外的正向经验，寻解视角是面向未来的、非问

题的以及目标导向的治疗方法，其基本理念如下。

（一）不追问问题的原因

寻解视角不追求寻找问题发生的原因，认为与其寻找原因，不如将治疗的核心内容聚焦在问题解决后的未来和问题不存在时的情形，从而找到解决之道。

（二）与服务对象合作

寻解视角认为服务对象才是问题的解决者和专家，社工或者治疗师与服务对象是平等的合作关系，社工应该找到适合服务对象的解决之道，让服务对象自己找到适合自己改变的例外情形，促进个案的进一步改变。

（三）寻找有效的解决方法

寻解视角的治疗策略不是问题解决导向而是解决发展（solution development）导向。它认为社工在面对每个问题时应考虑问题的多面性及特殊性，发展弹性的问题解决方法，并且相信服务对象是有能力、有责任发展出适宜的解决方法。

（四）重视正向力量

寻解视角理论是从正向的角度来拟定治疗目标，强调做什么能够解决问题。努力启发、引导服务对象看到自身已存在的优势部分，并利用自身资源去扩大优势的正向积极的治疗方法，使服务对象有勇气跳出负向的自我评价，转向谈论他们以往的成功经验以及他们可以改变的地方。

二、寻解视角理论的基本假设

寻解视角强调能力为本（competency-based）取向，即强调赋能（empowerment）的概念，不以精神病理的角度看待人类行为，而是聚焦于建立服务对象的能力，相信服务对象有意愿且有能力发生改变，进而建立服务对象健康与功能性的生活。所以提供了一个肯定服务对象能力的积极的正向治疗过程。其基本假定如下：

（1）人是有资源的，且是自己的资源，有解决问题所需要的能力。人的问题都是有解决办法的，社工应是去协助服务对象发现自己的资源和潜能，而这些资源本身存在于服务对象的经验当中，并运用自己的资源来解决问题。

（2）变化随时发生，小改变会引发大改变。变化是一个持续的过程，稳定是一种幻觉。社工总能够找出“例外”的经验，并引导服务对象去看例外在何时、何处及如何发生，以协助服务对象找出解决问题的方法，所以谈论过去、现在和未来的成功是有帮助的。

（3）社工和服务对象的合作是必然的。寻解视角的观点认为服务对象是愿意合作的，没有所谓的“抗拒”的服务对象，社工最好以合作的方式接近每个服务对象，而不是持抵抗、权力和控制的立场。

（4）服务对象确定治疗目标，解决方案是由服务对象和社工共同建构出来的。

（5）服务对象有能力采取行动去改变，只是在会谈前，这种能力暂时被负面认知所阻碍。服务对象想改变，就有能力改变，并能尽最大能力去改变。

(6) 每个人是独一无二的，所以每个解决问题的方案也是独一无二的。

(7) 寻解视角认为问题不会以相同的程度存在的，所以不需要去了解太多关于问题的信息，而是要去了解问题不存在或者问题最小的时候，服务对象在做什么，或者当问题暂时没有了，服务对象有什么不同。

第三节　寻解视角理论在社会工作中的应用

寻解视角作为短期治疗方法之一，其干预价值决定了服务对象的价值，也是呈现干预的取向和维度，而技术的呈现是为了很好地帮助服务者去学习此干预模式，每一项技术的使用都是为了更好地帮助服务对象解决其困惑，走出自己的困境。

一、寻解视角理论的专业价值

"专业价值"(professional values) 即是对专业的基本承诺与认同，以及评量咨询专业可被接受的程度与向度。

(一) 尊重人类尊严

SFBT 尊重服务对象的所有观点与知觉，强调服务对象这个人的所有面向都必须被接纳，而不同于服务对象生活中的其他人会对其任意评价，这也是合作咨询关系的重要基础。

(二) 个别化服务

尊重每位服务对象的独特性与差异性是寻解视角的基础，而这也是人类共同之渴望。社会工作者尊重服务对象自身也是专家，采取"未知"的好奇、真诚、开放的态度，对服务对象怀有真诚的关怀与兴趣，注意倾听服务对象的诉说、在乎以及其中显现的目标与资源。如此，社工才能持续在服务对象的参照架构及其自身语言中，寻求确认与澄清个人化目标，并从每位服务对象特殊生活事件所产生的例外 (exception) 经验及应对(coping)策略中，逐步建立起具个人意义的解决之道。

(三) 助长服务对象的愿景

寻解视角理论重视服务对象的经验以及这些经验所呈现的意义，其中，特别尊重、引发及支持服务对象的期待与希望；寻解视角理论非常重视倾听服务对象所想、所要，协助服务对象找寻有可能改变的未来，并且积极关注能实现愿景的线索。同时，寻解视角理论也会运用服务对象自身的参照架构，对问题创造出新颖且具较佳解决方法。如此，将能助长服务对象的希望感与动机，减少其对社工给予建议的依赖，从而实践个别化服务并提升服务对象自我决定之专业价值。

(四) 以服务对象的优势为基础

寻解视角理论相信，尽管生活艰困，每个人仍然拥有能提升与改善生活质量的优势力量。当社工能聚焦于服务对象的优势力量时，将能使社工远离评断或责备服务对象的诱惑，也不易对服务对象产生负向刻板印象，甚至社工反而能转而察觉：即使在最困难的环境情境中，服务对象有能设法存活下来的力量与方法。

（五）鼓励服务对象参与

寻解视角理论强调社工协助服务对象学习自助，且社工是与服务对象“一起”（with）工作，而非“对他”（to）或“为他”（for）工作。

（六）充分提高服务对象的自我决定

寻解视角理论认同服务对象拥有自己选择与决定的自由权利需求，以成熟发展“我是谁”的观点。焦点解决历程会邀请服务对象界定生活中的问题是什么，也会邀请服务对象专注于构想更满意的未来，评量现存的期望、动机与信心程度，以积极培养与助长服务对象的自我决定。

（七）助长转移性

为了使服务对象能将会谈期间所学的解决之道转移应用于其他生活事件中，寻解视角理论会谈会催化服务对象更能敏于觉察自己的内外在资源、过去成功与现在力量，同时也会给予服务对象确认外在资源的机会，并有意识地将会谈所取得的有效方法类推应用到其他情境中。

（八）极大化服务对象的赋能感

寻解视角理论是一个赋能导向的取向。焦点解决问句能够借由形成服务对象自身的目标，整合其内在力量以及家庭、社区等资源，寻解视角理论亦会促进服务对象增进对自己的反思与觉察，并更加懂得联结、运用与扩大自身解决导向的相关资源。

（九）保密性

咨询历程中的保密，对于咨询关系的信任发展相当重要。寻解视角理论让服务对象可以自行决定需要以及想要谈论哪些内容，因而创造了更深层的保密脉络，而更不容易遭遇所谓服务对象抗拒的问题。

（十）促进一般化

对于服务对象的状态与情绪，SFBT 会加以接纳，并会反映这些情绪与状态在生活脉络中是其意义的，能助长服务对象一般化的想法。

（十一）监测改变

在寻解视角理论会谈中，社工相信改变是无可避免的，所以会一直监测服务对象的改变，也会不断引导服务对象具体评估自己改变的速度与方向。

二、寻解视角理论的具体技术

寻解视角理论所用的技术目的都在于协助个案体验行为、知觉以及判断的改变。经由体验已经发生的小的改变，维持、扩大并积累成大的改变，而且利用个案既存的力量和资源达成改变的目标。伊泽尔等人设计了包括一般化（normalizing）、咨商前改变问句（presession change）、预设问句（presuppositional question）、评量问句（scaling questions）、赞美（Compliment）、奇迹问句（miracle questions）、关系问句（relationship question)、例外问句（exception）、任务/家庭作业（tasks/homework）、EARS 询问（Eliciting，Amplifying，Reinforcing，Start again）、对应问句（coping questions）等技术。这些技术以语言为载体，通过例外的寻找和小的改变，帮助个案从自身找到解决问题的资源，并最终建立起一个新的现实。这些问题旨在评估服务对象在治疗室内外取得的进展，并鼓励服务对象利用他们的资源来寻找导致他们接受治疗的解决方案。

（一）会谈前改变的问句

当第一次正式会谈的时候，社工会以“会谈前有什么改变”的询问开始会谈，社工向服务对象传递“改变已经发生”，而“社工希望改变能够持续”的信念。通过这个架构与服务对象建立合作的专业关系，并以正向角度引导服务对象去看问题，共同营造出解决导向的氛围。

例如，询问一位母亲：“从上次预约咨询到今天你带儿子来这里，这段时间里有什么变化发生吗？”这个问题使得母亲开始分享她在家长会上和孩子的老师所交流的讯息，而正是家长会上的交流使得母亲与老师在关注孩子行为的问题上达成了一致。

（二）例外式问句

寻解视角理论的基础知识之一是例外问题。受系统论的影响，焦点解决学派认为变化在系统中是永恒存在的。因此对于任何困扰而言总是存在着一些例外，而这些例外正是问题解决之道的线索所在。而且工作者预先就假设变化正在服务对象的问题情景中发生。当服务对象处于问题或目标描述时，社工通过例外架构的问句找出问题不存在或目标曾发生的情景。例外是问题可能发生但没有发生的时候。可以提出一些用于识别例外的问题：自上次会议以来，你有什么好转的？告诉我过去这个问题不存在或对你来说不那么严重的一段时间？需要发生什么才能使这段时间延长或者常常出现？你能告诉我问题不存在的时候吗？这些时候有何不同？在那些更好的时期，你在做什么或在想什么？你还记得一些可以帮助你冷静下来的东西吗？还有什么？

（三）奇迹式问句

奇迹式问句是这样的：“如果有一天晚上，当你正在睡觉的时候，奇迹发生了，问题解决了，第二天早上你醒来的时候，你如何看待这个奇迹的发生？是否有什么事情变得不一样了？”

这个问题通过让人们清楚地看见目标，也有助于服务对象的目光跨越问题，明白他们真正想要的或许并不是杜绝问题的本身，而是能够找到解决方案。如果社工能鼓励服务对象抛开问题，开始寻求解决方案，那么问题也就不再那么严重了。对于寻解视角理论，奇迹问题可用于帮助服务对象指定或具体化其目标解决方案。当社工在谈话的框架中提出奇迹问题时，服务对象可能会在情感上体验到，这些问题能够帮助服务对象想象未来的解决方案。服务对象对奇迹问题的回答能够引导他们概念化自己的愿望，并投射到他们未来的解决方案中。

为了对奇迹进行丰富的描述，可以询问一些可能有所帮助的问题：你会怎么做？你会有什么感受？一旦这个奇迹发生，其他人会对你有什么反应？那对你来说会是什么样子？你会如何反应？一旦这个奇迹发生，人们会注意到你的什么？

（四）评量式问句

评量式问句是以解决方案为中心的“工具包”的基本部分，它们是尝试找出某人与某个问题相关位置的绝佳方式，通常社工可以用1代表问题最糟糕的情况，10代表服务对象最期待的状况。要求服务对象以1到10的数字来对问题或相关议题作出评估。例如：“从1到10，如果1代表你第一次来见我的时候的沮丧程度，而10代表你经历奇迹后的兴奋，那么你现在对自己的满意度是多少?”评量式问句可以帮助我们把复杂、模糊的目标简单化，通过这种方式辨认出服务对象进步的情形，培养出小小的变化，并增强服务对象行动的动机和信心（沈黎，2008）。SFBT使用评量式问句来验证服务对象对变革可能性的信心。评量式问句可作为服务对象衡量、评估和评量自身情况、印象、观察和预设的连接模式。

（五）应对式问句

当服务对象过分强调所面对的困难时，应对式问句是社工可以运用的绝好技巧。通过应对式问句，提醒服务对象仍然没有因困难而倒下，这暗示服务对象有其应对之道，只是过于关注于痛苦之上，而忽略了本身所具有的应对方法。例如询问“虽然离婚使你情绪低落，但是你仍然将自己和孩子照顾得那么好！我很好奇，你是如何做到这些并度过这段困难日子的呢?”

（六）假设问句

以假设性语句（“如果”之词）探问服务对象在“未来”于某特定情境下，可能的想法与作为，特别是关于服务对象偏好的结果或达成目标时的情景，而非针对过去已经发生或既存的事实。若服务对象很难用正向的角度来看待问题或想不到例外时，社工也可以用预设立场的假设问句来创造可能性。例如：“如果有一天，你走出了车祸的阴影，你会看到自己在过什么样的日子？会跟现在有何不同?”

（七）关系问句

常见社工使用关系问句来探问服务对象生活中重要他人对他或对特定事物的观点、期待以及对服务对象的肯定与鼓励，因而，关系问句会激发服务对象的现实感与外在资源，并能在人际互动观点中，思考在生活情境中自己与别人想要的不同，进而启动目标与解决之道的产生。关系问句有助于在“服务对象想要的目标”“愿意去做的目标”以及“别人对他的期待要求”之间取得平衡。例如：“如果你的爸爸在这里，他会说你在学校的什么表现，让他以你为荣?”

（八）赞美

赞美是寻解视角理论中不可或缺的一部分，因为它们承认对服务对象的生活、成功和积极意图的欣赏，治疗中的赞美有助于接受服务对象的隐喻以及扩大治疗对话，赞美主要是针对服务对象执行对他自己助益或有助于朝向目标达成的行动。赞美应是以“现实为基础”，并是依据服务对象表述与经验而来。赞美应是一种让服务对象可以选择接受与否的非评价式表达。除直接赞美外，社工所给的最有效赞美是通过提问问句，让服务对象在回答过程中，吐露自己的能力、自觉与善意，同时意识到自己的成功方法及自我价值提升。

例如："若询问你的好友，她会说看到你一路走来付出了什么努力?"

（九）家庭作业

家庭作业背后的想法是，这个人可以控制自己决定做什么。可能会建议各种行为家庭作业任务，旨在从抱怨模式转向解决方案。家庭作业任务是服务对象认为他们可以实现的，这对他们来说是有意义的。在与服务对象共同构建家庭作业任务或实验时，做些有效的简单任务就足够了。

三、寻解视角理论的服务流程

寻解视角理论的服务关键在于第一次会谈的过程，第一次会谈要求服务者很快地找到服务对象的来访目标，在找到目标的前提下，探讨例外情况，而后续会谈是第一次会谈的延续或者是第一次会谈的重复性工作，所以寻解视角的服务流程重点在于掌握第一次会谈的内容，才能够真正学习到寻解视角的服务内容。

（一）会谈前改变

这是一个与服务对象讨论自他们预约会谈以来发生事情的机会。假设这是第一次预约，可以问这个问题的一种方式是："自从你预约以来，你注意到这个问题的哪些方面?"每个人都有独特的应对策略，关键是要确定服务对象如何实现解决方案，以及他们的独特能力是什么。这是寻解视角理论的一个重要部分，可能引发服务对象在以前的成功经验和成功解决当前问题的方式之间建立联系。

（二）第一次会谈

1. 介绍服务工作的设置和程序

在第一次疗程开始之前，社工首先介绍将涉及社工团队的情况，要求服务对象阅读并签署必要的表格，允许录像等。

2. 倾听服务对象的抱怨

作为首要任务，在简短讨论谁在哪里工作，谁去什么学校等之后，治疗专家首先询问："我们能帮你什么?"或者"是什么促使你来找我们的?"社工试图将谈话引向尽可能多的具体细节：究竟发生了什么?抱怨涉及谁?根据在特定点上涉及的人，抱怨有何不同?服务对象描述的抱怨模式越详细，潜在的干预和目标就越多，即服务对象知道问题已解决的潜在方法。这一阶段是透过询问个案的求助动机，提供个案描述问题（抱怨）的机会。社工需要询问一些问题的性质与事件的细节，但不追究问题的成因，在倾听个案诉说的同时，计划着如何使对话往解决导向的方向前进。

3. 探讨例外情况

会谈的这一阶段旨在了解当抱怨没有发生时会发生什么，以及家庭如何让这种例外发生。我们的观点是，社工和服务对象都需要知道服务对象做什么或做什么有效。这个阶段自然会引发目标设定，因为服务对象可能只是想要更多当抱怨没有发生时发生的事情。

4. 建立一个具体的目标

这个目标有助于建立对即将发生变化的期望。重要的是，每个参与者都知道问题何时解决并且治疗可以停止，具体目标是我们评估计划的重要组成部分，也是我们后续或结果研究的必要部分。在提出问题以确定服务对象的目标时，社工会适应服务对象的行为、态度、欲望和语言，社工尊重服务对象想要做的事情，履行以服务对象为中心的原则。

5. 潜在的解决方案

服务对象知道问题已解决以及一旦问题成为过去会有什么不同，对治疗中的对话通常更有用。替代解决方案越多，服务对象对变革的期望就越高。

6. 暂停咨询

暂停的目的是决定做什么以及如何做，社工对解决方案感兴趣，服务对象对抱怨感兴趣，暂停时希望给予双方时间去思考抱怨以外的例外情况。

7. 传达正式干预的信息

中场休息 10 分钟或更短时间后，社工应向服务对象传达正式干预的信息。

（三）后续会谈

第一次会谈与随后的会谈之间的主要区别在于，抱怨已经在第一次会谈中讨论过，在第二次会谈中很少或根本不需要讨论抱怨。

第二次会谈与后续会谈是可以向服务对象学习他们的成功经验以及他们处理困难时期的独特方式。第二次会谈通常以社工说“自从我们上次见面以来有什么好转?”开始，这个问题的答案有许多可能的选择。如果事情对服务对象来说更好，那么社工必须确定这一点，并尽可能多地寻求与已经发生的变化有关的细节。“你是怎么做到的?”“告诉我更多”。如果事情变得更糟或如果这个人两次会议之间经历了一段非常困难的时期，社工可以以一种尊重的好奇方式问:“你是如何应对的?”“告诉我更多”。我们正在寻找服务对象在处理这个问题方面的优势。当细节浮出水面时，社工的角色是尽可能多地寻求有关发生的微小变化的细节。

（四）回馈

社工需回顾和整理个案在前面阶段所提到的有效解决的途径，然后以正向的回馈、有意义的信息及家庭作业的方式将这些信息提供给个案，以促使个案的行动或改变。

指导个案自己评量是否满意于寻求解决之道的过程与结果，EARS 是此阶段常用的方法之一，即社工的目标是激发（Elicit）、放大（Amplify）、加强（Reinforce）和重新开始（Scaling Progress），例如：激发可以问：“自从我们上次见面以来，有什么好事?”放大可以问：“你能告诉我更多关于这一点吗?”加强可以向服务对象提供口头赞美/奖励、重新开始可以问：“还有什么比这更好的?”“如果你能继续这样做，那是否意味着我们不需要见面?”

（五）服务评估

尽管研究人员更喜欢评估治疗效果的综合方法，但社工通常只能提供他们的临床印象，治疗评估的立场介于“研究结果”和“临床印象”之间。评估可以基于治疗建议的功能与其可观察到的结果之间的比较，例如跟进是基于服务对象自我报告，治疗始于服务对象自我“抱怨”方面的报告，如果在治疗后 6 个月到一年的自我报告中，他们没有值得治疗的抱怨，当然可以作为成功的一个指标。

第四节　寻解视角理论的案例分析

寻解视角理论的应用立场是服务者和服务对象共同寻找服务目标，服务对象自己作为专家去寻找问题外的例外，从而强化自己的优势和过去的成功经验，以扩大成功的方面，减少问题面。本案例的服务对象需求多而杂，迅速找到真正的服务目标是关键，服务对象善于交流，并且求助意愿大，这些特征符合使用寻解视角作为案例分析理论。

一、需求分析

（一）人际交往的需求

服务对象在生活中的人际交往变少，从而寻求网络上的情感关系和感情依赖。

（二）学业适应的需求

服务对象目前存在着不符合学校要求的学业成绩，而尽快提升学习成绩是小灵无法面对的困境。

（三）情感支持的需求

父亲疏于对小灵的情感支持，让其无法感受到家庭的温暖，她进一步寻求在校园、网络中的情感支持，一旦在校园和网络中的情感支持不稳定，她在这方面的需求就无法满足，从而造成情绪和心理方面的问题。

二、服务过程

根据小灵的服务需求多样化，服务过程的重点在于第一步找到服务对象的服务目标，服务目标遵循从小到大、从易到难的原则，让服务对象能够在服务过程中逐渐强化其优势和解决问题的自信，逐步地满足服务对象的需求。

（一）第一阶段会谈

因为课间休息时间短，第一阶段会谈安排在两周内进行，每次会面的时间由服务对象自己决定。

1. 正向开场：第一次会面

这次会面主要是营造一个正向运作的氛围，培养服务对象的正向积极思维。社工在见到小灵以后，就赞美小灵能够主动求助的态度，从正面肯定了小灵前来找社工的行为，让小灵心理上的负担减少，对话也变得从容起来。

社工会使用开放式问句让小灵说说自己的需求或者困惑，并且用赞美的话语去肯定她说的一切，例如："我觉得你对自己目前的情况掌握得很好""你非常了解自己，这对于你这个年龄段的学生来说，是很不错的事情""你很有想法""你的语言表达能力很好"等，在社工的鼓励下，小灵向社工讲述了她被父亲家暴、父母离婚、现在的成绩不好的原因、她正在与网上"男友"谈恋爱等事情，社工通过发现她手臂上的伤痕，得知小灵有用刀划伤自己的行为，但是小灵不认为自己在"自残"，而是心情不好的发泄方式，社工发现小灵的正向之处是她有改变自己的意愿，并且很愿意提出自己的想法与社工讨论。

家庭作业：找到自己5个以上的优点，这些优点曾经帮你度过哪些困难，可以自己寻找，也可以询问身边的人。

2. 探索服务寻求与目标

这次会面主要是让服务对象对自己遇到的问题进行诠释、问题对服务对象的影响、服务对象如何处理问题等。社工通过评量问句，让小灵评量她目前哪件事情对她影响最大，她指出目前的网恋“男友”对她影响最大，她觉得目前两个人见不了面，担心她的“男友”变心，因为这样的担忧，她不得不花费很多时间在网上跟“男友”聊天，并规划着尽快去见“男友”，“男友”也在催着她赶紧见面。

社工希望通过从小灵“会面前的改变”着手，了解服务对象个人与问题之间的互动情况如何，能够找到服务对象的优势，从而增强、扩大她的优势，并进一步强化，为后面解决小灵的问题寻找解决方案。

家庭作业：思考一下目前阶段学习的目标和动力，下一次会面进一步讨论。

3. 构建良好的目标：第三次会面

从前两次会面中可以了解到，小灵的目标有跟“男友”见面、提高成绩、希望父亲对自己多一点关爱，但是小灵是未成年人，是不能独自去外地见网友的，可能涉及生命安全的问题，作为社工不能由服务对象决定自己的目标，但是如何在服务过程中让服务对象清楚明白自己在网恋中的目标到底是什么，是这个阶段最重要的任务。

> 社工问小灵：“如果某天早上醒来，你发现自己在山东见到网络中的‘男友’，你认为你们的未来是什么样子？”

社工利用奇迹问句和追问的技巧，希望能够让服务对象说出自己真正的需求，从中可以了解到服务对象从“男友”那边的需求在于希望有个人能够对她好，她没有真正的恋爱目标，社工在随后的会面中会与服务对象找到她身边可以寻找到的“温暖”。

小灵作为家暴中的受害人，据她所说，她长期遭受父亲的家庭暴力，作为寻解视角的社工，服务对象的个人意愿是需要尊重的，但是作为未成年人，社工是否应该为其做决定，不能忽视其生命安全问题，但是这个困境，是寻解视角没有给出的答案。

这一阶段的会面中，发现服务对象最迫切需要解决的还是与“男友”的未来问题，而社工只能围绕着她这样的困惑去寻找解决方案。

家庭作业：会面结束后，能不能跟“男友”分享一下你期望未来的生活，看看你的“男友”的看法，然后希望你“男友”提出保证，并告知他，社工想了解“男友”的回复，并愿意做见证人。

4. 探讨例外：第4次会面（40分钟）

这次会面，社工与服务对象探讨针对服务对象的目标，可以探讨出哪些可能性，逐步建构为解决之道，服务对象面对问题情境会有自发的应对策略，社工可以跟服务对象充分讨论应对策略，使得问题不会变得更加糟糕。

社工试图通过探讨例外的情况，让服务对象不再将网络中的“男友”特殊化，放大“男友”的重要性，从而沉寂在失去“男友”的痛苦中，被抛弃的感觉对谁来说都很痛苦，每个人走出痛苦的时间也不一致，社工能做的就是陪伴，然后让服务对象通过自己的能力一步步走向快乐。

这次会面其实不是解决了服务对象的目标（去见“男友”），而是让服务对象正视网友关系的脆弱性，而服务对象作为未成年人，计划去见网友本身就是一件危险的事情，社工到底是该直接阻止还是以成年人的方式接受服务对象的网络恋爱关系，与服务对象探讨网络恋爱关系的脆弱性，这是社工在服务过程中一直在反思的问题，而寻解视角的出发点是以人的行为能力作为前提，未成年人的行为能力该怎么界定，是这次会面后，社工提出的疑问。

家庭作业：写一封信给自己，肯定这段网络关系带来的价值，原谅自己在这段网络关系中的付出，鼓励自己面对以后的生活。

5. 反馈：第 5 次会面（30 分钟）

这一次会面是对第一阶段会谈进行总结，赞美服务对象在会谈中的所作所为，建议服务对象在下一个阶段会谈中继续努力，为自己第一阶段的目标完成情况进行总结，保持住目前的优势，为未来的美好愿景打下基础。

（二）第二阶段会谈

会面次数变成一周 1 次，会面时间变成了固定的 35 分钟，共会面 4 次。

第二阶段的会谈主要是解决小灵的学习问题，通过小灵上一阶段的会谈巩固了她想通过同学提高学习成绩的想法，社工与小灵制定了具体提高学习的计划和目标成绩，同时，小灵的人际交往不再局限于网络中，她参加了社工举办的人际交往关系小组，认识了新的朋友，也提高了人际交往能力。

（三）后续跟进及评估

在结束服务的 1 个月后，社工对小灵进行了服务跟进及服务效果评估，这次会面社工与小灵谈了她目前的情绪、心理状态、学习情况以及人际交往情况，并通过评量问句进行评估，这些评估结果，服务对象都给了 7～8 分的评量，从而作为结案的依据，然而服务对象还是不愿意讨论父亲家暴的事项。

三、反思与启发

（一）服务对象的行为能力

该服务对象是位 14 岁的中学生，在法律层面是半民事行为能力的主体，其面临着家暴、自残、网络交友等情况，这些情况随时都可能伤害到她的身体，寻解视角非常注重服务对象的自我意识、自我解决问题的能力、个体的选择、服务对象是专家等，本案例中的服务对象对于家暴和自残都不愿意讨论，服务对象真的能有充分判断危险的能力吗？社工是否应该发挥专家角色，强制介入此类可能涉及生命安全的问题。

（二）非语言类技巧的使用

寻解视角强调对话技巧，很多问题都是通过在对话中解决，在这个案例中，服务对象认为社工的眼神、社工在听她说父亲家暴时流露出来的伤心，都让服务对象感觉到力量和支持，适时地运用非语言类的技巧也会有很好的服务效果。

（三）服务技巧的选择

不同的服务对象在服务技巧的选择上有所不同，相较于成年人或者老人，学生会很认真地完成家庭作业，所以在此案例中，家庭作业这个技巧的使用效果明显，所以在技巧使用方面，要为服务对象设计不同的服务技巧。

（四）会谈次数与会谈时间

虽然寻解视角是一种短期治疗模式，追求最短时间内解决服务对象的“抱怨”，在过往的研究文献中，第一次会谈很重要，会找到目标并确定解决方案，但是作为真正实践者，会根据服务对象的时间、社工的能力和服务对象的表达能力的不同，需要更多次的会谈以完成关系建立，所以第一次会谈不代表只是一个时间段的会谈。

第五节　寻解视角理论的优势与不足

一、寻解视角理论的优势

（一）专注于优势和解决方案

寻解视角理论强调服务对象的优势、资源和能力，重点寻找解决方案而不是纠结于问题。强调服务对象专家身份、承认服务对象的潜能和资源，寻解视角模式相信服务对象自身具备所有改变现状的资源，是解决自身问题的专家，能够利用自身资源达到改变的目标；通过社工与服务对象的充分互动，社工“引发”而不是“制造”出服务对象运用自己的能力和经验产生改变，这种方法可以增强服务对象的自我效能感，提升其自主性。

（二）简短和有时间限制

寻解视角理论通常是一种短期治疗方法，这对于偏好短期治疗或资源有限的服务对象来说是有优势的，它可以带来更快的结果并降低治疗的总体成本。

（三）合作和以服务对象为中心

寻解视角理论涉及社工和服务对象之间的合作伙伴关系，服务对象在设定目标和确定治疗方向时起着积极的作用。这种以服务对象为中心的方法促进了自主性，并增加了服务对象的参与度。

二、寻解视角理论的不足

（一）对潜在问题的关注有限

寻解视角主要关注当前和未来，较少强调问题的潜在原因或历史背景。这种方法可能不适合需要更深入探索和理解问题的服务对象，且对于一些需要情感宣泄的服务对象而言不太适用，因此，可能在一定程度上会影响其使用效果。

（二）缺乏标准化技术

寻解视角以其灵活性和个体化的方法而闻名，这可以被视为一个优势。然而，缺乏标准化的技术和干预措施可能使社工难以遵循特定的治疗方案，或者使研究人员难以比较不同研究之间的结果。

（三）不适用于严重的心理健康问题

寻解视角通常被认为更适用于轻度到中度心理健康问题的个体。寻解视角模式起效快，但单纯使用的长期效果可能没有很突出的优势，这也限制了寻解视角模式的深入发展。且寻解视角模式更适合于发展性问题的咨询及治疗，不适用于严重问题的处理。对于患有严重精神疾病或需要更全面治疗方法的复杂心理问题的个体，这可能不是最有效的方法。

（四）对服务对象的能力要求高

寻解视角注重以语言为桥梁传递治疗内容，对服务对象的理解能力、知识背景有一定的要求，而在人类沟通过程中，非语言技巧的使用也会有很好的效果。因此，寻解视角在一定程度上排除了一些服务对象的求助可能性。

本章小结

本章从讲述寻解视角的理论发展脉络开始，概述社会工作实务中所需要的价值、技术等内容，并结合社会工作实务案例分析寻解视角理论的优势与不足，主要的知识点如下：

1. 寻解视角理论是社会工作实务理论的重要部分，为社会工作在面对危机情境下的个案提供了很好的介入指引。寻解视角是基于建构主义、系统观、米尔顿的心理咨询以及技术和短期咨询发展而来，是后现代的治疗理论，并逐渐在社会工作实务领域得到发展与完善，它与社会工作实务之间的关系有服务对象导向、服务关系导向、短期导向、资源导向、目标和解决方案导向。

2. 讨论寻解视角理论的意义可以从其基本假设、基本价值和技术去理解，这三方面的内容可以帮助学习者理解寻解视角理论以“服务对象为中心”的治疗取向，治疗是以“服务对象的能力和资源”为基础，治疗关系是以“合作”的方式进行，而语言是治疗核心，所以掌握各种问句技术是寻解视角工作者的基本能力。

3. 寻解视角理论的服务过程，由第一次会谈和后续会谈构成，第一次会谈是找到服务目标和解决方案的关键，第一次会谈的成功会有利于后续会谈的开展，每一次会谈的关键在于寻找例外情况，例外情况为解决服务对象的问题（抱怨）提供解决方案，而社工是需要评估这些方案有没有让服务对象变得更好。

4. 寻解视角理论应用于实践，有服务周期短、专注于优势和解决方案、治疗以合作为前提和以服务对象为中心等优势，而不足主要是基于对服务对象的潜在问题关注有限、缺乏标准化技术、无法处理严重的心理健康问题以及对服务对象的要求高。

资源链接

视频微课 5-1　视频微课 5-2　视频微课 5-3　视频微课 5-4

视频微课 5-5　视频微课 5-6　视频微课 5-7

思考题

1. 简述寻解视角理论与社会工作实务之间的关系。
2. 概述寻解视角理论的假设。
3. 概述运用寻解视角理论的具体技术。
4. 简述寻解视角理论的第一次会谈（会面）的具体流程。
5. 简述寻解视角理论的优势与不足。

在线自测

扫一扫　练一练

第六章 人本主义理论

学习目标

通过本章学习，可以了解人本主义理论的发展脉络；掌握人本主义理论的主要概念和核心命题；掌握人本主义理论在实务中的具体运用方式。

建议学时

4 课时

案例

小陈 11 岁，近几年查出患有自闭症，两个月前来到省会城市的某特殊儿童康复训练中心接受训练。由于家乡所在县的医疗条件有限，没能及时查出病情，故小陈接受康复训练较晚。小陈的家庭主要收入来源是其父亲，小陈在康复机构每个月 1 800 元的费用，加上房租和日常生活开销，家庭经济方面非常拮据。小陈家乡所在的残联对当地有专门针对自闭症患者的扶助名额，现在所在市里也正在筹划建立专门治疗机构，到时候转介回市里可以得到免费的培训。

在接受正规康复训练之前，小陈主要是靠在家获取知识和生活技能，他现在能够认识 400 多个汉字，但是如果没有人引导，他不会主动发音，也不能表达完整的句子意思。且由于家长文化水平有限、普通话不标准，对于一些读音相近的音，不仔细听不是很容易分辨出来。在数学方面更是不能理解，每天老师在课堂上教的内容，回家后妈妈都会花一个半小时的时间给他巩固强化，但是他总是一再地忘记，这让他的妈妈常常有放弃的念头。对一些基本的生活行为，他并不能完全掌握，比如有些衣服他至今都仍不能自己穿脱。小陈妈妈一直不太能接受孩子患病的事实，有时候不太愿意随堂陪伴孩子上课，因为不忍看到孩子的现状。她一般不太主动和别的家长、老师和志愿者交流，总是自己默默看着孩子，脸上总是严肃的表情，尤其是在孩子回答不上问题时她会有急躁的反应。

小陈妈妈面临着一些迫切需要解决的物质和精神方面的问题，包括：第一，她对孩子患病的事实始终不能接受，心情沮丧，还会有情不自禁地在公众场合哭泣的现象。第二，缺乏主动与人沟通交流的习惯，这样的压抑可能会影响她对事件的正确判断并加重生活压力；第三，每月大笔的生活、机构开支，给小陈妈妈及其家庭带来了巨大的现实压力；第四，对于孩子的病情态度消极，觉得没什么治好的希望，对孩子的康复情况不够客观。如果你是社工，如何应用人本主义理论对小陈妈妈进行介入呢？

资料来源：本案例改编自马良灿、彭舒雅：《自闭症康复中的社会工作介入——人本主义模式下的个案分析》，中共四川省委省级机关党校学报，2013（3）：86－90.

第一节 人本主义理论与社会工作

人本主义是一个广泛的哲学范畴，它包含了承认人的价值和尊严，把人视为万物的尺度，或以人性、人的有限性和人的利益为主题的哲学概念。人本主义是14世纪下半期发端于意大利并传播到欧洲其他国家的哲学和文学运动。文艺复兴运动的最大成果之一就是实现了“人的发现”，人的价值，包括尊严、才能和自由等得到承认。经过启蒙思想家的努力，在西方社会一度占据主导地位的神本主义逐渐被人本主义所取代。

人本主义下的心理学是第二次世界大战后兴起的一场心理学革新运动。人本主义心理学家认为，心理学应该致力于研究人的价值和人格发展，因此，他们既反对弗洛伊德精神分析学说中把意识经验还原为基本的驱动力或者防御机制，也不同意把意识当作是行为的副现象。人本主义心理学家们提出，人生性善良，恶是周围环境影响之下的派生现象，所以可以通过教育等手段让人往善的方向发展。

第二次世界大战之后，以现象学为哲学基础的人本主义开始影响社会工作，为社会工作提供了一种崭新的理论和实践的视角。这种视角不同于以弗洛伊德精神分析视角和认知行为视角，它假设人生活在自己的经验现象世界中，关注个人的主观经验、价值意义和伦理的要求以及个人此时此刻的独特生活经验，进而提出每个人都是独特的存在，每个人都有自己成长发展的潜能，社会工作者要与服务对象建立一种充满人文关怀的人与人之间的服务关系（佩恩，2005）。在此背景下，以人本主义思想为基础关注个人成长关系建设的人本主义社会工作逐渐兴起并对社会工作服务产生了深远影响。

一、人本主义理论发展简介

19世纪末20世纪初社会工作刚刚进入专业化发展之时，明确将人的理性分析、选择和行动的能力以及社会的公平正义作为努力追求的目标，这就包含了浓厚的人文思想和人文关怀（佩恩，2010）。20世纪70年代，在以罗杰斯（Carl Rogers）为代表的学者的推动下，社会工作逐渐真正关注人本主义社会工作。所以，人本主义社会工作暗含着两个方面的内涵：第一，在人文思潮方面，它意味着不仅实务工作者是服务机构中的专业人员，而且服务的对象也是处于一定社会人际交往关系中的成员，所以人本主义社会工作是有关人帮助人的服务。第二，就人本主义心理学而言，它是指将人本治疗模式的原理融入社会工作服务中，注重服务对象追求个人成长的自我、服务对象此时此刻的经验以及服务对象的独特性等要素的专业服务。在此服务模式下，每个服务对象都被视作独特且唯一的，都致力于学习运用自身的能力实现自己所追求的生活目标。在弗洛伊德精神分析学派之后，在人本主义社会工作的影响下，工作者和服务对象之间关系的建立又成为社会工作者关注的重点。在实务过程中，人本主义倡导的对人的关怀以及对人的基本价值和能力的关注已不再拘泥于人本主义社会工作本身，而是作为社会工作所应该具备的基本服务态度和观察视角，变成了社会工作者开展专业服务的基本原则。当前，人本主义社会工作的基本理念已经成为社会工作服务尤其是在专业教育领域以及有关人际沟通技能的训练中必不可少的部分。

在人本主义社会工作不断发展中，有两个非常明确的阶段：第一是引入并反思阶段，把罗杰斯人本治疗模式的基本逻辑框架引入社会工作实务中，并对此进行反思，以威廉姆·罗恩（William Rowe）为代表者；第二是扩展阶段，扩展罗杰斯人本治疗模式的基本逻辑框架，从更广阔的范围来理解人本主义的含义，以迈克尔姆·佩恩（Malcolm Payne）为代表者。

（一）威廉姆·罗恩

罗恩认为，人本治疗模式与社会工作有很强的关联，不仅该理论提倡的价值早已被社会工作视为应当遵循的基本原则，而且人本治疗模式的形成就明显受到社会工作的影响。20世纪40年代，传统的社会工作理论中占主导的心理社会治疗模式与功能理论之间有强烈的分歧，罗杰斯开始把自己的注意力投向心理治疗领域，也就是人本治疗模式的探索。50年代之后，随着社会工作服务领域的不断扩展，社会工作者开始寻找专业发展的共同理论基础，他们把社会工作视为一种同时关注个人和环境的专业服务。正是在这样的专业定位影响下，社会工作的发展与罗杰斯的人本治疗模式进一步分道扬镳，几乎没有社会工作者问津人本治疗模式的手法。

20世纪70年代兴起了对证据为本的实践和成效问责的要求，促使社会工作者关注罗杰斯的人本治疗模式，并逐渐出现在社会工作的研究文献中。社会工作者发现，罗杰斯的人本治疗模式是社会工作者可以得到科学研究证据证明的为数不多的服务模式之一。不久，罗杰斯的人本治疗模式就受到社会工作者的普遍欢迎。

罗恩认为，罗杰斯对社会环境的观点也在不断变化，从开始只强调服务对象个人的独特性和独立性，逐渐转向关注服务对象的家人和身边的重要他人，随后，服务对象日常生活和工作的场景也被放入理论逻辑框架中，关注服务对象的日常社会支持系统和传统的应对方式。另一方面，针对个人与环境的相互作用，社会工作者都会把它们作为服务的两个方面一起考察，采取了心理与社会（或者个人与环境）并重的视角。因此，在社会工作者看来，罗杰斯的人本治疗模式的基本理论假设，即只要处于良好的环境条件，服务对象就能够充分发挥自己的潜能，这个看法太强调在个人成长过程中环境满足个人的需要，而忽视个人适应环境要求。

（二）迈克尔姆·佩恩

佩恩作为社会政策和社区服务研究的专家，了解到社会环境的复杂性以及对社会服务的重要作用。针对罗杰斯人本治疗模式在社会环境因素探索方面的不足，佩恩提出在如下两个方面增加人本主义社会工作：第一，与人文思潮的联结，尤其对世俗人文主义观点的吸收；第二，人权思想的引入，尤其对社会环境重要性的重视。

佩恩认为，社会工作的发展离不开它本身的哲学基础，即人文主义（Humanism），尤其是世俗人文主义。世俗人文主义哲学提出，人可以用自己的理性思考能力面对环境带来的挑战，不需要借助高于人类的“神灵”，并认为人自身就是有价值和尊严的，人与人之间应该相互关怀。在这种逻辑下，人文主义提出，任何有关人的知识、能力和技能都是促进人在日常生活中实现个人成长必要的条件。

在西方启蒙运动中，人文主义兴起，它有七个方面的含义：（1）人注重伦理。人文主义假设，每个人都是有价值和尊严的，都是独立的个体，他既需要关注自己的权利，也需要尊重他人的权利，甚至关注后代的权利。(2) 人是理性的。运用科学理性思考的能力去解决问题是人的一种重要能力，在理性思考和行动过程中隐含着改变的力量。但科学知识和技能只给予解决问题的方法，改变的目标应该以人的伦理价值作为根本。(3) 人具备成长发展的权利。任何种族、性别和年龄的人类都致力于追寻成长与发展，民主和人权是保障个人成长发展的重要基石。(4) 人有社会责任。理想的社会既应该重视个体自由思想的培养，又应该关注个人社会责任的强化。(5) 人生活在世俗社会中。人文主义反抗教条的宗教束缚，世俗生活的知识和经验在日常的观察和判断中逐渐积累。(6) 人需要艺术的熏陶。艺术的创造力和想象力是一种帮助个人充分发挥自身潜力的不可或缺的手段。(7) 人拥有的是一种生活方式。人只有通过运用伦理和理性的手段面对生活挑战，才能培养起既有伦理原则又有活力的生活方式。

受到人文主义哲学思想的影响，社会工作这一助人的职业找到了发展的根据，即相信服务对象可以运用自身的理性思考能力，学习应对环境的挑战，并且通过帮助和关心周围环境中的其他人实现个人成长。同时，佩恩也呼吁把人权的思想和微观社会学的一些观点引入人本主义社会工作中，加强人本主义社会工作的具体内涵。体验式小组 (encounter groups) 也将人本主义的原则引入注重人与人之间支持关系建设的小组工作实践中，它也是推动人本主义社会工作产生的重要因素之一。该小组注重组员的价值、责任和权利，并通过激励组员积极参与、自由表达和主动选择等形式营造宽松、开放的小组氛围，让组员自由提问，或质疑权威，培养组员的人本主义精神。

二、人本主义理论与社会工作实务的关系

社会工作作为一个专业和一个助人性质的职业，建立于科学的知识和专业的技巧之上，通过一系列工作者的专业服务，服务对象解决问题的能力能够增强，最终实现助人自助。在人本主义影响下，社会工作者更加关注服务对象自身价值与尊严，尊重其多元性和差异性。强调服务对象多元价值和内在潜能的充分实现，进而满足其自我实现的需要。无论服务对象过去的经历如何，社会工作者采用尊重、接纳的积极态度，用“同理心”关注服务对象“此时此刻”的感受。人本主义视角下的社会工作模式就是在具体操作中坚持贯穿这些价值理念，从而促进服务对象的改变与成长。

人本主义在个案工作、小组工作等实务领域中得到了大力推广和应用。格拉斯曼 (Glasman) 和凯茨 (Kates) 以人本主义思想为基础，提出对小组工作的建议。他们认为小组过程是一个小组成员之间的民主过程，应该遵循的基本价值是：

(1) 强调人的内在价值和潜力。每一个人都应该受到尊重，每个小组成员都应该协同社会工作者一起对每一个成员表现出关注。

(2) 在社会生活中，人们彼此负有责任。在小组过程中，要强化每一个人对他人的责任感。

(3) 个人具有归属与被包容的权利。在小组工作中，每个成员都应得到关注，小组成员的归属权利要得到尊重，小组要能够包容每个人的个性。

(4) 人们具有参与和被聆听的权利。小组是全体成员的小组，每个成员都具有参与决

定小组事务的权利。

（5）人们具有自由表达的权利。小组重视创造鼓励表达的气氛，让每一个成员能够充分表达自己的想法和质疑。

（6）群体成员之间是有差别的，每个人的差别都要得到尊重。

（7）人们具有质疑和挑战专业人员的权利。人本主义取向的小组工作允许小组成员利用小组寻求他的个人发展，小组工作的目标是形成一个民主互助体系，在小组工作中要创造条件协助小组成员充分表达自己的目标，并努力实现自己的目标。

第二节　人本主义理论的基本概念

人本主义社会工作假定个人始终致力于追求成长和发展的，并能通过充分发挥个人内在潜能而达到此目标。故人本主义社会工作是探求工作者帮助服务对象挖掘和发挥自己的潜能，实现个人成长的服务方式。此外，人本主义社会工作也结合了现象学的哲学视角。因此，人本主义的主要命题如下所述。

一、现象世界

人本主义社会工作将现象世界概念从现象学中引用过来，认为人们都生活在自己的经验世界中，个人的理解和知识都源于对现象的观察和对经验的整理，而非现象本身。所以，影响人的不是事实本身，而是个人看待事实的方式，即用何种方式看待事实，就会用何种方式回应周围环境。换言之，服务对象和社会工作者都无法触及事实本身，只能观察并与自己已有经验的联结，找到自己解释的逻辑，从而能够将这些事件或者他人以经验的方式呈现出来。当然，不同的人看待同样的事情，会得出不同的解释，有时同一个人在不同的时间和场景看待同样的事，也会有不同结果。因而，人本主义社会工作认为，对经验观察方式进行观察、描述和解释是了解个人经验世界的重要依据，个体不能在自己的经验世界之外理解自己或者他人。在此情况下，对话是社会工作者行动的重要基础。

现象世界概念的引入给社会工作带来的是整个服务视角和方式的改变。它倡导不只是关注人的成长发展要求的某个方面，而是一种整合视角的人本主义助人的逻辑。社会工作服务涉及个人的主观性和环境的客观性两个方面，是主观性和客观性交互影响的结果。因此，人本主义社会工作推崇一种在个人与环境相互影响过程中，同时关注个人的主观性和环境的客观性的整全视角，即既不忽视个人的作用，也不排斥环境的影响，将人文主义关怀注入个人成长发展过程中的人本主义视角。

个人的成长发展尽管受到周围环境尤其是重要他人的影响，但这只是个人生活的一部分，同时每个人都拥有改变生活的潜能，它帮助个人在现实的客观环境中找到成长发展的目标。人本主义社会工作强调客观环境中个人的主观性，它既不受外部环境的决定，也不受本能的驱动，是个人在特定的环境中学习掌控自己的命运、追求个人自我实现的过程。

自我是个人拥有的身份感。人本主义社会工作提出，每个人都有认识和了解自己身份的需要和能力，这种自我在帮助个人总结生活的经验、明确选择的目标以及实现个人的潜能等方面都发挥至关重要的角色。人本主义社会工作假设，每个人在日常生活中都有把自己与环境或者他人区分开来的意识，它是个人对自身生活状况的自觉，甚至还包括对自觉状况本身的自觉，即认为这样的自觉状况是否合适，是不是自己所希望的。因此，在人本主义社会工作看来，每个人不仅拥有寻求生活意义的需要，都有生活的目标，能够感觉到自己的努力与未来结果之间的联结方式，在行为的回应过程中承担着选择的责任，而且有保持各方面生活平衡发展的具体要求，体验到生活独特性。

二、自我困扰

一旦个人拥有自我，就会按照自我的要求来决定行动的目标和手段。当个人对自己的要求与周围环境给个人带来的经验不相符时，个人的自我与行动的方式之间就会出现冲突，进而导致自我困扰。当然，面对冲突时个人是否遭遇困扰，还取决于个人自我的状态。个人自我包括个人对自己保持一种积极的关怀和个人对自己采取一种消极的态度两种不同的状态，消极的自我在冲突面前更容易导致困扰的出现。

当自我和生活的经验发生冲突而又找不到解决办法的时候，个人的内心就出现担心和焦虑。为了减轻担心和焦虑，个体要调整对自身的认识，让个人的自我能够与生活保持一致。个人只有对自己的生活经验保持开放，才能放弃内心的防卫，进而接纳自己，消除自我的困扰。个人遭遇的自我困扰是个人在成长发展中必然发生的，它本身就是个人成长潜能得以实现的一部分，是一个成为人所不可或缺的过程。服务对象需要被当作拥有个人发展潜能的人，才能确定自己的发展目标与意义。所以，社会工作者的助人角色也不再是指导服务对象的专家，而是协助服务对象了解和发现自己发展潜能的合作者，亦是参与服务对象改变过程的见证人。

三、价值干预

人本主义社会工作强调，社会工作者应该把服务对象视为与其他人一样拥有内在价值和尊严的人，尊重服务对象个人的选择与决策权，同时注重培养服务对象的责任感。由于人本主义社会工作是在个人的经验世界的逻辑框架中理解个人价值的，因此这样的价值不仅包含个人主观内涵（个人对有意义生活目标的理解和选择），也包含客观内涵（即个人对现实生活事实的应对和掌控）。进而，对个人价值尊重的核心是帮助服务对象学会运用自身的能力，释放个人自我潜能，它包括相信服务对象自身拥有调整、指导和掌控自己生活的能力，能在克服生活困扰和焦虑的同时还拥有追求自我实现和幸福生活的能力。

当服务对象面临困扰时，他需要做出朝什么方向发展和怎样解决目前的困扰这两个选择。前者涉及个人价值的假设，后者是关于个人能力的理解，即相信人是有价值和潜能的。进而，如何在社会工作者的人文关怀中帮助服务对象发掘自我成长的潜能，就成为人本主义社会工作干预策略的焦点。在干预策略中，人本主义社会工作吸收了罗杰斯人本主义心理治疗的观点，把服务过程当作实施社会工作干预的核心，还引入了罗杰斯人本主义心理治疗注重个人选择和自我指导的原则，强调由服务对象引领服务的展开，并由服务对象决定服务的内容和进程，社会工作者只是协助者。

四、关怀服务

社会工作者与服务对象之间不仅仅是一种服务或帮助的关系，也是一种注重服务对象个人成长发展的关怀的联系，包括社会工作者的关切和用心。社会工作服务具有这些特点：第一，它是一种人际关联的服务，要求工作者与另一个生命建立联系，并与之共同经历某个困扰，体会他的自我与生活经验之间的张力。第二，它是一种增能服务，社工需要带动和促使服务对象能力的提升。第三，它是一种伦理的服务，工作者应该承担工作过程的伦理责任。由此看出，人本主义社会工作不再聚焦于问题的解决，而是强调把社会工作服务放在人际关联和增能中来考察，并且增添了伦理要求，注重人与人之间的关怀。

关怀服务来自工作者与服务对象建立的一种特殊关联，在这种关联中，工作者能够明确服务对象的需要，并针对相关需要做出及时回应。关联的核心特征就是关怀，它不能简化为解决问题的具体步骤和方法，否则，帮助的成效就会大打折扣。

五、成长关系

人本主义社会工作将专业服务关系的建立作为专业干预实施的主要内容，并且视两者为一个过程。该理论假设，只要具备良好的环境条件（包括社会工作者是否能够从服务对象的角度理解他的生活要求），服务对象个人成长的潜能就能释放出来。服务对象具有获得他人认同和关爱的需要，如果社会工作者在专业服务关系的建立中能够满足服务对象这些需要，他的自我就会变得更加开放，进而和生活经验之间的冲突也可逐步化解。显然，人本主义社会工作采纳了罗杰斯人本主义心理治疗的非直接指导的服务策略，它的干预核心是为服务对象提供一个个人成长的良好环境，让服务对象在这种环境中学会自我成长。

为了与服务对象形成成长的关系，人本主义社会工作强调社会工作是一种培养和提供关怀态度的服务，具体包含真诚、同理和无条件的积极关怀三个方面的含义。真诚表示社会工作者愿意并能将自己的想法和担心放在一边，用开放的姿态与服务对象交流。因此，真诚与开放、一致、可靠等联系在一起，是社会工作者开放自己胸怀的过程。同理是指社会工作者走进服务对象的主观经验世界，从服务对象的角度解读其生活状况及赋予生活的意义，了解服务对象的现实需求和困扰产生的过程。无条件的积极关怀指社会工作者秉承非评判的态度，相信服务对象拥有个人成长发展的潜能。

第三节　人本主义理论的案例分析

一、介入思路

人本主义理论要求社工首先要与服务对象建立信任关系，给予服务对象充分的温暖感受和真实情感，而服务对象需要在社工面前逐渐放下戒备，展示出自己最真实的一面，包括愤怒、害怕或亲切等，让社工看到，也让自己感受到。在本案例中，社工面对的是一位不善言辞又面临生活多重困境的母亲，解决问题的关键首先是打破服务对象的自我防御机制，逐渐减轻她对于外部环境或社工的防备心。

在实际运用上，社工通过同理心的技巧，向服务对象传达出关怀和专注；通过鼓励支持的技巧，给予服务对象力量，帮助服务对象建立起改变的决心和成长的信心；通过主动倾听的技巧，向服务对象提供一个发泄的平台，把内心郁积的苦闷和情感抒发出来，帮助她在表达的过程中重新审视这段时期。这些技巧的运用，让服务对象逐步在社工的引领下放开自己，进而不仅达到关系建立的目标，社工同时也能通过服务对象的行为反应、动作表情等身体语言，解读出服务对象的情感需求等。

二、介入过程

（一）建立专业合作关系

在实际介入中，社会工作者首先从小陈所在班级老师处了解到小陈家庭的基本情况和小陈妈妈个人目前的情绪状况。在对她的观察中发现，小陈妈妈一般不太主动和别人交流，经常表现出焦虑、忧愁的样子，甚至有时对小陈的课程拒绝协助。但是，当社工对她作出鼓励时她表现出积极的反馈，对小陈近期的进步表现出欣慰，进而慢慢地在接触和交谈中，她开始主动告知一些情况，可以看出她有与人交流的需求。在获得小陈妈妈的信任并对其基本需求有所了解后，建立起了达到人本主义模式所提倡的专业合作关系。

（二）调整自我概念，发现真实需求

罗杰斯始终认为一切问题的真正根源在于服务对象本人的自我疏离、自我贬低和自我挫败。因此，只有帮助服务对象走出自我设限，才能够让他们进一步成长和发挥潜能。本案例中小陈妈妈对于孩子患有自闭症的事实一直不愿意承认，将自己封闭起来，自我压抑比较严重，导致忽视了孩子很多方面的进步。社会工作者在介入中帮助她意识到自己目前这种错误的消极态度，协助她发现、寻找生活中的积极因素，鼓励她主动表达自己的感受。

自我概念是服务对象对自己主观的看法，一定程度上反映了服务对象的真实需求。自我概念与心理适应的调整，是服务对象面对威胁时作出反应的过程。小陈妈妈在面对孩子问题时的消极逃避和不敢面对的态度，是由于其自我概念与经验不一致所导致的心理适应不良。在经过与社会工作者的沟通与对自我消极情绪的澄清后，服务对象在社工的帮助下发现自己的真实需求，逐渐消除由消极的自我概念产生的各种观念、感受和态度。社工始终作为辅助者的角色，服务对象自己才是真正了解自己的人，只有自己才能改变自己。

（三）接纳服务对象，给予积极反馈

在与社会工作者建立一定的信任关系后，服务对象的真正问题逐渐展现。社工对服务对象行为动向有所预估，鼓励其忠于和尊重自己内心的声音，按照自己的真实意愿选择生活方式和解决问题的办法，并勇于承担自己做出的决定所产生的后果。小陈妈妈在与人交流的过程中，随着关系的建立，逐渐打开心扉，主动述说自己的生活经历，这些都是服务对象积极给予反馈的表现，社工的介入一定程度上能够给她安全感。人本主义注重接纳的专业态度，不只是对于服务对象个人的接纳，还有对于服务对象个人价值的接纳，服务对象对于自己的问题所做的决定社工应予以尊重和接纳，对于服务对象反馈的积极态度，不

管社工个人的价值赞同与否，都应该支持其勇于表达的态度。

罗杰斯赞同非指导性干预技巧，认为服务对象完全有能力改变自己以及自己的环境。社工协助服务对象及时了解自己、发现自己，学会对自己进行探究，开始发现自己的行为会根据自己新体验到的自我而改变，社工从中看到服务对象对自我价值的尊重和重新审视，可以准备结案并让服务对象自己走向成长。在本案例中，社工协助服务对象学会接受现实，理解精神疾病对家庭的影响；接纳自己的情绪，用心感受自己最真实的需求；学会和周围的群体沟通交流，抒发自己的情感，释放内心的压力；与周围有同样经历的家长建立起互助的良好关系，彼此间交流信息与传递同感。

三、跟进与回访

社工的结案并不意味着对服务对象关注的消失，后续的跟踪考察评估对服务对象的情绪也有积极作用，这也是人本治疗模式中对社工个人品格与专业态度的要求，是让服务对象拥有持续的温暖和真诚感的一种方法。虽然对于小陈的病症，社会工作者并不能做到更多，但是，通过一段时间对小陈妈妈情况的介入，她的情况已经有明显的改善，情绪得以缓和，与机构内的老师、其他家长以及志愿者的沟通有了明显增加，对于孩子在机构内的训练课程愿意积极参与进去，甚至在有志愿者在场时敢放心地离开机构外出办事。对社会工作者来说，促成的这些改变或许并不能真正表明工作的影响力，只是这些努力能够让服务对象在以后的生活中找到一种新的方法和态度，面对逆境也能正确地调整自我。

第四节　人本主义理论的优势与不足

一、人本主义理论的优势

人本主义的重要性，并不在于它对于大多数机构中所使用的社会工作理论的正式影响。这种影响尽管在日益增加，却是微小的。人本主义的重要性在于：

第一，人本主义的贡献主要不在于相关服务模式的发展，而在于其为社会工作提供了最为基本的价值基础和思想基础。社会工作价值观是人本主义的。

第二，从一个特定的层面展现了社会工作的艺术性，试图颠覆实证传统的冷漠和机械，而以更为人情的、具有同理心的方式与服务对象建构关系并一起成长。

二、人本主义理论的不足

第一，缺少具体的干预框架和实践技巧，比较抽象，并且很难对于行为形成明确的目标，达成一致的解释。这意味着，尽管这些思想在服务对象中加以倡导，具有潜在解释力，但是它们可能不会为社会权势群体所广泛接受。而权势群体正是社工试图为服务对象的利益而要影响的对象。

第二，这些思想可能会因为模糊性和缺乏严谨性，而被实证主义者批判，会因为缺乏技术所建议的有效证据而遭到批判。

第三，这个理论在社会工作发展中呈边缘化趋势，由于它更像是一种普适性的哲学观点，借鉴于实务，而不是一种阐释特定实务方式的方法，所以人们甚至都没有把它当作一种观点，仅仅只有一些人在从事或应用此观点。

本章小结

本章介绍了人本主义理论的简要发展历程，阐述了人本主义理论的主要观点，讲解了人本主义理论中的主要命题及其对社会工作的指导意义，最后结合相关案例介绍了该理论指导下的实务过程。主要知识点如下：

1. 人本主义是一个广泛的哲学范畴，它包括承认人的价值和尊严，把人看作万物的尺度，或以人性、人的有限性和人的利益为主题的任何哲学。

2. 在人本主义社会工作的发展演变过程中，有两个重要阶段：第一个是引入并反思阶段，把罗杰斯人本治疗模式的基本逻辑框架引入社会工作实务中，并对此进行反思，以威廉姆·罗恩为代表者；第二个是扩展阶段，扩展罗杰斯人本治疗模式的基本逻辑框架，从更广阔的范围来理解人本主义的含义，以迈克尔姆·佩恩为代表者。

3. 人本主义社会工作是探求社会工作者如何帮助服务对象挖掘和发挥自己的潜能，实现个人的成长。人本主义的主要命题包括现象世界、自我困扰、价值干预、关怀服务、成长关系等。

4. 人本主义社会工作的服务范围在不断扩展中，已经囊括多种类型问题的解决，包括精神分裂症的治疗和焦虑症的辅导等，它正在寻找一种能够与诊断的逻辑框架相结合的服务模式。在社会工作者的专业权威方面，人本主义社会工作也做了适当的调整，不再强调社会工作者需要放弃自己的专业权威身份，与服务对象保持绝对的平等，而是注重社会。

5. 人本主义的贡献主要不在于相关服务模式的发展，而在于其为社会工作提供了最为基本的价值基础和思想基础。

资源链接

视频微课 6－1　　视频微课 6－2　　视频微课 6－3　　视频微课 6－4

思考题

1. 人本主义的哪些核心内涵和当今社会工作的价值内涵有相似之处？
2. 以人本主义思想为基础的小组工作应该遵循哪些基本价值？
3. 现象世界概念对社会工作产生了哪些改变？

4. 自我困扰是如何产生的？社会工作者如何帮助案主减轻和消除自我困扰？
5. 在人本主义理论中，社会工作者是如何看待服务对象的？
6. 为了与服务对象形成成长的关系，社会工作者具体应该怎么做？

在线自测

扫一扫　练一练

第七章　生态系统理论

学习目标

通过本章学习，掌握生态系统理论的关键概念，如子系统、边界、人-环境交互等；能够在社会工作实务中使用生态系统理论进行评估和干预；对生态系统理论的优缺点进行批判性思考，包括其在不同文化和背景下的应用。通过具体的社会工作案例，应用生态系统理论进行分析，理解其在实际情境中的运作方式。

建议课时

4 课时

案例

小张今年 25 岁，5 年前开始酗酒，目前因为酗酒导致生活出现很多问题。5 年前，他进入大学后，因为不喜欢自己的专业，经常逃课，很多课程考试都不及格，学校对他做了退学处理。退学后，他觉得自己的生活充满了不公和不幸，于是开始借酒浇愁，逐步染上了酒瘾。退学后因为没有工作，他与父母和妹妹住在一起。妹妹是一个乖巧的孩子，大学毕业后，考上了公务员，工作稳定、体面。父母总是拿优秀的妹妹跟他比较。为了逃避父母的唠叨，他找了一个超市收银的工作。近年来，小张因为酗酒与家人不断发生冲突，他经常在深夜喝得酩酊大醉，回家后借酒撒疯，发泄自己的不满。由于经常迟到或旷工，他的工作也丢掉了，此外，小张还曾因酒后驾车被拘留过。生活种种不顺心，让他变得更加孤僻，大部分时间都独自在房间里喝酒。小张的家人希望有专业人士可以帮助他走出困境。他们把他带到当地社区心理健康中心，那里的社会工作者首先对小张进行一项生物心理社会评估，认为酒精依赖对小张的身体、心理和社会关系都产生了负面影响，全面解决这些问题对于小张的社会功能康复至关重要。

在本案例中，小张的问题是全方位的，我们需要从小张及其所处的环境进行全面的评估和干预。生态系统理论视角提供了一个整体框架，该框架不仅关注个体，而且强调个体如何融入环境并与环境相互作用。这种方法可以更细致地理解和解决小张面临的多方面挑战。

第一节　生态系统理论与社会工作

一、生态系统理论的起源与发展

生态视角根植于生物学，并在近年与人文及社会科学完美融合，揭示了自然系统与人类环境间的复杂关系。作为生物学的分支，生态学研究生物与其环境的交互关系，探寻个体、种群、群落和生态系统间的相互影响，以理解生命在地球上的分布和活力。尽管起源于自然环境研究，生态框架的原理也可用于解析人类环境。人类如同植物和动物，受到物理、社会和文化环境的影响，并对其产生作用。布朗芬布伦纳（Bronfenbrenner）在其1979年出版的《人类发展生态学》一书中，系统地将生态学知识引入人类行为研究中，并提出了具体的系统模型。他将生态与人类行为结合，从微观（如家庭、学校）到宏观（如社会文化），视环境为若干嵌套系统。他认为，理解个体需考虑这些交织的环境。在他的启发下，多学科如心理学、教育学及社会工作都采纳了生态视角，强调为全面了解人类行为，必须在广阔的环境中研究个体。简而言之，生态视角为在广泛系统中解读人类行为提供了关键框架。

二、生态系统理论与社会工作实务

将生态视角引入社会工作，使得社会工作者从单纯关注个体转向了解其所处的环境系统。这一视角主张的“人在环境中”（Person-in-environment，PIE）强调个体与其环境的紧密联系，迫使我们不仅考虑个体的心理和生物特性，还要探索其与家庭、社区、机构和文化的交互。基于此，社会工作者对服务对象进行多维评估，深入分析他们在不同系统（如家庭、社区组织、广大社群和社会文化）中的角色和关系。这种评估有助于识别影响服务对象的各种因素，并制定针对性干预。例如，对学业有困难的孩子，除个人辅导外，还需考虑家庭、教育机构和社区的支持。生态视角鼓励多系统干预，旨在实现更持久的效果，并激发社会工作者从宏观层面推动变革。因为系统间的互动明显，跨部门和跨专业合作尤为关键。实际操作中，社会工作者会与其他领域的专家合作，确保全方位满足服务对象的需求。

总之，生态视角为社会工作提供了更深入、全面的方法，帮助专业人员在宏观环境中观察和理解个体，从而更有效地制定和实施针对性的干预，促进个体和系统的福祉改善。

第二节　生态系统理论的基本概念与假设

一、生态系统理论的基本概念

生态视角为理解个体与其环境之间的复杂互动提供了全面的视野。基于此，生态视角提出了影响社会工作、心理学和社会学等领域的核心概念。

（一）人在环境中

“人在环境中”重视个体与其所处环境之间的互动关系，这个环境既涵盖社会文化背景，也包括生理和物理环境。它认为个人的行为、发展和经历均受其环境影响。为了应对个体的挑战，我们需深入考察环境因素。例如，青少年的焦虑可能是由个体因素（如遗传）、微观因素（如家庭关系）和宏观因素（如学业成就所带来的社会压力）共同作用导致的。因此，应对此类焦虑需要从多个环境层面入手进行干预。

（二）系统与子系统（Systems and Subsystems）

生态学视角同样重视系统及其相互关联的子系统。系统与子系统之间的互动会对个体造成影响。例如，老年人的福祉可能受到其直系家庭、社交网络、医疗服务提供者以及公众对老龄化的观点等多个子系统的作用。

（三）交互（Transactions）

交互指的是个体与其环境间的双向影响。环境会塑造个体，同时个体也会影响其环境。例如，一个在学校经常获得鼓励和表扬的孩子，可能会对学习产生热情，并积极参与课堂，从而影响课堂氛围。

（四）适应性（Adaptation）

适应性指个体与环境双方的调整和变化，确保相互之间的和谐和共同成长。例如，移民家庭可能会接纳新文化的某些方面，同时也保留他们原来的文化传统。而他们所在的新社区也可能举办各种文化活动，以促进文化融合。

（五）生态定位（Niche）

生态定位描述生物在生态系统中的特定角色和地位，涉及其资源利用和与其他生物的交互。它代表最适合个人特长和需求的环境或角色。例如，内向的学生可能在小规模的班级或在线学习环境中更好地发展，使他们能更自在和有效地参与学习。

（六）时序系统（Chronosystem）

布朗芬布伦纳提出，时序系统关注与个体发展相关的时间维度。它考虑生活事件、转折点以及历史背景对个体生命历程的影响。例如，在经济衰退时期长大的人可能与在经济繁荣时期长大的人对于财务安全和储蓄有不同的观念。

二、生态系统理论的基本观点

从根本上说，生态视角通过其核心概念为我们提供了一个理解个体与环境之间复杂互动的全面框架。认识这些相互作用有助于我们深入理解人的经验，并为针对个人和环境进行干预提供指导。简言之，生态系统理论的主要观点包括以下几点：

（1）在生态系统中，每个因素——无论是个人、群体还是物质部分，都与其他因素紧密相连。这种连续性意味着某个部分的变化可能会影响其他部分。为了全面理解个体，必须同时考虑其所在的环境，包括文化、社会和物理因素。

（2）生态系统内的各个部分之间存在动态的交互关系，不同部分间不断相互作用和影响，随着时间的流逝而发展和适应。

（3）个体与其环境之间是相互依存的。个人和群体塑造他们的环境，同时也受其影响。

（4）当生态系统遭受干扰时，它们倾向于达到或恢复平衡状态。个体和社区会适应环境变化以实现或保持稳定。同时，面对挑战和不平衡时，生态视角强调可利用的个体和环境资源和优势。

（5）尽管生态系统内部的各个系统是相互联系的，但它们之间仍有明确的边界。这些边界，无论是物理的、社会的还是象征性的，决定了系统间的互动方式。

（6）生态系统是动态的，它们持续演化。这种观点认为，个体和其环境都在持续变化，而这种变化是系统内部动态的重要组成部分。

综上所述，生态系统视角为我们提供了一个综合的框架，帮助我们理解个体、群体与环境之间的复杂互动，并为专业人员尤其是社会工作领域的实践者，在设计干预措施时提供了全面的指导。

第三节　生态系统理论在社会工作中的应用

为了解人类行为和社会问题的复杂性，我们需采纳多种视角。生态系统理论视角为此提供了深刻的见解，并构建了一个综合模型，指导社会工作实践。

一、整体性评估

社会工作的整体评估采用了一种全面的方式，不仅针对特定问题或症状，而且深入了解个人生活的广泛背景。这种整体评估有诸多优势，不但为我们展现了服务对象的多维度全景，确保不遗漏任何关键细节，同时也为精确和高效的干预策略提供了坚实基础。更重要的是，它强调了服务对象生活经验的完整性，促进了社会工作者与服务对象之间的合作和赋权。基于系统论和生态学的理念，整体评估注重看待个人经历的连贯性。系统论强调，个人是较大系统（如家庭或社区）中不可或缺的部分，而系统中的任何改变都可能引发连锁反应。与此同时，生态视角把个体放在更宽广的环境背景中，从家庭、学校到更广大的社会结构，聚焦于个体与其所处的各种环境之间的动态交互。

在进行整体性评估时，我们要关注几个关键方面。首先，身体健康、心理状况、价值观和历史背景等个人因素极为关键。其次，深入探究家庭和人际关系的动态能提供有关关系结构的见解。再者，广泛的社会背景，如友情、社区联系和社交活动也很关键。教育和职业背景同样重要，它们可以揭示潜在的生活压力或挑战。文化和社会背景，对个人的经验有深远影响。最后，环境因素，如生活状况、社区动态和资源的可获得性。

二、多层次干预

社会工作的多层次干预体现了对人们存在于相互连接的复杂系统中的理解。这一观念受到系统论和生态学的启发，强调个人遭遇的问题和挑战常常源自多个环境层次。这些层次从微观（涉及个人及其亲密关系）到中观（包括社区和组织）再到宏观（涵盖更广大的社会和文化系统）。为全面理解人类经验中的这种互联性，我们需要超越单一层面的干预。社会工作者需制定应对各层面挑战的策略。如戒酒者可能从个人咨询（微观干预）中受益，同时，构建一个支持性家庭环境是必要的（中观干预），而在更大范围内，提倡社区康复方案或与酒精相关的政策变更是宏观干预的关键部分。

多层次干预的核心在于其综合方法。通过同时聚焦于多个系统层次，这种方法确保既解决根源问题，又应对表面症状。这增加了持续实现正面效果的机会，并降低了问题复发的风险。加上积极地让系统各级别的关系方参与，它还能培育集体责任和协同工作，使解决方案更具团结和包容性。简而言之，社会工作的多层次干预代表了从孤立、单一的干预向更综合、全系统方法的转变，为促进变革、发展和恢复提供了一个坚实、完善的策略。

三、动态反馈

动态反馈强调系统内部的循环性和响应性交互。这一概念源于系统理论和生态学的思想，突出了个体与其互动的多种系统间的信息交流和相互影响。这是一个循环过程，其中个人的行为或经验对系统发出信号，系统随后响应，从而再次影响个人。在社会工作中，理解这种动态反馈对于实施有效的干预是关键。例如，当对有行为问题的青少年实施治疗干预，并观察到行为的改进或应对技能的增强，这样的正面反馈表明干预的成功；而负面反馈则可能提示需要对策略进行修正或调整。

持续的反馈循环之所以重要，一方面是为了确保干预措施持续适应变化的需要和环境；另一方面，它鼓励了协作和共同创新。服务对象和社区成为干预过程的活跃参与者，提供关键反馈以指导策略调整。综上所述，动态反馈不仅是一种响应策略，更是促进社会工作方法持续优化和完善的工具。利用这种方法，社会工作干预能够保持灵活、关注个体需求，并导向实际结果，从而实现持续的正向变化。

四、适应和成长

适应和成长关注个体和系统如何应对变化和挑战并从中获得发展。这些原则来自系统理论和生态学，揭示了个体面对变化时固有的灵活性和韧性。在社会工作中，这意味着不仅要帮助个体和团体渡过眼前的危机，还要培养他们面对未来变化的能力。例如，当一个家庭从农村迁移到城市，他们可能会面临文化差异和社会适应的挑战。社会工作者的任务不只是满足他们眼前的需求，更重要的是帮助他们适应新环境、尊重自己的文化传统，同时接受新环境的差异。通过这种适应，家庭不仅能够生存下去，而且能够得到发展，最终成为社区一分子。适应和成长的过程可能会遭遇挑战，如抵抗变化、行为退步或停滞。面对这些，社会工作者需要展现耐心和同情心，支持和引导个体渡过难关。核心目标是提供希望、增强韧性并激励行动，帮助他们看到挑战背后的成长机会，而不仅仅是障碍。

五、协作方法

协作方法在社会工作中占据重要位置，它强调共同决策和真正的伙伴关系，而不仅仅是专家对服务对象的指导。这种方法看到个体与其所处系统的连接，并认为通过积极的合作可以实现更好的成果。在实际操作中，协作方法意味着服务对象在解决问题的过程中起到主导作用，不再是被动接受解决方案，而是与社会工作者共同设计策略。这种方法鼓励服务对象感到自己的意见被重视，加强了他们的参与度和掌控感。例如，帮助一位失业的单亲母亲时，社会工作者不仅提供资源清单，而且与她一同探讨她的真实需求和可能的方案。这种方法更有可能得到有效和持久的结果，因为它考虑了个体的独特情境和需求。

此外，社会工作的协作也涉及与其他相关专业和组织的合作。由于社会工作者知道服务对象的挑战通常涉及多个方面，他们会与其他领域的专家合作，确保为服务对象提供全方位的支持。总的来说，协作方法在社会工作中代表了一种集体智慧和共同努力的力量。它强调，当所有人都积极参与并共同作出努力时，我们更有可能实现积极和持续的变革。

第四节　生态系统理论的案例分析

一、需求评估

针对小张的案例，我们可以应用生态系统理论视角进行评估。

（一）微观系统

观察小张的个体生活状态，自大学退学后，他开始沉溺于酒精。这可能源于他因未完成大学学业所感的羞愧，对生活的失望和不满。酒精成为他逃避现实、压抑情绪的方式。

（二）中观系统

1. 家庭关系

小张因酗酒与家人发生冲突，导致家庭氛围紧张。这可能使他进一步酗酒，形成恶性循环。

2. 职业与工作

小张由于酗酒导致经常迟到或旷工，使他难以维持稳定的工作。这既给他带来经济上的压力，又可能降低他的自尊和自我价值感。显然，他的中观系统中的支持性因素缺失，不和谐的家庭关系和职业不顺，进一步恶化了他的微观系统状态。

（三）外部系统

1. 社交圈子

小张因学业不佳退学、因酗酒失业，并开始在家中封闭自己。这减少了他与同学、朋友和同事的交往，使他失去重要的情感支持和实际帮助。

2. 法律问题

小张因酒后驾驶受处罚，可能对他的经济和心理都造成了压力，并给其留下了不良记录。

（四）宏观层面（宏观系统）

1. 社会与文化因素

在一些年轻人的观念中，男性饮酒常被视为“男子汉”的标志，或是应对压力的方式。这种观点可能影响了小张对酒精的态度和使用。

2. 可用资源

家人正在寻求帮助，还陪同小张来到社区服务中心。这是一个关键资源，帮助小张产生转变。在评估需求时，社会工作者可与小张及家人探讨是否有其他资源可用，例如戒酒服务、再就业或创业培训，以帮助小张恢复正常生活。

总之，通过生态系统理论视角，我们深入理解了小张酗酒的原因和影响，为他提供了有针对性的帮助建议。

二、多层次干预

针对小张的情况，我们建议采取以下多层次的干预策略。

（一）微观层面

小张的酗酒行为可能与其深层的情感和心理障碍有关。建议为他提供心理咨询服务，帮助他面对并处理这些难题。同时，为他提供职业技能培训和再教育，能够提高他的自信和应对能力，减少对酒精的依赖。

（二）中观层面

小张与家人的关系紧张可能进一步加深了他对酒精的依赖。推荐进行家庭心理治疗，帮助家庭成员理解彼此，重建健康的沟通与相处模式。同时，建议小张加入戒酒支持团体，与有相似经历的人共同面对困境，得到情感支持。

（三）外部层面

为帮助小张重新回归社会，建议为他提供职业指导，协助他找到合适的工作。另外，鉴于小张因酒后驾驶受过处罚，应为他提供法律咨询，确保他了解并维护自己的权益。

（四）宏观层面

为了减少酒精滥用，应在社区和学校举办宣传和教育活动。社会工作者也应积极推动政府制定支持心理健康与戒酒治疗的政策，为小张和其他酒精依赖者创造更多的支持渠道。

第五节　生态系统理论的优势与不足

一、生态系统理论的优势

生态系统理论视角为社会工作提供了一个全面的方法。这个理论强调服务对象所处环境的各种影响，帮助社会工作者更深入地理解塑造行为和问题的多种因素。这种方法摒弃了简化的观点，将行为置于复杂的多系统互动之中，而不仅仅归因于个人因素。生态系统理论与社会工作的价值和伦理观点相一致，如对个人与环境的共同责任的强调，而不是仅仅指责服务对象。这些理论还为社会工作者提供了评估和干预的方法，从微观到宏观层面都有所涉及，与社会工作的实践原则高度契合。

二、生态系统理论的不足

尽管生态系统理论视角有其价值，但也存在明显的局限性。首先，关键概念如“系统”“环境”和“交互”等定义在不同的理论研究者之间并不统一，导致其在实践中难以具体操作。其次，生态理论过于强调微观和中观系统，而忽略了结构性不平等和宏观层面的社会正义问题。再次，生态视角需要进一步的实证研究来验证其命题和实践价值，而且这些理论没有为社会工作实践提供明确的干预方法和策略。最后，一些术语，如“系统”，可能会使服务对象感到疏远，过分强调系统性相互作用可能低估了个体的能动性。

本章小结

本章简要介绍了生态系统理论的发展历程，并阐述了其主要观点。通过结合实际案例，讲解了多层次干预以及生态系统理论在社会工作实务中，特别是在个案工作各环节中的运用。主要包括以下知识点：

1. 生态系统理论为理解人们在环境中的行为提供了一个互补性的框架。该理论强调个体与其环境或系统之间的动态互动和互惠关系，而不是将问题归咎于个体的内部缺陷。行为被视为在广泛的相互作用中发生的整体现象。

2. 生态系统理论的重要概念包括“人在环境中”“生态位”“适应”等，这些概念探讨了个体与其物理和社会环境之间的交互，强调人类行为不能被简化为简单的因果关系。行为是在微观、中观和宏观层面的广泛生态或系统循环因果关系中形成的。

3. 生态系统理论为社会工作实践提供了一个综合框架，引导我们进行多维度评估，并考虑各种系统和环境的影响。该视角揭示了跨系统和环境的潜在干预目标，以促进改变。其核心目标是增强系统各部分之间的互动，以优化系统的运行和适应环境。

4. 生态系统理论在社会工作中的应用主要包括整体性评估、多层次干预、动态反馈、适应和成长以及协作方法等。

资源链接

视频微课 7－1　视频微课 7－2　视频微课 7－3　视频微课 7－4　视频微课 7－5

思考题

1. 简述“人在环境中”的含义及其核心元素。
2. 解释生态系统理论中的“交互”概念，并说明其在社会工作实践中的重要性。
3. 生态系统理论如何加深我们对于在广泛的社会、文化和环境背景中个体的理解？
4. 请解释什么是生态系统理论的“子系统”？
5. 举例说明生态系统理论在社会工作实务中的应用。

在线自测

扫一扫　练一练

第八章 角色理论

学习目标

了解角色理论的发展概况；掌握角色理论的核心概念、基本观点；能够把角色理论应用于日常的社会工作实务。

建议学时

4 课时

案例

小许是一名 32 岁的已婚女性，与丈夫和两个孩子（7 岁的女儿和 4 岁的儿子）居住在上海。她目前在当地一家医院做护士，每周工作 6 天，经常会上夜班，下班回家后要照顾两个孩子的生活起居、课后辅导等。最近，小许找到社会工作服务中心，提出自己最近经常力不从心，工作上时常出现一些问题，自己的情绪也不稳定，出现了抑郁症状，包括持续情绪低落、疲劳、过度内疚和无价值感。她还说，自己经常感到焦虑、不知所措、睡眠困难、工作时难以集中注意力。

在本案例中，小许的抑郁症状和焦虑可能是她在家庭和工作中所扮演的多个角色之间的冲突和压力所致吗？假如你是一位社会工作者，从角色理论的视角出发，为小许提供指导，帮助她明确和重新评估角色期望、教导她如何设置健康的界限，以及探索其他可能的支持资源。

第一节 角色理论与社会工作

一、角色理论发展概况

角色理论在社会科学领域有着悠久的思想渊源，其概念可以追溯到 20 世纪 30 年代乔治·赫伯特·米德（George Herbert Mead）、雅各布·莫雷诺（Jacob Moreno）和拉尔夫·林顿（Ralph Linton）等理论家的早期著作。米德的开创性著作概述了自我与社会角色的发展关系，并引入了角色扮演等关键概念。莫雷诺开创了研究人际关系的社会计量学方法，为角色扮演技术奠定了基础。林顿提出了关于与社会角色相关的先赋地位和自致地位的区分观点。这些早期思想家在 20 世纪中叶激发了社会学和社会心理学领域对角色理论的学术兴趣。经过社会学、心理学和人类学领域杰出学者们一个世纪的贡献，角色理论已发展成为理解人类社会行为和关系的重要框架。

二、角色理论与社会工作实务

在角色理论发展的过程中，逐渐受到社会工作专业的重视，被用于解析人类行为和制定干预措施。它为社会工作者提供了关于个人在社会中所扮演的角色、规范、态度和行为，以及尝试平衡多个角色时可能的冲突等方面的见解。例如，社会工作者可以利用角色理论分析服务对象的多重角色，如父母、配偶、照顾者和雇员，并识别这些角色带来的期望和潜在冲突。这为社会工作者提供了一个工具，帮助他们深入评估服务对象的社会角色、身份及其关系的模式，从而找到解决方法和发展机会。因此，角色理论在社会工作实务中成为一种重要的方法，用于解决服务对象的角色问题和制定有效的干预措施。

第二节　角色理论的基本概念与假设

“角色理论”并非完整严密的理论体系，而是在这一名称涵盖下来自不同知识领域的侧重于“角色”这一核心概念的研究，因此，角色理论的概念内容是非常丰富的。

一、角色期望

角色期望指的是与特定社会角色相关的行为、态度、权利和义务的集合。它们作为社会准则和普遍假设，影响个人履行角色时的行为。每个社会角色都有一个由文化定义的脚本，描述了该角色所需的职责和条件。例如，“母亲”角色期望要全身心投入抚养孩子，把孩子的需求放在首位，并展现出温暖与关怀。而“丈夫”这一角色带有成为家庭支柱和作决策者的期望。与此类似，职业角色如“教师”也有相应的期望，包括在教学上展现耐心、道德和能力。角色期望基于文化价值、媒体形象、法律，以及基于性别和社会阶层的观念而形成。它们为各种职位提供了行为规范和社会参考。然而，角色期望并不总是受到广泛认同，它们可能使某些群体受益，同时压制其他群体。

角色期望因文化而异，且随着时间和价值观的变化而变化。当个人的经验与主流角色期望不符时，可能导致痛苦、焦虑、社交隔离和自尊下降。作为社会工作者，深入了解角色期望有助于我们识别和理解服务对象的困境，特别是那些因不符合固定角色期望而受到拒绝的人。要全面理解服务对象的困扰，必须考虑其面临的性别、年龄和阶层角色期望背景。

二、角色扮演

角色扮演是个人在生活中主动地解释、扮演和体现社会角色的方式。它是角色的实际表现。尽管文化中的角色期望会影响角色扮演，但人们在如何诠释和实践角色上展现了显著的个性、创意和主动性。例如，尽管中国文化期望“母亲”角色具备自我牺牲、温柔和负责任的特质，但每位母亲都有自己的方式来表达这一角色，如选择养育方式、是否工作、如何与他人互动等。角色扮演反映了个体如何为其社会角色赋予意义和特色。关注服务对象的角色扮演揭示了他们的自我认知、身份问题和与角色的个人关系。社会工作者可以通过观察服务对象的角色扮演来深入了解其性格、价值观和应对策略。例如，服务对象对“丈夫”或“女儿”角色的独特诠释显示了他们对社会期望的适应性和反抗性。即便服务对象在外部与角色期望相一致，他们内心也可能会重新解读并调整角色的含义，以适应自己的身份和需求。与服务对象的角色扮演互动使社会工作者能够认识到他们是如何在社会规范中积极表达自己。

三、角色冲突

角色冲突是当个体同时拥有两个或多个社会角色，而这些角色之间的期望相互冲突或不一致时所产生的压力。这导致个人在试图满足这些相互冲突的需求时感到困惑。例如，服务对象可能在充当父母、配偶、员工和照顾年老父母的角色时体验到角色冲突。作为父母，他们可能面临全心投入抚养孩子的压力，这与作为员工努力工作和赚取收入的期望相矛盾。作为配偶的角色可能要求他们优先照顾丈夫的需求，而这与把孩子的需求放在首位的期望相冲突。再加上根据孝道的期望照顾年老的父母，这与照顾年幼孩子的责任产生冲突。应对这种冲突的期望会带来巨大的压力。个体可能会感到被拉向不同的方向，觉得自己必须牺牲某些角色的需求来满足其他角色。

角色冲突可能导致情绪的波动，如焦虑、抑郁和疲惫。社会工作者通过识别服务对象的角色冲突可以更准确地理解他们所面临的挑战。这可以引导有针对性的干预，如重新定义角色期望、任务分配或放弃某些角色，以减轻由角色冲突引起的痛苦。理解角色冲突是社会工作者深入了解服务对象多方面困境的关键。

四、角色压力

角色压力指的是社会对个人施加的，要求其按照特定预期方式履行角色的力量和约束。这些压力来源于社会规范、假设、歧视和刻板印象。在中国，性别角色压力要求女性展现温柔、家庭责任、顺从丈夫并全身心地为孩子付出。女性在执行传统女性角色时面临压力，尤其在成为妻子和母亲的角色上，而男性则承受成为家庭的主要经济支柱和少参与育儿的压力。此外，对个体的歧视也形成了社会压力，使他们遵循传统的异性恋角色并限制非传统的性别表达。这类角色压力限制了服务对象的自主权、真实自我表达和幸福感。当他们无法满足这些角色期望时，常会产生羞耻、焦虑、抑郁和对被社会排斥的担忧。

社会工作者需要认识并挑战导致服务对象受限于特定角色的各种压力和歧视。应努力为服务对象提供更多选择，并帮助他们抵抗和重新定义社会对他们的不公平要求。我们的目标是帮助服务对象克服限制他们的自由和尊严的压力。

五、角色转换

角色转换涉及人们从旧的社会角色向新角色的过渡。例如，退休、成为父母或离婚都需要服务对象适应新的角色和期望，但他们可能会感到不知所措。一个退休的领导干部可能因失去“领导”身份而感到担忧，这曾是其认同感、日常结构和社交联系的来源。

角色转换的直接后果就是角色模糊。角色模糊发生在人们采纳新角色，但对角色的期望和规范感到困惑。例如，新员工可能对工作中的角色预期不清，青少年对约会角色感到迷茫，而丧偶的人可能在处理家务时感到困惑。社会工作者可以教导服务对象向相关人士求取角色澄清，并进行角色模拟来练习不确定的场景。随着时间的推移，某些模糊性可能会消失，从而适应新的社会角色。

第三节　角色理论在社会工作中的应用

在社会工作实务中，角色理论发挥了非常重要的作用，它可以帮助社会工作者开展服务对象角色识别和角色期望的发掘，了解服务对象的角色冲突和压力，提出角色调整和干预策略。

一、识别服务对象的角色与期望

应用角色理论的第一个关键步骤，是社会工作者全面识别服务对象当前及其一生所扮演的各种角色。这就需要社工与服务对象建立信任关系，并解释讨论角色问题能增进自我意识，使之成为一个合作的对话过程。接下来，社工可以通过开放式提问来让服务对象思考，并讲出他们目前和过去曾经担任的不同社会角色，如家庭角色、职业角色、社区角色等。然后，社工应针对每一个被提及的角色，探讨服务对象基于文化规范、家庭或组织规则以及社会刻板印象而感知到的与该角色相关的期望。这些期望可能包括在该角色中应该做和不应该做的事情。社工还要细致地问服务对象对这些期望的感受，以判断他们是否认为这些期望合理或不合理。这可以揭示服务对象主观的体验。

另外，社工要小心地探询服务对象可能拒绝或在其中感到边缘化的角色，以及他们想要扮演的角色。在整个过程中，社工应运用验证技巧来表达对那些令服务对象痛苦或剥夺自主权的期望的理解和同情。总体而言，社工需要花时间全面地发掘服务对象的各种角色和期望，因为对服务对象的人际环境背景的深入了解，是有效应用角色理论的关键。

二、分析服务对象的角色冲突与压力

角色冲突和超负荷是现代生活中许多人所面临的挑战。每个人在生活中都有多重角色，而这些角色的期望和责任可能会互相矛盾。社会工作者的任务之一是帮助服务对象识别、解释并应对这些角色冲突。例如，一个人可能同时是父母、雇员和子女，这意味着他们必须平衡工作、养育子女和照顾年迈的父母之间的责任。这种平衡可能会非常困难，特别是当期望和责任之间存在冲突时。族群、性别、宗教和社会阶层等身份特征也可能对个体的角色期望产生影响。例如，某些文化或社会群体可能有关于男性和女性应有的行为和责任的特定期望。这些期望可能与个人的信仰、价值观和目标冲突，导致压力和紧张。

社会工作者通过与服务对象的深入对话，帮助他们识别这些角色冲突并找到处理这些冲突的方法。这可能包括重新评估和设定界限、学习有效的沟通技巧、寻求支持和资源或考虑改变某些生活方面以减少冲突。最重要的是，社会工作者提供一个安全、支持和无评判的环境，让服务对象可以公开讨论他们的感受、担忧和压力，以及他们如何处理这些挑战。这种对话可以帮助服务对象获得更深入的自我认识，制定策略来应对生活的挑战，并提高他们的幸福感和生活质量。

三、提供角色调整和干预策略

通过对服务对象与角色相关的挑战和困扰进行详细评估，社会工作者与服务对象合作设计和实施有针对性的干预措施，旨在调整适应不良的角色并增强应对能力。角色调整技术包括以下几个方面。

（一）澄清并重新谈判对角色的不切实际的期望

角色期望过高或与现实不符是许多人生活中的压力源。这些期望可能是内化的社会规范，也可能是个人的内部压力，如自我批评、过度责任感或完美主义。不切实际的期望不仅可能导致沮丧、焦虑和紧张，还可能导致人们在努力达到这些期望时忽视了自己的需求和健康。社会工作者在这方面扮演着关键角色，他们帮助服务对象意识到并挑战这些期望。反思性问题是一个强大的工具，因为它允许服务对象从不同的角度看待他们的信仰和行为，并评估这些信仰是否真正对他们有益。例如，对于一个努力满足完美母亲角色期望的女性，社会工作者可能会问："你认为一个好母亲的定义是什么?"或"你是从哪里学到这些期望的?"这样的问题可以帮助服务对象意识到他们的期望可能是从社会、文化、家庭或其他来源中学到的，而不是真正的内在信仰。

与此同时，通过与家人或关心的人沟通，可以建立更实际和支持性的期望和界限。这种对话可以帮助改变家庭动态，使每个人都更了解和尊重彼此的需要和界限。最终，目标是帮助服务对象建立自己的定义和标准，这些定义和标准是基于他们的真实需求、价值观和能力，而不是外部压力或不切实际的期望。这样，他们可以更自由、自信和快乐地生活。

（二）帮助服务对象设定界限并优先考虑某些要求较高的角色

角色的明确界定和优先级设定是帮助服务对象应对压倒性的角色要求的关键。在现代社会中，人们经常面临多重角色，这使得时间管理和身份认同变得复杂。但是，通过识别和重视与个人价值观和目标最符合的角色，服务对象可以更加有目的地分配他们的时间和精力。明确界定的界限也是维护身体和精神健康的关键。不明确的界限可能导致服务对象感到被剥夺、疲惫和怨恨。通过与社会工作者合作，服务对象可以学习并练习如何说"不"，以及如何向他人表达他们的需要和界限。例如，一位常常在工作、家庭和社区中受到太多要求的服务对象，可能会学习并实践如何委派工作、如何合理地设定自己的时间表，以及如何与家人和工作伙伴沟通，以确保他们的需求得到满足，但同时也不牺牲自己的福祉。

此外，教授服务对象沟通技巧和界定界限的工具不仅可以帮助他们在短期内应对压力，还可以为他们提供在未来面对类似挑战时的长期策略和资源。除了设定角色界限，社会工作者也需要协助服务对象确定角色的优先级。社会工作者可以与服务对象合作，确定对他们的自我概念和幸福最重要的角色，以及他们因社会压力而感到有义务维持的次要角色。例如，可以帮助服务对象看到他们的父母和配偶角色与他们的核心价值观密切相关，而广泛的志愿服务角色已经成为取悦他人的过度负担。社会工作者指导沟通技巧，以帮助服务对象表达需求并围绕次要角色设定界限，以便将时间投入到最重要的事情上，同时仍然实现他们的价值观。这可以减少自我忽视和怨恨。优先考虑关键角色并设定健康的界限最终会改善服务对象的压力、自尊和生活功能。

（三）消除造成过度压力的过于繁重的角色

有时候，角色的完全消除可能是一个必要的步骤，特别是当某个角色对服务对象的身体和精神健康产生持续的负面影响时。例如，因工作繁重、父母、配偶和老人照顾角色而疲惫不堪的服务对象可以考虑停止志愿者活动以缓解压力。或者，考虑到对服务对象的心理健康造成的损害，可以减少对对抗性父母的广泛照顾。适度地去除角色可以成为一种改善幸福感的自我保护措施。然而，社会工作者还必须警告服务对象角色丧失的潜在负面影响，例如悲伤、孤立或失去目标。

社会工作者在协助服务对象消除一些角色时，需要考虑以下几个方面：

1. 成本-收益分析

消除角色前需要进行成本-收益分析。这有助于服务对象认识到继续保留该角色所带来的压力与放弃该角色所带来的可能的益处。

2. 心理支持

社会工作者为服务对象提供必要的心理支持是关键。服务对象可能会经历失落、悲伤、焦虑或罪疚感。社会工作者的任务是提供一个安全的环境，使服务对象能够表达和处理这些情感。

3. 备选方案

在放弃某个角色后，寻找或建议一些替代活动可能有助于缓解服务对象的失落感。这些可以包括新的兴趣爱好、社交活动或其他形式的参与和关联。

4. 维护身份的连续性

对于那些该角色与他们的身份紧密相关的服务对象，放弃这一角色可能会导致身份的丧失。社会工作者可以帮助他们重新定义和塑造自己的身份，以及找到与之相匹配的新的角色和价值观。

5. 长期的反思和调整

角色的消除并不总是一次性的决策。服务对象可能需要在长期内多次重新评估他们的决策，并随着时间和情况的变化进行必要的调整。

（四）提倡逐步过渡到更符合服务对象优势和价值观的新角色

进一步的角色调整方法是社会工作者富有同情心地倡导和支持服务对象考虑逐步过渡到新的社会角色，以更好地匹配他们当前的优势、需求和价值观。随着人们一生的发展，以前有价值的角色可能会感觉陈旧、不一致甚至有害。在这些情况下，社会工作者可以觉察到服务对象的挫败感，并讨论确定潜在的新角色，以便有节奏、有计划地采用。例如，长期留在家里的母亲重新进入劳动力市场可能需要鼓励和实际帮助。

社会工作者在辅导和支持服务对象过渡到新角色时，重点考虑以下几个方面：

1. 情感支持

面对角色变化时，许多人可能会遭遇质疑、自我怀疑、焦虑或其他情感挑战。社会工作者应提供情感支持，确保服务对象知道他们的感受是合法和有效的。这一点尤为关键，因为这样的认知可以建立服务对象的自信，帮助他们克服障碍。

2. 资源提供

社会工作者可以为服务对象提供必要的资源，如教育、职业培训、社区资源等，帮助他们适应新的角色。

3. 设置目标

与服务对象讨论，明确他们希望达到的目标和期望，然后制定实现这些目标的步骤和策略，可以有助于他们更有效地过渡到新角色。

4. 角色辅导和反馈

指导服务对象如何在特定的环境或情境中执行他们的新角色，并提供实时反馈，可以加强他们的能力和自信。

5. 社交和网络支持

连接服务对象到与他们经历相似或正在经历角色变迁的人群，可以为他们提供宝贵的经验、建议和支持。

6. 自我意识和自我反思

鼓励服务对象进行自我反思，认识到自己的需求、优势和限制，有助于他们明确自己希望何时以及如何接受新的角色。

随着时间的推移，服务对象可能会多次修改或调整他们的角色，而社会工作者的任务是持续地为他们提供支持和引导，帮助他们实现自己的目标和抱负。

第四节　角色理论的案例分析

一、需求评估

对于本章开头提出的案例，从角色理论的视角看，小许的问题可以诊断如下：

（一）多重角色压力

小许扮演了多个重要的社会角色：母亲、妻子、兼职护士。这些角色都有着重要的责任和期望。管理这些角色的同时可能使她面临压倒性的压力。

（二）角色冲突

小许作为护士需要每周工作 6 天，这可能与她作为母亲的角色产生冲突。长时间工作可能限制了她与家人相处的时间，进而加剧了家庭和工作之间的紧张关系。

（三）角色期望和社会压力

在许多文化中，尤其是在某些东亚文化中，女性往往承担了巨大的家庭责任，如照顾孩子和丈夫。小许可能面临社会期望，认为自己应当完美地扮演每一个角色，从而产生过度的内疚和无价值感。

（四）角色超负荷

持续的工作和家庭压力可能导致小许感到疲惫和不知所措。她可能没有足够的时间照顾自己或进行自我恢复，这进一步加剧了她的情绪低落和焦虑。

（五）角色与自我认同的冲突

小许可能对自己的身份和在家庭和工作中的角色产生了某种冲突。她可能在思考："我真的只是一个母亲和护士吗？"这种冲突可能导致了她的抑郁症状。

二、干预目标确定

基于小许的情境，一个综合的社会工作干预目标是：减轻小许的情绪低落和焦虑症状，通过帮助她识别和重新评估与各种社会角色相关的期望，促进角色平衡，增强她的心理韧性和自主决策能力，从而提高她的生活质量和家庭关系。为了达到这一目标，可以分为以下几个子目标：

（一）角色清晰化与期望管理

通过与小许的对话，帮助她识别并澄清与其身份和角色相关的期望，识别哪些期望是自己真正的需求，哪些是外部社会压力。

（二）建立健康的界限

提供策略和工具，帮助小许在工作和家庭之间建立清晰的界限，确保她有足够的时间进行自我恢复和照顾家庭。

（三）时间和压力管理

教授小许有效的时间管理技巧和应对压力的策略，如放松练习、冥想和断舍离技巧。

（四）提供资源和支持

协助小许获取更多的支持资源，如家庭咨询、社区支持小组或其他相关服务，还可以帮助小许寻找家政服务来处理家庭琐事，从而减轻她的负担。

（五）提高沟通能力

帮助小许学习和使用有效的沟通技巧，与家庭成员共同商议家庭和工作的责任，确保每个成员都在家庭中扮演适当的角色。

（六）自我关心与自尊重建

与小许一起制定一个简单的自我关心计划，帮助她重新找回自己，重建自尊和自我价值感。

三、干预措施制定

小许的情况反映了当代多重角色妇女面临的复杂挑战。为了应对这种情境，社会工作的干预策略需要在多个层面上提供支持。

首先，考虑到小许可能对自己的角色有些混淆，角色清晰化与期望管理成为首要的干预措施。在与小许的会话中，社会工作者可以与她共同探讨和定义她在家庭、工作和社区中的各种角色，并明确这些角色的期望。重要的是，小许需要明确哪些期望是由外部社会和文化因素塑造的，哪些是她个人真正的需求和愿望。

接下来，建立健康的界限至关重要。小许需要了解她的时间、精力和情感资源都是有限的。社会工作者可以教授她如何优先考虑任务、学会拒绝过多的职责，以及如何为自己的生活设定清晰的界限。

考虑到小许的高压状态，时间和压力管理也是干预的关键。小许可以受益于学习时间管理策略，以更高效地完成工作和家庭任务。此外，简单的放松技巧，如深呼吸、冥想或简短的放松练习，可以帮助她缓解每天的焦虑和压力。

与此同时，社会工作者也应提供小许可能不知道的资源和支持。通过为小许提供如社区支持小组、家政服务和心理健康服务等信息，确保她知道并能够运用这些资源。

为了帮助小许更好地与家庭成员和同事沟通，提高沟通能力也是必不可少的。社会工作者可以通过角色扮演、反馈和实际练习，教授她如何更有效地表达自己的需求和感受。

最后，同样重要的是，小许需要了解并实践自我关心的重要性。社会工作者可以鼓励她每天为自己留出一段时间，无论是进行短暂的散步、阅读还是简单的冥想，都能有助于她放松自己。

第五节　角色理论的优势与不足

一、角色理论的优势

角色理论在社会工作领域中的应用已经成为一个关键的框架，为处理和理解服务对象的情境和困境提供了深刻的见解。以下将从多个维度探讨角色理论在社会工作实务中的优势。首先，角色理论为我们提供了一个全局的视野，使我们能够超越服务对象的个体特点，进一步了解他们在广阔的社会背景、结构和关系网络中的角色、需求和经历。这种宏观视角强调了服务对象如何与周围的社会环境互动，并如何由此产生特定的行为和情感。其次，角色理论明确地揭示了许多服务对象经常面临的压力、焦虑、抑郁和冲突的根源。这些情感问题往往是由于他们在生活中所扮演的各种角色的期望和需求之间的紧张关系而产生的。理解这些角色之间的复杂交互为社会工作者提供了深入的洞察力，从而能够更准确地定位问题的本质。再者，角色理论为我们提供了一套简单但深入的词汇和概念，例如角色冲突、角色超载和角色紧张。这些概念有助于服务对象和社会工作者之间的交流和讨论，使双方更容易地识别、表达和理解面临的挑战。最后，角色理论也为社会工作的评估、目标设定和干预策略提供了明确的方向。通过识别和理解服务对象面临的与角色相关的问题，社会工作者可以更有针对性地设计和实施有效的干预策略，从而提高服务对象应对困难角色的能力和自主性。

值得注意的是，角色理论的干预不仅仅是理论性的，它还具有实用性，可以直接应用于服务对象的实际生活中。它提供了一系列策略和工具，旨在帮助服务对象改变其行为、思想、情感、沟通模式，以及如何更有效地利用资源和技能来应对角色中的挑战。

总的来说，角色理论为社会工作提供了一个结构化、实用且赋权的干预模型。它不仅为我们提供了洞察力，还为我们提供了实际的、有针对性的方法和策略，以帮助服务对象更好地应对他们在日常生活中所扮演的多种角色之间的挑战和紧张关系。

二、角色理论的不足

尽管角色理论在社会工作中提供了有益的框架和视角，但它确实具有一些局限性，这些局限性可能影响其在实践中的有效性。这些局限性涉及理论、实践和研究方法的多个方面。首先，角色理论在实践中倾向于强调调整和适应现有的角色期望，而不是鼓励服务对象对可能的压迫性角色进行抵抗或重新定义。这种适应性的偏向可能会导致社会工作者忽略那些寻求突破社会规范和期望的服务对象的需求。其次，角色理论可能没有充分解决社会中更深层次的不平等和权力结构问题，尤其是那些与性别、族群、阶级等因素有关的期望和规范。因此，它可能未能充分揭示这些差异性因素如何影响服务对象的角色期望和经历。

此外，角色理论经常假设存在对某一角色的统一期望或共识，但实际上，不同的文化、社会群体和个人可能对相同的角色有不同的定义和期望。这种假设可能会掩盖真正的角色期望和冲突。值得注意的是，角色理论可能没有充分强调人的能动性，即服务对象根据自己的价值观和身份来解释、协商和改变角色期望的能力。这可能会导致忽视服务对象的主观经验和创造性。此外，角色理论在描述角色的变化和偏差方面可能存在不足。尽管角色是动态和多变的，但角色理论可能没有提供足够的框架来解释和处理这种变化。

总的来说，尽管角色理论为社会工作提供了有益的视角和框架，但社会工作者在实践中必须意识到它仍具有局限性，并根据具体情境进行批判性地思考和适应。

本章小结

本章简要介绍了角色理论的发展历程，并阐述了其主要观点。通过结合实际案例，讲解了角色理论在社会工作实务中，特别是在个案工作各环节中的运用。主要包括以下知识点：

1. 角色理论为社会工作者提供了一个富有洞察力的框架，揭示了基于文化背景对角色产生的期望，以及这些期望下的规范、职责和标准所构建的网络。

2. 角色理论的核心概念包括角色期望、角色扮演、角色冲突、角色压力、角色转换等。

3. 社会工作者通过角色理论，可以深度评估服务对象所扮演的角色及其相应的期望和压力，从而对其挑战产生深入的理解。凭借对角色理论的理解，社会工作者能够策划并执行有效的干预措施，调整不适的角色期望，增强服务对象的应对策略和赋权感。

4. 在应用角色理论时，社会工作者必须认识到其局限性，包括可能未充分考虑到社会结构中的不公正和不平等，这是角色社会化和压迫的根本原因。将角色理论与赋权和社会正义的视角相结合，能使其在反对压迫的社会工作实务中更具意义，并为服务对象的福利、发展和尊严提供有力的支持。

资源链接

视频微课 8－1　　视频微课 8－2　　视频微课 8－3　　视频微课 8－4

思考题

1. 请阐释角色冲突的含义。

2. 请简要讨论角色理论在社会工作实践中的一项优势，并提供一个具体的案例说明该优势如何应用于解决服务对象的问题。

3. 简述角色中断的含义、原因及可能的影响。

4. 在与不同文化背景的服务对象群体合作时，社会工作者需要如何调整角色理论概念？哪些文化假设可能会影响角色理论的应用？

5. 试论角色理论优势和不足。

在线自测

扫一扫　练一练

第九章 赋权理论

学习目标

通过本章的学习，可以理解赋权理论的基本概念和核心观点；掌握赋权理论对社会工作实务的重要性和应用价值；能够运用赋权理论分析和解决实务过程中的具体问题。

建议课时

6 课时

案例

莉莉是一位普通的农村留守妇女，住在偏远山区。该地区经济发展较为落后，交通不发达，村中绝大部分青壮年男性外出务工，女性留守家中照顾家庭。莉莉的丈夫长年在外打工，很少回家，且有抽烟喝酒的不良习惯，打工的收入经常被他挥霍得所剩无几。莉莉常年在家，日常以务农为主，除了种地、养猪、养牛之外，还要照顾上学的女儿以及多病的婆婆，是家庭的经济支柱。婆婆和丈夫重男轻女的思想观念比较严重，都希望莉莉能再生一个男孩，可莉莉自己不想再生第二胎，也一直没有怀上。因此，丈夫和婆婆总是冷言冷语，丈夫甚至以生不出男孩就离婚来威胁，在家时还会打她。

莉莉得不到丈夫的关心，觉得自己很没用，在村里抬不起头来。她一直觉得是自己做得不够好，才遭到了这种待遇。性格内向的莉莉找过村里要好的姐妹诉苦，大家都很同情她。村里像她这样挨打的妇女有不少，但大家认为家丑不可外扬，也觉得“挨打”是一件很丢脸的事情，于是都选择了忍耐和沉默。

莉莉也曾找过妇联主任和派出所民警，他们都做过莉莉家人的工作，比如口头上批评教育等，但没有起什么作用。村里人背地里对莉莉将家事告诉外人有些议论，有的村民认为这是各人自己家庭的内部事务，以“清官难断家务事”为由，没有给莉莉什么帮助；有的村民认为在农村“打老婆”很正常，不需要特别关注。莉莉感觉活得很累，动过离婚的念头，可是，父母住在弟弟家里，自己如果离婚带着女儿没有住的地方。此外，在当地，离婚的女性很容易遭人非议，她害怕自己和女儿被人说三道四。她想过自杀，但一想到女儿没了妈妈之后的日子，就打消了这个念头。她感到无助，自叹命不好，不得不认命。不久前，某社会工作服务机构在莉莉所在的村庄开展服务。莉莉经过一段时间的观望和了解，前来该机构求助。作为社工，如何根据赋权社会工作的假设，来分析莉莉个人的无力感是怎样形成的，并从个人、小组和社区三个层面，提出解决莉莉问题的简要策略。

第一节 赋权理论与社会工作

社会工作的服务对象通常是社会中权力和能力比较弱的群体，他们自身所拥有的资源和调动资源的能力也比较弱。然而，这种困境并不是该群体本身的缺陷，社会中强势力量的压迫让他们感到疏离、无助和无法自我掌控。所以，赋权理论提出，社会工作者要帮助处于“无权”地位的个体及群体增强他们的权能。

一、赋权理论简介

赋权（empowerment）又叫充权、增权等，该理论思想早在 19 世纪就已经存在。社会工作的专业价值特征与赋权理论的观点一直有诸多相似之处，且该理论在社会工作服务领域一直被长期运用。一般而言，美国学者巴巴拉·所罗门（Barbara Solomon ）于 1976 年出版的《黑人赋权：压制性社区的社会工作》一书中，首次提出赋权（empowerment）的概念，进而该理论构成一个初步的实践框架，并逐渐被社会工作学者所接受。而这一框架自 20 世纪 80 年代以来得到了进一步的进展，20 世纪 80 年代社会工作实务进入所谓的“赋权取向时代”。到目前为止，赋权视角已经成为一种富有吸引力的工作方法，并且体现了某种与歧视和压制进行抗争的理性主义。赋权实践回应的问题包括：（1）直接和间接的权力障碍；（2）个人、家庭和组织的资源问题；（3）非平衡的交换关系问题；（4）无权或权力受到限制的问题；（5）与模糊的社会标准有关的问题。

（一）赋权理论先驱所罗门的观点

1976 年，所罗门出版了《黑人赋权：压制性社区的社会工作》，成为赋权理论的先驱著作。所罗门在书中提到，黑人作为少数族群，缺乏必要的资源（如个体性资源、经济资源等）来完成自己的角色，同时缺乏相应的技能、知识、物质资源和情绪掌控能力，最终难以有效地扮演重要的社会角色，这就是个体或社会群体无力感（powerless）的表现。无力感也会带来社会的负面评价，比如体制的歧视性实践、贬低他们的语言等，最终使得该群体有效解决问题的能力进一步降低。

为了更好地解释无权感的来源，所罗门提出了两个概念：直接权利障碍和间接权利障碍。直接性的权力障碍包括：低劣的医疗健康服务导致的弱势群体的不良的健康状况；由于教育和就业机会的缺失导致的学习机会受限；社会服务和良好家庭教育的缺乏导致的难以完成社会角色。间接性的权利障碍指的是：社会的歧视影响个人资源的发挥；限制个人建立人际资源和各类技巧；个人资源、人际资源和技巧的不足影响社会角色的承担。直接和间接的权利障碍，阻碍了弱势群体权利的实现，从而导致无权感和无权状态。在此背景下，赋权的目标如下：首先，帮助服务对象意识到自己是解决问题的行动者；其次，社工拥有服务对象需要的知识与技能；此外，社工与服务对象是合作伙伴关系；最后，服务对象要认识到权力结构的多面性，社工要了解服务对象对自己现状的认同程度并找到可以介入的空间。

（二）西蒙划分的赋权取向社会工作“三时期”

赋权理论下的社会工作已经超过一百多年，因此，西方学者西蒙（Simon）将赋权取向的社会工作发展划分为早期、两次大战期间和现代发展三个阶段。

1. 早期阶段：1893—1917 年

该阶段是赋权取向的社会工作发展的早期阶段，其实践具有以下特色：

第一，提供具体的及社会性的支持。部分工作者从事社区发展及研究工作，部分工作者致力于发展心理评估和危机介入的个案工作方法。第二，相关技巧的教授。社会工作者教授服务对象所需要的特定技巧，包括个案工作者重点教授服务对象有关亲职（教导家长如何做父母）等技巧，社区组织人员则教授服务对象如何增强社区参与能力。第三，提倡服务对象的参与。此时强调服务对象参与助人过程的重要性，并提醒工作者应尽量少用怜悯同情的语言。第四，公开分享机构的信息。部分单位号召让民众分享机构拥有的研究发现、机构信息、移民规定等信息。

2. 两次大战期间：1918—1945 年

该阶段由于世界大战和经济萧条等因素，美国政府对经济和社会发展的干预力度大大提高，进而形成公共福利大幅扩张。在此背景下，赋权取向的社会工作有了很大的发展空间。该阶段赋权取向的社会工作融入了弗洛伊德的关于个人潜意识释放、黑人意识觉醒的国家主义思考、存在主义等多个学派的观点，进而形成了以下的干预策略：

第一，积极倡导构建社会安全制度。当时民间社会工作组织号召所有社会工作者一起倡导一项永久性及全面性的福利制度，该提议得到其他相关劳工组织的响应，美国政府也开始逐渐通过各项社会安全制度，这是美国社会首次出现福利国家的诉求。第二，注意母婴的健康照料议题。由联邦拨款协助地方政府，尤其是是在偏远乡村地区推动亲职教育、母子健康计划，从而建全公民的发展。第三，建设美裔黑人的社工学校。亚特兰大社会工作学院和霍华德大学于 1920 年和 1936 年先后成立专门培养黑人社会工作者，直接为黑人引进赋权的教育效果。第四，号召社会服务的正常化行动。为了便于居民更容易获得和使用服务，倡导设立服务机构或输送服务应尽可能设立于邻近地区或工作场所。

3. 现代发展：1946 年至今

二战结束后，各国社会矛盾突出，政府用增加福利预算的方式改善底层群体生活。但随着民众消费的增加，政府的福利制度因不同执政党的理念而大相径庭，变化非常快。在多元化和国际化思潮的影响下，赋权理论的观点也开展迅速受多元化与全球化思潮的影响，包括了从重视服务对象的自我抉择到强调集体行动的社区发展。20 世纪 80 年代，构建反对干涉主义的赋权取向实务模式兴旺发展。

在服务底层群体的过程中，具有赋权观点的社工逐渐意识到，服务对象的痛苦与困境的来源并不是个人的缺陷，而是社会中强势权力团体的疏离和压迫，进而内心经历无力感、无助感、疏离感或失去自控感，在政治经济层次上缺乏参与社会与改革行动所需的权力、能力和机会。所以，赋权的社会工作实务历程是依据个人所定义的生活蓝图而进行的一系列活动，具体包括：不仅需要增进无权的服务对象的高度自我价值感与自我主控能力，还要借助倡导辩护、教育学习、政治参与、集体活动、社会运动等行动，进而促进服务对象自身的意识觉醒，最后促进更加宏观的社会转型、社会变迁，这和强调家长式干涉主义的社会工作传统是截然不同的取向。其发展特色包括：

第一，社会工作的干预必须始于回应服务对象认定的需求。鉴于以往的社会福利制度大规模介入贫穷者、游民、精神病患、受刑妇女与黑人等弱势人群的生活，服务对象总是感受到工作者的标签与控制对待，进而引发信任问题与抗拒感，因此赋权取向实践特别强调尊重服务对象，鼓励其对自身问题与需求的自主性。

第二，激励服务对象参与构建同辈支持网络。为了减少弱势群体的疏离、孤立与无权感，赋权取向实践鼓励服务对象与其有相同遭遇的同辈建立互助团体，通过集体意识的觉醒，共同争取公平对待、社会正义、社区发展、社会服务与自尊心的建立。第三，认为增进和维系改进是机构工作的中心工作。赋权理论强调，还应该从长远考虑，应训练服务对象的领导能力、熟悉政治经济方面的信息，继续增进与巩固服务对象的改变，使其最终成为掌握自己命运、机会的有权力者。

二、赋权理论与社会工作实务的关系

增强权能社会工作反对传统社会工作扮演施恩者的角色，尽管他们也承认服务对象是受害者。他们认为重要的是帮助服务对象消除环境的障碍，鼓励服务对象自己确定自己的生活目标，帮助他们确立自信，增强能力。

当前，赋权理论已广泛应用于精神健康领域、妇女服务、儿童和家庭少数族群、老人和同性恋等领域。在家庭暴力案例中，服务对象所遇到的问题常常就是权能被压制，个人产生无权感。一些受到家庭暴力折磨的妇女，由于长期受到丈夫的虐待，已经失去了反抗的力量。在社会工作者看来，这些妇女并非没有权能，而是生活环境的限制使她的个人权能被压制了，甚至她自己也认为自己无力反抗丈夫的暴力。社会工作者以增强权能的观点来帮助服务对象建立自信和自我控制能力，使其认识到自己是有能力的。社会工作者一方面采取措施控制她丈夫的暴力行为；另一方面帮助服务对象发现自己在过去生活中所表现出来的长处，让她认识到自己是有能力的，消除她的无力感，以帮助她逐渐走出家庭暴力的阴影。

在赋权社会工作实务中，社会工作者应该避免权威的角色，而是要与服务对象建立平等的合作伙伴关系。社工把助人过程看作分享权能的过程，因为通过分享可以使参与者获得更多的权能。权力不是由他人授予的，而是在人们的积极互动过程中不断生长出来的。在服务过程中，社会工作者应该真正做到与服务对象对话，鼓励他们讲出自己真实的经验。在针对团体运用增强权能社会工作时，社会工作者应该鼓励团体成员建立协同关系，形成团体成员之间的互相帮助。在与服务对象的关系中，社会工作者的角色比较多样化，但最基本的角色是服务对象的同伴。

第二节　赋权理论的主要概念与基本假设

赋权理论是由一组相关的概念组成的，包括权力、无权、赋权和脉络化等，同时，赋权理论还有自己的一套基本假设。

一、赋权理论的主要概念

《社会工作辞典》中界定的赋权理论：是“关注人们如何实现对其生活的集体控制从

而实现自己这个群体的利益的理论，是社工寻求促进无权群体的权力的视角。”因而，赋权视角下的社会工作围绕赋权、权力、控制和利益等核心概念展开。赋权视角将社会和经济正义与个人的苦痛联结起来。采用赋权理论作为一个整合框架，展现的是一个回应受压制群体的需要的、整合的、全面的视角。赋权（empowerment）和权力（power）以及无权（powerlessness）紧密相关，要想了解赋权，必须先知道权力和无权的概念，以及它们三者之间的逻辑关系。

（一）权力

对于权力，各个学者都有自己不同的定义，班德拉把权力描述为获得所需要的东西的能力。梅（May）把权力定义为影响、感化和改变其他人的能力。古铁雷斯（Gutiérrez）、迪洛伊斯（Delois）和格伦梅伊（Glenmaye）都认为：权力有不同的来源，而且是无穷的（因为它是在社会互动过程中产生出来的）。以往定义权力的方式可以归纳为以下三种，包括获得所需要东西的能力，影响他人思考、感受、行动或信念的能力，影响资源在家庭、组织、社区或社会等社会系统中分配的能力。并且提出，权力有不同的来源，且它是无穷的，因为权力是在社会互动中产生出来的。

权力赋予人们影响其自身生活过程的能力、与其他人共同控制公共生活的能力、加入公共决策机制的能力。同时，权力也可以用来阻止自己成为被标签化的弱势群体，并且控制他人。

由此看来，权力指人们所拥有的能力。但这种能力不仅表现为一种客观的存在，也表现为人们的一种主观感受，即权力感。自身主观的权力感可以增进人们的自我概念、自尊、尊严感、福祉感及重要感（陈树强，2003）。

（二）无权

上述各种能力的缺乏，就是无权的表现。当然，从资源的角度看，部分学者认为，资源的缺乏也是无权。资源既包括如金钱、住所和衣服等有形的资源，也包含如积极的自我概念、认知技巧、健康、身体能力、支持性社会网络等无形的资源。此外，无权也是一个不断内化的过程，在此过程中，人们会因为长期处于资源缺乏、被压迫的环境而认为自己无力改变现状，形成真正的无权。所以，这种感知到的无权可以看作个人与其环境之间连续互动的建构。作为这种连续互动的一个结果，许多社会工作服务对象会把自己看作无权的，并进而指责和贬低自己。

由此看出，权力不仅表现为一种客观存在，而且表现为人们的一种主观感受，无权也不单是指人们缺乏能力或资源，也是指人们会通过一种内化过程，形成一种无权感。正是由于存在着这种无权感，使得人们指责和贬低自己，进而陷入无权的恶性循环。

（三）赋权

赋权不是一个单一的概念，它的内涵从个人到结构、从现代到后现代都有不同的理解。所罗门认为，赋权是社工针对服务对象所采取的一系列活动的过程，旨在减少基于无名群体的负面评价而形成的无力感。它涉及导致这一问题的权力障碍和旨在减少间接权力障碍的影响，以及减少直接权力障碍运作的特定策略的发展实施。赋权是个人、群体和共同体掌控其境遇、行使其权力并达成自身目的的能力，以及个别的和集体的能够借此帮助自己和他人将生命的品质提高到最大限度的过程，并包含能力、运用权力的过程和人们的成就三个要素。赋权具有三个相互关联的维度：（1）更具积极意义和潜能的自我的发展；（2）建构知识和能力以更批判性地理解个人环境的社会和政治现实之网；（3）形成资源和策略以实现个人和集体的目标。赋权可以在三个层次进行，分别是：个人层次，个人感觉到自己有能力去影响或解决问题；人际层次，个人与他人合作促成问题解决的经验；政治层次，能够促成政策或政治层面的改变。

总体而言，赋权是一种理论和实践、一个目标或心理状态、一个发展过程、一种介入方式。但需要特别注意的是，赋权并不是赋予服务对象权力，而是挖掘或激发服务对象的潜能。在介入过程中，社会工作者并不拥有可以赋予服务对象的权力。权力存在于服务对象之中，而不是服务对象之外。这始终都是一个需要社会工作者随时警惕的认识。

（四）脉络化

脉络化强调要重点关注服务对象自己对自身作为一个“社会人”的理解，而不是沉迷于社工的假设或建构。社工要激励服务对象将自己过去的生活经历与所处的社会结构或社会进程进行关联，并在此基础上进行反思，辨识自己处境之上的社会政治因素。这样，建立在服务对象的现实状况基础上的对话就能够顺利进行，在这个对话中，服务对象的表达、说明、对自己感受的反思以及对生活的理解需要得到社会工作者的充分鼓励与支持，这成为服务对象走向赋权的重要起点。

二、赋权理论的基本假设

赋权理论家们在长期的研究和实践中，总结概括了赋权理论的基本假设、特点和干预原则，为后人的研究和实践提供了具体指南。

（1）个人的无力感是由于环境的压迫而产生的。所罗门总结无力感来源包括：受压迫团体的自我负向评价；受压迫群体与外在环境互动过程中形成的负面经验；宏观环境的障碍使他们难以有效地在社会中行动。

（2）社会环境中存在着直接和间接的障碍，使人无法实现他们的权能，但这些障碍可以改变。

（3）每个人都不能缺少权能，个人的权能可以通过社会互动不断增强。

（4）服务对象是有能力、有价值的。权能不是给予的，是通过共同的活动获得的。

（5）社会工作者与服务对象的关系是一种合作性的伙伴关系。

这些假设成为赋权社会工作实务的基础和指南。

第三节 赋权理论在社会工作中的应用

一、赋权理论的基本特点与干预原则

（一）赋权理论的基本特点

赋权取向的社会工作注重独特的实务过程，这个过程具有以下几个重要的特点：

第一，服务对象与工作人员要构建起协同的伙伴关系，强调彼此的协同关系，缺一不可，这改变了专业人士的专家身份。

第二，重视服务对象的能力而非缺陷，通过能力和优势发掘，提高服务对象的自信和

克服困难的信心。

第三，注重人与环境这两个工作焦点，将服务对象与自身的社会文化环境有机结合，从环境中寻找产生问题的根源，同时也从环境中寻找需要服务对象改变的资源。

第四，确认服务对象是积极的主体，告知其应有的权利、责任、需求及申诉渠道，将尊重个人的价值置于首位。

第五，以专业伦理为依据，有意识地选择长期处于“缺权”状态中的人成为服务对象，最大限度地运用赋权理论为服务对象服务。

（二）赋权理论的干预原则

赋权的实践目标是协助服务对象赋权，使其自己从压制性的生活中走出来。因而，社工要与服务对象维持伙伴关系，并促进社会层面的变迁。根据赋权理论的相关要求，社会工作干预的十个实践原则包括：

（1）所有压迫对于人们的生活都是破坏性的，社会工作者和服务对象应该挑战环境的压迫。

（2）社会工作者应该对压迫的环境采用整体视角。

（3）人们自己要增强自己的权能，社会工作者是协助者。

（4）推动具有共同基础的人们需要相互增加权能。

（5）社会工作者与服务对象之间应建立互惠关系。

（6）社会工作者鼓励服务对象以自己的语言进行表达。

（7）社会工作者应该坚信人是胜利者而非受害者。

（8）社会工作者应该聚焦于社会持续不断的变迁。

（9）在社会工作服务实践中，社会工作者与服务对象是一种双向合作关系。

（10）干预可以分为三个层面：一是服务对象与社会工作者建立合作关系，满足服务对象眼前的需要，包括链接服务对象所需的资源、促使服务对象意识觉醒、寻找和申请资源；二是传授技巧和知识，并评估服务对象的权能动态机制，包括各类小组或团体的活动；三是集体行动，旨在形成集体、参与倡导或进行社会行动。

二、赋权取向的社会工作模型

（一）赋权的构成要素

古铁雷斯、帕森斯（Parsons）和考克斯（Cox）认为，赋权是一个过程，包括如下构成要素（见图 9-1）：第一，态度、价值观和信念。促进为自己行动的自我感、自我价值的信念和控制感，这些关于自我效能的信念会影响赋权的过程。第二，集体经验分享。在集体经验中，自我和他人认识到共享的经验。这种认识可以促成集体的观点，进而减少自责、增加寻找个人失败以外的其他原因、产生共同的命运感和提升意识。集体经验可以鼓励个人超越个人层面，而在其他的系统譬如家庭或社区系统之上来看待改变。第三，批判性思考。通过互相分享和支持，个人可以批判性地思考问题的内在和外在方面。把问题放在社会政治背景中的过程，可以减少自责并帮助个人在社会中寻找问题的原因。第四，行动。通过反思性的行动（实践），个人可以发展行动策略，并培育影响内在和外在结构所必需的资源、知识和技巧。在心理上，他们学习承担其行动的责任。在行为上，他们变得愿意并能够和其他人一道行动，以实现共同目标和社会改变，以及影响这些行动和向这些行动学习。

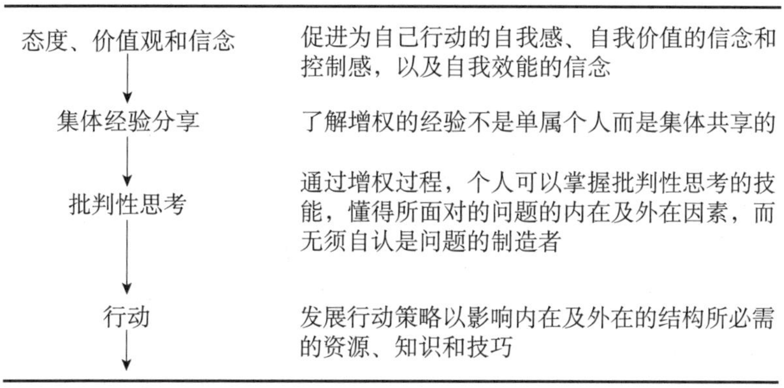

图 9－1　赋权的过程（转引自陈树强，2003）

（二）赋权过程

古铁雷斯、帕森斯和考克斯建构出了一个由价值基础、介入认可、指导实践的理论基础、服务对象和社会工作者相互关系指引，以及把助人活动组织起来的一个架构等要素组成的赋权取向社会工作模型。他们之间的关系可以用图 9－2 来表示。

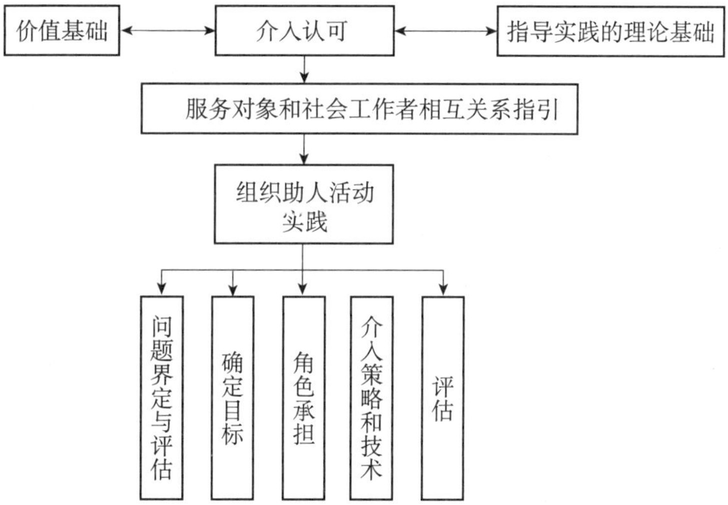

图 9－2　实践模型的构成要素（转引自陈树强，2003）

1. 价值基础

赋权实践的价值基础特别关注这样几个方面：首先，服务对象和工作者必须有效地参与、建立和人类需求相一致的环境；这是和反映在伦理守则中的、促进社会正义的社会工作承诺相一致的。其次，突出对自决和自我实现的专业承诺。最后，引导服务对象系统最大限度地参与规划和控制自己的生活，为服务对象在整个生命周期中最充分地发展自己创造机会。

2. 介入认可

对赋权实践的认可有很多不同的来源，包括社会工作专业的价值基础、法律、规则、机构章程以及服务对象的要求等，然而这些不同来源的认可常常会发生冲突。当这些冲突发生时，社会工作者应该以社会工作伦理守则为准绳，根据伦理守则和赋权的价值基础作为专业界定。也就是说，社会工作者的主要职责是面向服务对象和促进社会的一般福利。

3. 指导实践的理论基础

赋权实践是建立在社会工作和其他社会科学理论基础之上的，但尤与一种特殊的政治经济学观点有高度的相关性。这种观点提出，社会问题发生在多个层系统的所有层面，并存在于有着不同程度权力和互相冲突之利益的群体之中。所以，赋权实践的最终目的是实现社会正义和减少社会不平等。而且也要看到权力的积极方面，并且认为个人或人际的权力可以通过社会互动产生出来。在他们看来，隶属于一个弱势群体也有个人和社会成本。直接和间接的权力障碍是这个过程中的主要社会机制。直接的权力障碍会限制人们获得物质资源的机会，以比较具体的方式影响个人。间接的权力障碍包括缺乏资源和支持不平等结构的那些社会价值，通过内化过程，它们会干扰人们获得充分的人际、技术和社会技巧，造成关于地位、机会和抵抗力等的不准确信念，并且鼓励人们接受社会现状而不是采取行动改善自己的生活。因此，赋权实践需要辨认出造成问题的权力障碍，发展与执行目的在于减少来自间接权力障碍的效果或者减少直接权力障碍运作的具体策略。

在赋权实践中，权力发生在个人、人与人之间和环境（政治）等三个层面之上，所以，实践策略必须聚焦于促进服务对象赋权的所有层面。从这个角度讲，赋权实践从系统理论和生态模型中吸取了养分，帮助实践者理解多层面的介入。但是，赋权实践增加了关于被压迫的历史观点、生态观点、种族阶级观点、女性主义观点和批判观点，通过描述种族、性别、阶级和其他成员身份如何影响助人关系，进而使赋权实践超越了现有的系统取向。

4. 服务对象和社会工作者相互关系指引

在赋权取向的社会工作实务过程中，工作者和服务对象之间所建立的相互关系是任何介入成功的关键所在，并且指出了工作者和服务对象相互关系的指引。首先，赋权为本的实践要求人们把助人过程重新界定为“分享权力”“一起拥有权力”，以及界定为“参与者推动”的过程，专业人员成为一个“促进者”“倡导者”或者资源而不是一个指导者或专家。角色和责任成为相互的和分享的。在此过程中，服务对象和工作者扮演伙伴的角色。服务对象不是被视为问题的拥有者，而是被视为资源。问题被视为植根于社会系统，因而影响包括工作者和服务对象在内的社会的所有方面。其次，赋权实践的一个关键方面是与服务对象之间的平等关系或伙伴关系。这种伙伴关系是一种对话关系和批判性分析，因此，社会工作者和服务对象可以讨论和分析一个情境的多重方面，一种开放与合作的相互关系，可以促进作出有效的决定与建设性地使用其权力所必需的批判性意识。

5. 组织助人活动实践

把助人活动组织起来的架构由五方面的要素组成，包括问题的界定与评估、目标确定、角色承担、介入策略技术与评估。

（1）问题的界定与评估。

在赋权实践中，工作者和服务对象共同收集评估资料，并对问题的内外构成因素及其背景进行持续性的初步评估。评价的基本议题主要是把焦点放在服务对象对问题的经验、专门知识和看法，以及服务对象想要什么等方面。这个评价架构从个人到外在环境来考量问题的根源，揭示了考量的个人和政治这两个面向。此外，也需要分析影响问题的微观系统和宏观系统，微观系统包括个人、家庭、同辈群体，宏观系统包括服务传递、政治制度和结构。

由于被去权的人们经常会因为自己的伤痛和压力而指责自己，所以对于工作者和服务对象而言，接纳自己是必要的。虽然工作者应该考量服务对象和环境两方面的长处与短处，但评价必须朝向个人和多重面向的环境长处。评价是通过问题的所有面向、参与批判意识提升的过程。意识提升要求反思和行动，并要在介入过程中连续地进行。工作者和服务对象作为一个团队发挥功能，去收集资料、评价信息、形成策略、提出建议等。从这方面来说，过程成为一种学习经验，帮助所有卷入的人赋权。

（2）确定目标。

赋权实践的具体目标为增加服务对象的参与，控制和影响那些左右其生活的事件和他们所关注的事件的权力。因而，介入策略的目标是建立在服务对象的决定、工作者的合作、相关的环境因素等基础之上的。此外，赋权实践基于赋权要求社会拥有公正和安全的环境的假设，强调促进长期性社会结构改变的重要性，工作者致力于帮助服务对象认识和其他人共同持续参与、建立和维持积极的环境的有益之处。总而言之，赋权实践中的目标确定是从个人扩展到人与人之间，再扩展到政治，这与社会工作固有的价值密切相关。

（3）角色承担。

在赋权实践中，工作者和服务对象结成合作伙伴关系，工作者承担着教师、训练者、资源咨询者、意识提升者、个案管理者等角色，但唯独不是专家。

（4）介入策略和技术。

为了实现赋权的相关目标，可以从个体、家庭、组织、群体、社区、国家等多层面系统介入，但主要在如下四个层面上展开：

第一个层面：社会工作者和服务对象建立工作关系并评估具体的需求与资源。通过评估进而确定服务对象的需要和具体介入目标。在这个阶段，服务对象关于其状况和环境之普遍性的意识可能是非常有限的，或者隐藏在对关键资源的紧急需求的背后。评估的主要内容包括服务对象自己对问题的看法，以及他们自己与家庭对这种问题的意识，同时还包括他们处理或不能处理这些问题所感觉到的权力。

第二个层面：介入的目的是提供必要的知识和技巧，进而控制被辨认出来的问题，比如生活转变、发展问题或其他更具体的状况。这个层面可以使用的方法包括会议、工作坊、课程、小团体、网络媒体等。由于服务对象认识到这些问题对于许多其他人是共同的，所以他们会更广泛地来界定问题。这种对共同议题的理解常常会导致自助和集体行动形成小团体。持续进行的小团体可以形成支持网络。在这种网络中，个别人可以发现其共同利益的好处，并通过讨论训练内容使他们的观点和经验具有实际的意义。赋权的自助取向实际上要求和其他个人一起参与焦点在于消除共同问题（比如酗酒、疾病、贫穷、害怕犯罪、住房议题）的小组。自助小组的成员不仅力求帮助自己克服或应付问题，而且力求帮助小组中的其他成员投入他们的工作。助人者似乎会从这个过程中得到很大的好处。诸如辅导、倾听和倡导等人际技巧的发展和运用通常从这种参与开始。在这个层面，关于问题的公共性质和原因的政治性的意识可以被发展出来。

第三个层面：介入以即时环境中的改变或调节为核心。该层面通常从意识过程开始，通过这个意识过程，服务对象和工作者继续探索环境对个人问题的影响。比如，一个求职的单身家长可能参与第二个层面的训练方案和支持小组并进一步参与工作发展和探索第三个层面中的性别歧视与认可。第三个层面中的活动同时也包含了把焦点放在了解专业助人者和如何与他们有效地沟通方面。

第四个层面：介入的目的是把服务对象引向其问题的政治方面。包括社会行动或其他的集体努力，从而进一步影响造成个人问题的环境力量。这个层面上的知识基础是由参与者的集体智慧和诸如国家社会行动小组与学术机构等的正式知识来源构成的。例如，参与全国妇女组织能够使妇女根据社会行动的知识基础来阐述健康和其他议题。

古铁雷斯等人认为，介入的这四个层面并不是互相排斥的，各个层面中的任务可能会同时开始。这些层面不一定是直线性的或有先后次序的，即介入可以在任何一个层面上开始，每个层面都可以提升其他层面。社会工作者在整个过程中充当催化剂的作用。通过提出有关不同的私人问题和相关的公共议题之间的关系问题，帮助人们分析个人问题和社会动力之间的联系，从而促使群体成员找出自己解决问题的方法。这种介入方式会增加私人问题与公共议题之间是一个连续体的意识。虽然对其工作的环境方面的综合理解通常是获得对其生活情境的某些方面控制的第一步，但意识提升活动也必须把焦点放在问题的被内化的方面，以便促进赋权。

（5）评估。

对赋权实践的评估比较复杂。赋权既是一个过程，也是一个结果，所以评估有必要阐述对某个被确认下来的状态之动力过程的评价。赋权的性质决定服务对象和工作者作为赋权实践的参与者，应该把评估看作合作的和持续性的，因而，持续性评估理论上应穿插于整个干预过程。评估方法的选择上，通常选用定性的评估方法，比如通过服务对象的故事和意见来设计和执行调查。评估结果时，必须评估服务对象最初关注的问题和需求是否得到了解决，以及服务对象是否获得了个人内部、人际和政治或社区等三个层面上的权力。

第四节　赋权理论的案例分析

一、案主无权感的主要表现

根据赋权理论的观点，权力赋予人们影响其自身生活过程的能力，与其他人共同控制公共生活的能力，加入公共决策机制的能力。同时，权力也可以用来阻止自己成为被标签化的弱势群体，并且控制他人。从案例中可以看出，莉莉对自己不幸的生活遭遇无法改变，也没有办法让周围的公共群体比如村委会、妇联等提供有效的帮助。同时自己被村里人看作“很丢脸”的人，她无法阻止自己成为村里人口中被标签化的群体，故她呈现出“无权”的状态。此外，权力不仅表现为一种客观的存在，也表现为人们的一种主观感受，即权力感。莉莉自己对现状感到无助，这是一种主观上感觉到无权的表现。根据赋权理论，无权也是一个不断内化的过程，在此过程中，人们会因为长期处于资源缺乏、被压迫的环境而认为自己无力改变现状，形成真正的无权。莉莉在长期的无法改变现状的环境中，产生了“自叹命不好，不得不认命”的想法，并一直贬低自己，“觉得自己很没用，在村里抬不起头来。她一直觉得是自己做得不够好，才遭到了这种待遇”，进而形成了真正的无权。

二、案主个人的无力感产生的根源

从案例中，我们发现，造成无力感的根源主要有以下几点。

（一）自我负向评价

由于婆婆和丈夫都希望莉莉再生一个男孩，但是莉莉自己不想生第二胎，也没怀上。丈夫和婆婆因此总是对她冷言冷语，甚至以生不出男孩就离婚来威胁，有时还打她。这些都使莉莉觉得自己很没用，在村里抬不起头来，对自己产生了负向评价。

（二）与外在环境互动过程中形成的负面经验

莉莉在向村里要好的姐妹诉苦后，大家只是同情她，并且都认为家丑不能外扬，于是莉莉也选择了忍耐和沉默。莉莉联系过妇联主任和派出所民警，他们都做过莉莉家人的工作，但没起什么作用。在和外界的互动中，莉莉发现她很难得到有效的正向的回馈，进而形成了没有人可以提供帮助的负向经验。

（三）宏观环境的障碍

莉莉的现实处境不仅仅归因于个体和家庭，社会文化对妇女的歧视、性别偏见以及妇女社会资源的缺乏都是一种宏观环境，所以这一切都限制了莉莉的行动。比如村里人认为的“家丑不可外扬”“打老婆很常见”等都是性别偏见，同时村中妇女的现实能力和所处的环境让其缺乏可以利用的社会资源。

三、介入策略和技术

根据古铁雷斯、帕森斯和考克斯建构出的赋权取向社会工作模型的实践架构，帮助莉莉摆脱困境的介入策略和技术很多，为了实现赋权的相关目标，可以从个体、家庭、组织、群体、社区、国家等多层面系统介入，可以在下面几个层面上展开。

（一）关系建立与评估

社会工作者和服务对象建立工作关系并评估具体的需求与资源。通过评估进而确定服务对象的需要和具体介入目标。首先，要使莉莉认识到自己所拥有的权益和能力，使其明白导致她困境的并不是个人原因，帮助其提高自信和自强精神。其次，社工与莉莉共同分析自己的优势和资源，包括：生存能力强，种地、养猪、养牛等农活都会做，是家里的支柱；在遭遇家庭暴力后，能够敢于向妇联和派出所求助；周围也有同样遭遇的姐妹。最后分析具体需求，比如避免再次被家暴、是否生二胎的想法获得家人的理解和支持、丈夫能改掉家暴和抽烟喝酒的陋习、在村里能得到应有的尊重等。

（二）个体的能力建设

为服务对象提供必要的知识和技巧，逐步对自己的生活建立掌控感。由于服务对象认识到这些问题对于其他人是共同的，所以他们会更广泛地来界定问题。这种对共同议题的理解常常会导致自助和集体行动形成小团体，持续进行的小团体可以形成支持网络。社工将村里陷入困境的妇女召集起来组成小组，通过小组互动、小组学习、小组凝聚以及方案活动，实现小组中妇女个人和小组整体问题的解决。

（三）群体意识提升

通过小组工作方式，帮助有同样经历的女性建立群体意识，并不断提升意识过程，重新审视自己的处境和产生问题的原因。通过这个意识过程，服务对象和工作者继续探索环境对个人问题的影响。比如，家庭暴力是什么？为什么男性要施暴？家庭暴力的发生率是怎样的？为什么妇女遭受了家暴无法反抗？周围环境给妇女的应对家暴造成了哪些阻碍和压力？面对家暴，女性和社会可以做什么？

（四）社区宣传和倡导

介入的目的是引导女性通过社区来寻找解决办法。具体包括：

（1）建立社区社会支持网络。在村里宣传妇女权益和法律知识，改变传统偏见和歧视，树立正确的妇女发展观。同时，倡导修改村规民约，约束家庭暴力行为。

（2）促进妇女自助互助为本的支持网络。组织有同样经历的妇女形成互助网络，共同提升意识，学习相关技能，改善生活状况，增加她们的自信，相信自己有能力处理问题，促进她们之间的沟通、分享和互助。

（3）协调社区资源，建立社区紧急支援网络，与当地妇联、派出所、法律援助中心等协商，为妇女在特殊情况下提供紧急支援。

通过这样四个层面的介入，可以帮助莉莉走出家庭，与社区姐妹互相帮助、互相支持，并利用社区资源，不断改善自己的生活状况，提高生活的自主性，逐步从暴力的婚姻关系中走出来，开始自己的新生活。

第五节　赋权理论的优势与不足

一、赋权理论的优势

赋权理论是一种在社会工作实务中日益重要的方法和理念。它的优点体现在以下几个方面。

第一，强调服务对象的能力，将服务对象看作积极的主体，也看重服务对象的长处、主体地位和个人价值。通过强调服务对象的能力和将其视为积极的主体，赋权理论提供了一种促进自主性、尊严和公正的方式，鼓励服务对象充分发挥自身的潜力，成为他们自己生活的主导者。

第二，赋权的目标不仅仅在于与服务对象一起实现改变，而且在于经由服务对象获得自主行动的权力和能力控制自己的生活，理论强调社区参与和社会变革。赋权实践旨在支持社区自我组织和发展，通过帮助个体或群体发现和发挥自身的力量，实现社会公正和改变社会不平等的结构。这种关注社区和社会变革的特点，有助于推动社会工作从个人问题导向转向社会问题导向。

第三，该理论可以被广泛应用，目前，赋权理论已广泛应用于精神健康领域、穷人和无家可归者、儿童和家庭少数族群、老人和同性恋等领域。

二、赋权理论的不足

第一，要认识到与赋权实践相关的几个风险：专业人员的加入可能减少了服务对象自我赋权的空间和可能性，一个人的赋权可能会导致另一个人失去权力，以赋权的名义可能会出现权力的稀释，从而限制了助人的范围和空间；自助和赋权的直接关系含糊不清。

第二，不同个人的权能可能彼此冲突，当两个人处于同一个环境中时，增强谁的权能、如何做出选择，对社会工作者来说是一个难题。

第三，放大了服务对象责任，聚焦能力可能并未给服务对象带来更大的可能性。赋权视角的实践在现实生活中有聚焦于发展服务对象的能力面非社会变迁的风险，这有可能导致促进社会变迁的责任置于服务对象身上。即使服务对象的权力或能力得到提升，这样的任务在强大的社会障碍之下只能是不可承受之重。

第四，赋权有效性测量是一个尚未解决的问题。赋权的含义繁杂，有些指标相互矛盾，缺乏一个标准而严格的评估体系。

本章小结

本章聚焦于是赋权视角的理论脉络、概念框架与实践框架。主要介绍了赋权理论的主要发展脉络，阐述了该理论基本的概念框架和实践模型。通过与案例相结合的方式讲解了赋权理论在实践中尤其是服务受家庭暴力的妇女的案例中的具体运用。主要包含以下知识点：

1. 赋权这一概念是所罗门引入社会工作实务的，其后它成为社会工作的一个核心概念。“赋权”的概念是和“权力”及“无权”具有十分紧密的内在逻辑联系。

2. 在社会工作领域中，权力指人们所拥有的能力，这种能力不仅表现为一种客观的存在，而且表现为人们的一种主观感受，也即权力感，而这种感受可以增进人们的自我概念、自尊、重要感，等等。

3. 如果权力意味着多种能力，那么无权显然就是缺乏这些能力。从资源的角度来看，缺乏资源也是无权。这些资源包括有形的和无形的。此外，无权不仅是一种能力或资源的缺乏状态，同时也是一个内化过程。

4. 赋权的过程包括四个要素：第一，态度、价值和信念。第二，集体经验分享。第三，批判性思考。第四，行动。

5. 赋权实践中，把助人活动组织起来的架构由五方面的要素组成，包括问题的界定与评估、确定目标、角色承担、介入策略和技术、评估。

资源链接

视频微课 9－1　视频微课 9－2　视频微课 9－3　视频微课 9－4

视频微课 9－5　视频微课 9－6　视频微课 9－7

思考题

1. 赋权理论有哪些基本概念？分别是什么含义？
2. 赋权理论的基本特点是什么？
3. 赋权理论的干预原则有哪些？
4. 在社会工作实务中，哪些群体的什么困境可以运用赋权理论？
5. 赋权过程的实践模型的构成要素包含哪些？

在线自测

扫一扫　练一练

第十章　优势视角理论

学习目标

通过本章学习，掌握优势视角的基本内涵、假设，掌握优势视角指导下社会工作实务的原则和策略；掌握优势视角如何更好地适应具体情境；掌握社会工作实践中应用优势视角方法分析案例并对服务对象开展工作。

建议学时

4 课时

案例

在优势视角的指导下，专业社工针对产业园内由农村妇女转化而来的女职工，开展心理咨询、压力疏导、闲暇生活安排及知识学习等服务，缓解她们在工作、生活中的压力，提升女职工的生活能力和工作动力，建立积极的就业观，以更好地适应企业生活。同时，通过沟通协调，规范企业管理，开展人文关怀的企业文化营造，协调劳资关系，减少就业不稳定因素，促进稳工，防止返贫，实现妇女及其家庭的可持续发展。

该项目主要针对 B 产业园内的职工、带队干部及企业管理者，通过一对一和团体辅导两种形式帮助员工解决就业过程中因生活习惯、习俗、传统价值、家庭困境等因素造成心理、情绪等不适应问题，帮助员工顺利完成“由农民到产业工人”的自我转化；通过法律基础知识、日常表达、健康知识、职业规划等课程，提升职工的学习能力，发掘自身潜能，增强自我发展的动力；结合节庆等特殊日子，联动园区、企业及社会资源，为职工设计开展喜闻乐见的园区休闲互动，丰富职工的业余生活，增加职工对产业园的归属感和认同感；组织职工学习企业规章制度，引导职工理性对待企业管理方式，组织企业中层管理者学习优秀的管理经验，营造人文关怀的企业文化氛围，做好劳资沟通、协调，搭建企业与职工关系间的桥梁。

通过企业社工开展专业实践，一方面企业社工通过心理辅导的方式给园区职工、带队干部注入能量；另一方面，企业社工通过大型活动的开展，提升产业园职工稳工率，吸引更多的妇女来产业园就业。B 产业园管委会联合多家单位，将服务内容进行拓展，以活动下乡村的形式，深入到 B 产业园企业职工乡村，以现身说法的形式，宣传就业对妇女带来的变化，在妇女职工所在村庄、乡镇营造适合妇女外出就业的环境，鼓励当地妇女走出家门外出就业；同时，树立独立自主、不依赖别人、靠自己的劳动而生活的思想观念及企业培训、团建及节日性质活动的开展，拉近了企业和员工间的关系。产业园企业社工服务项目共开展辅导个案 4 个、咨询个案 67 个、接待职工 437 人次、播放周末影院 7 场、常规企业走访 1 438 人次、团体心理辅导 8 场、开展园区内活动 15 场，外展活动 24 场、开展罢工现象调解 4 次、协助产业园及企业节日活动 3 场、开展企业职工懈怠团体辅导课程 2 次。

第一节　优势视角理论与社会工作

《孟子·告子篇》曰："舜发于畎亩之中，傅说举于版筑之间，胶鬲举于鱼盐之中，管夷吾举于士，孙叔敖举于海，百里奚举于市。故天将降大任于是人也，必先苦其心志，劳其筋骨，饿其体肤，空乏其身，行拂乱其所为，所以动心忍性，曾益其所不能。人恒过，然后能改；困于心，衡于虑，而后作；征于色，发于声，而后喻。入则无法家拂士，出则无敌国外患者，国恒亡。然后知生于忧患而死于安乐也。"我们对这个内容十分熟悉。在中国文化传统中，有许多类似的故事告诉我们：要正向看待生命中的不顺遂，面对困难时要能保持韧性，并将之视为生命成长的养分。社会工作发展至今，不断在修正和反省看待个人问题的视角。回归到最根本的问题就是："为什么面对同样的困境，有些人能够克服，有些人却丧志消沉？"像罹患先天性罕见疾病的霍金、身残志坚的张海迪……他们都曾遭遇生命的各种困境，但为什么没有被打倒？反而他们的生命更加发光发热？是因为他们拥有坚强的意志、超人的能力？或者因为他们有"贵人"相助、特别受到上天的眷顾？国外有学者为了能够科学地解释这个现象，自 20 世纪 50 年代开始，对生活在风险环境中的儿童进行了纵贯研究。研究结果发现：具有抗逆力者，最终必能成功克服生活逆境。不管是什么风险因素、有多么严重，研究结果发现，暴露其中的孩童有超过一半并没有受到显著的不良影响。他们开启了抗逆力研究的先河，自此改变了社会工作的服务哲学。过去，社会工作强调要找出为何落入负面处境的风险因子，并且致力于通过各种服务方案减除风险因子的作用。然而，抗逆力理论认为，风险因子与保护因子同时存在于个人的生活环境中，找出使人能够超越逆境的保护因子将更有意义。在社会工作中，使服务对象具有抗逆力的做法就是运用优势视角的结果。

一、优势视角理论简介

优势视角的提出是社会工作理论与实践范式的革命性转变，该理论不仅被认为是带有社会工作专业标签的特色理论，也是当下社会工作领域被讨论、使用最多的理论之一。

优势视角是人们和社会对消极方面关注的一种代替，也是对助人自助、利他主义等社会工作价值更恰当的表达。在优势视角下，强调积极的品质和属性为社会工作实践创造了一个质的不同背景，它使社会工作者与他的价值体系保持一致。优势视角的假设是建立在信念而非经验事实的基础之上，即相信所有人都拥有天赋、能力、领悟力、技能和抱负。

二、优势视角下的社会工作实务特征

以萨利贝（Dennis Saleebey）为代表的西方社会工作研究者，对以往问题为本的实践

取向进行反思并提出从问题视角向优势视角的转变。第一，优势视角相信人自身拥有的力量，秉承如下原则：每个个人、团体、家庭和社区都有优势，有他们的财富、资源、智慧和知识，优势视角就是要尊重这些优势资源并加以甄别，从而实现对不幸和困苦的对抗；第二，认为创伤和虐待、疾病和抗争具有伤害性，但也可能是挑战和机遇，个人和社区都具备反弹和调整的能力；第三，和服务对象合作，我们可以更好地服务于服务对象，从服务对象的叙述中寻找他们自身的资源和解放的可能；第四，认为所有环境都充满资源，个体和社区都应该充分利用自身的资本和资源；第五，关怀、照顾和脉络，优势视角也涉及希望与变革的可能性，这种希望与变革通过对家庭、邻里、社区、文化和国家之间的社会关系的加强而得以实现。

优势视角下的社会工作强调将服务对象的优点包括进来，强调人的能力、价值、兴趣、资源、成就和抱负在满足自己需要和解决问题中的作用。优势视角的社会工作实务强调：第一，个人、小组、家庭和社区都有优点，都有他们内在的和外在的资源；第二，贫穷、歧视、疾病和困难可能是伤害，但它们也可能成为挑战和机遇；第三，人的成长和转变的能力是巨大的，应认真对待个人、群体和社区的理想；第四，社会工作者只有通过与服务对象的协作才能最好地为他们服务；第五，每一种环境都充满资源。

优势视角对社会工作的影响可以归纳为以下几个方面（文军等，2013）：

首先，优势视角的产生和发展引导着一种新型社会工作理论范式的形成。以往的社会工作理论基础是建立在病理学角度上的理论分析，社会工作专业或多或少地倾向于用某些病态的词汇来描述服务对象的状况。优势视角则开辟了一个与此不同的新的理论范式和实践模式，它采用资源丰富、希望、创造力、能力等积极的词语去取代病理学的专业术语。

其次，优势视角改变了社会工作者在服务关系中处于主导地位的状况，有利于服务对象和社工平等服务关系的建立。以往的理论范式和实践模式往往通过权力的运作过程给服务对象贴上“病人”的标签，目的在于找到问题存在的原因并拿出一份行动计划或治疗方案。社工服务服务对象过程的背后隐含其获得专家心理上的满足，社工和服务对象之间的关系是不平等的。优势视角对服务对象不幸遭遇中能力、资源与优势的发掘，将服务对象带到平凡的日常生活中来。这是将服务对象置于重要位置、社工与服务对象间的权力关系趋于平等的重要体现。

再次，优势视角深刻贯彻了“助人自助”的社会工作核心理念，对服务对象自我抗御风险能力的培养有积极意义。传统的社会工作理论范式和实践模式以服务对象的问题为核心内容和目标，以问题为中心制定的行动方案也意味着服务对象问题解决后此次服务的完成。但仅仅把问题解决是不够的，这容易忽略服务对象表面问题背后所隐藏的深层问题。优势视角聚焦于服务对象的个人层面和社会层面，正是透过表面问题看到服务对象具有的但被埋没的潜能和可利用的社区、社会资源，并将这些优势挖掘出来，以服务对象能够自如整合运用这些潜能、资源来获得更积极的生活状态为目的，达到传递给服务对象积极的情绪，使其以积极心态来对待生活的目标。

最后，在社会工作实务应用领域，优势视角得以广泛应用，对社会工作实务的指导产生重要作用。经过几十年的发展，优势视角理念逐渐占据社会工作实务指导理论的主流地位，其理念和诸多概念被实践于具体操作之中。实际研究也不断表明，优势视角对精神疾病、慢性疾病、老人服务及药物滥用等情形的服务效果尤为显著。优势视角在实践操作中的应用，都体现了其优秀的理论指导特质。

第二节　优势视角理论的基本概念与假设

优势视角下社会工作的实践操作性依赖于优势视角自身的知识体系。优势视角中的核心概念构成了优势视角的实践框架，也是社会工作实务介入的重点。因此，厘清核心概念及其逻辑关系是社会工作实践发展的关键步骤。综合现有研究对核心概念的阐述，可将优势视角的核心概念汇总如下。

一、抗逆力与优势

抗逆力是优势视角中最为核心的概念。抗逆力是指尽管个人处在明显具有威胁性的情境脉络中，但仍能表现出超乎预料的功能或行为结果，而成功适应并获得发展；能从困境中站起来，并变得更强壮、更有资源运用能力；是一种面对风险与挑战时，忍耐、自我修正与成长的积极过程。拥有抗逆力的人，即使处在不利发展的劣势环境中，仍能持续运用其所拥有的内在或外在资源突破自身所处的困境，从逆境中获得恢复的力量，并在生命旅程中持续往前走。不仅不受环境影响而受伤，反而会让生活有更多的拓展。所以，抗逆力是一个动态的过程，是一种良好的适应，是一种个人力量的恢复。抗逆力不是“强悍”“不求人”或是“能够轻松渡过风险”，而是通过开放的经验，以及与其他人的互相扶持来达成。具有抗逆力的个人不是天生的“英雄”或“天才”，而是能够在每一次的困境中淬炼出来。

抗逆力中的“逆”即为“逆境”。逆境是指对一个系统造成功能或生存的障碍，或是对适应或发展造成威胁的经验，例如贫穷、无家可归、儿童虐待、政治冲突、灾难事件等，以及重大创伤经验、个人长期的身心行为困境和环境长期的压迫困难等。根据研究主题或领域不同，其所研究的逆境类型各有差异，逆境常见的类型可分为三种：（1）重大创伤事件的经验，如受暴力攻击、身心虐待、生活意外风险、死亡或失落、灾难等；（2）个人长期的身心行为困境，如身心疾病、学业困难或低成就、高风险行为；（3）环境长期压迫造成的困难，如阶级、种族、身份、社区贫困、政策不公平等。多数儿童看起来虽然生活平顺，却必须管理每日生活中的困难，故威胁性环境应包括其每日生活中需克服的风险等。因此，儿童每日面对的各种生活责任与压力事件也可界定为逆境。有两个概念与逆境紧密相关。首先是风险因子。风险与风险因子不同。风险是指不期望结果发生的可能性。例如：双亲罹患精神分裂症的子女，其出现发展困难的可能性高于双亲没有罹患精神分裂症者。风险因子指特定的个人、群体或其所处情境中，那些可被预测的、会产生特定负面结果的指标。多数研究所界定的威胁性环境与身心虐待、身心疾病、生活挑战与风险等有关。在社会工作领域中，风险因子的意涵多与行为、态度及情境等有关的特征，包括个人、家庭与家族等生态脉络有关。其次是保护因子。个人的抗逆力必须在逆境中通过保护因子的作用达到复原的结果。当然，个人的生活环境中也同时存在风险因子。但抗逆力理论认为相对于风险因子，保护因子应更为社会工作实务者所重视。保护因子是复原能力展现最重要的面向之一。个人持续接触保护因子，能够抵消或缓冲新的或持续存在的压力、创伤或逆境所带来的负面影响。保护因子常用来指涉那些能减缓、调节或修补风险之能力，并能用于预测未来发展结果的要素。有人认为保护因子偏重个人人格特质或能力，有人则主张应关注社会环境，另有提出个人特质与环境并重者。

总的来说，保护因子可分为外在保护因子与内在保护因子两大类，外在保护因子强调的是资源，而内在保护因子着重个人发展出的能力。外在保护因子——资源：指那些能为个人所用，来对抗逆境、困境和风险的各种社会支持与机会。内在保护因子——发展出的能力：以个人心理社会观点为出发点，强调抗逆力是一种个人内在的保护机制，可用来有效地因应压力环境或潜在创伤性事件，是个人在成长过程中发展出的能力，包括勇气、希望、问题解决能力等。

要对优势视角下的抗逆力进行解读，要弄清楚两个问题：一是抗逆力在优势视角下具体是什么性质；二是抗逆力和优势之间是什么关系。首先，在优势视角的理论视野下，抗逆力是一种人们面对磨难而抗争的能力，同时也是人们固有的一种个性品质，更是人们在挫折面前持续成长的过程。其次，“抗逆力”常与“优势”交替使用。杜立婕认为，两者可以直接被看作“以人为本”或者“以服务对象为中心”服务模式和原则的进一步分化和发展。也有研究认为，抗逆力是优势视角体现和操作化的特征。从优势视角“所有的环境都充满资源”“每个个人、团体、家庭和社区都有优势（财富、资源、智慧和知识）”等原则来看，抗逆力是人的内在优势，是我们在实务中可以去挖掘并利用的资源。另一方面，来自外部高质量的社会支持与社会关系可以提升个体抗逆力，社会支持和人际网络是外在优势。由此可见，优势与抗逆力并不完全一致。此外，核心概念“参与和社会支持网络”也强调外部支持网络和环境的优势与资源，该概念可被视作抗逆力的来源。

二、赋权

经常与优势视角相伴而行的是社会工作的赋权理论，同样强调对服务对象能力的看重和资源、潜能的发掘，从而增进服务对象的综合能力和力量。赋权的英文为 empowerment，也有“增能”“增权”“赋能”等译法，这些译法本身也体现了译者对这一词汇理解的不同取向，在此不做赘述。一般认为，这一概念缘起于 20 世纪 70 年代黑人作家所罗门（Solomon）在提倡黑人自强运动时所提出的，他指出：“赋权是一个过程，在这一过程中，社会工作者对服务对象开展活动，旨在降低他们因处于污名化群体获得消极评价进而产生的无权能感，其包含有助于解决问题的权力障碍的确认以及旨在减少直接或间接权力阻碍的具体策略的实施”。

优势视角认为解决问题的关键在于赋权，让服务对象发现自己拥有掌控、应对问题的能力。每个人都会面临环境和制度的压迫，从而产生自我掌握的无力感，而赋权的核心就是减少社会和个人障碍对行使现有权力的影响，增强个人运用权力的能力和自信，帮助服务对象获得对自己生活的决定权和行动权，增强其对自身及生活的掌控感（马尔科姆，2008）。优势视角下的赋权，不仅具有传统赋权理论的理论特质，也发展出了新的赋权取向，优势视角下的赋权强调要扩展服务对象的优势和能力。

三、希望

萨利贝认为，希望是一种面向未来的情绪、感知，或是一系列面对迫切渴望、需求、挑战时所产生的想法。优势视角强调关注服务对象的梦想和希望，社会工作者应鼓励服务对象去想想未来可能发生什么，以及如何发生。

四、对话与合作

社会工作者在问题视角下的实践中往往扮演着专业权威的角色，往往会主导工作中的话语权，给干预活动带来阻碍和麻烦，从而带来专业关系上的不平等。不平等的专业关系意味着社会工作者和服务对象之间的合作可能是命令式的、服从式的。而优势视角下的社会工作专业实践要求社会工作者与服务对象之间是平等的专业关系。平等、尊重、倾听的对话才能带来这种平等的专业关系和良好的合作氛围。

第三节　优势视角理论在社会工作中的应用

一、优势视角的适用领域和内容

问题视角下的社会工作实践，是基于对服务对象问题的诊断来进行的。我们会将服务对象的故事转化成问题、缺陷、病理或者失败等相关的概念，并根据这些概念进行干预。优势视角下的社会工作实践则是要求社会工作者应当从积极的角度去描述服务对象，我们就能发现和挖掘相应的优势并进行相关的干预。核心概念是优势视角的知识体系，其自身的逻辑关联是统筹实践服务的核心与关键。“优势”“赋权”和“抗逆力”等核心概念为社会工作实务提供了科学的方法论指导和行之有效的实践框架。

具体说来，优势视角取向的社会工作服务领域和内容如下。

（一）优势为本取向的社会工作基于生态系统与赋权理论

优势为本的社会工作实务是批判当时主流的疾病为本的心理治疗模式社会工作，由萨利贝所提出，用来提供儿童福利、物质滥用、家庭福利与老人服务。后来，则用于处在弱势情境的无权力者、新移民、低收入团体、慢性疾病患者等。

（二）优势为本取向的社会工作在实务中呈现的特征

（1）关注服务对象的优势与能力；认为所有的服务对象都有其优势，不论其问题或不利环境是什么。

（2）强调应转变社会工作的专业关系，从不平等的专家关系，到平等的协同伙伴关系来解决问题。

（3）协助服务对象发现自己的潜能、增强服务对象的能力，以帮助服务对象从逆境中复原。

（三）优势视角的工作模式

与心理治疗工作模式不同，优势视角不认为服务对象是有缺陷或有疾病的，这与权能增强取向不同，因为它们并没有把服务对象视为一开始就是没有权力的。

（四）优势视角的抗逆力增强方案包含两类正向的抗逆力指标

(1) 个人层次：自我效能、现实性评估及环境社会问题解决、方向或使命感、同理心、幽默、超越性别角色的固定特质。

(2) 人际层次：有正向的关怀关系、有正向的家庭环境、其他亲密的环境形式、有充分高度的期望。

（五）优势视角取向的抗逆力培育的特点

(1) 协助的对象：主要是处于弱势状态或弱势地位者，如儿童保护、物质滥用、新移民、低收入者、慢性疾病者等。

(2) 逆境的特质：面对的逆境是长期性、阶层性的。

(3) 抗逆力增进的目标：激发个人既有的潜能、能力和权力，协助个人复原；每个人都有其优势。

二、干预的基本原则与策略

优势视角在社会工作实践中坚持以下三点原则：首先，在恰当的情境中认识问题，意识到问题并不是生活的全部，而只是暂时的、特殊的境况；其次，对问题本身或事物的消极方面的关注适当减少，充分调动个人、家庭和社区的资源，使得另一种不同生活的创造成为可能，将焦点放在服务对象的期望、技能和能力方面；最后，利用更简单的、日常化的语言去谈论服务对象的问题，建立其对生活的自主性和控制感，减少职业化、理性化的甚至污名化的语言来谈论服务对象面临的问题。

优势视角实务操作方法的应用主要围绕以下六个实务指导性策略展开。

（一）对服务对象优势的聚焦

在社会工作者和服务对象进行互动时，通过对服务对象生活情形的观察，了解其优点并给予肯定，并且通过服务对象对过去的回忆，社会工作者可以帮助服务对象唤回过去的正向经验，重温原来的优点经验；与此同时，借助对服务对象情况改变有影响力的关键人物，利用正式和非正式的社会支持网络，解构服务对象负面语言、情绪背后的问题，并重建服务对象的优势语言。

（二）发掘服务对象学习、成长和改变的能力

优势视角承认人具有无限的天赋和潜力，这种潜力只是处于未被发掘的状态，社会工作者的目的就是发掘服务对象的天赋和潜能，促进服务对象的学习、成长和改变。因此，首先，社工要相信服务对象具有改变现状的能力，并力图通过对服务对象日常生活的参与和观察，发现服务对象的能力，然后给予肯定和鼓励。其次，社工需要进一步启发服务对象改变现实的愿望，激发其动力，与之讨论未来需要改变时应运用和开拓的资源和策略。再次，增强服务对象的权能也是社工在实务工作中的重要一步，社工应在适当时机给予服务对象帮助，而不是什么事情都帮助服务对象做好，并且，社工应注意培养服务对象自立的能力。又次，社工在某些必要情形下应对服务对象采取示范和指导的方式

引导服务对象和周围环境形成良性沟通机制。最后，由于服务对象自我改变的实现是一个长期且持续的过程，社工一次性的服务无法彻底达到最初设定的目标，这就需要社工和服务对象讨论分析今后可能出现的各种障碍，并制定相应的应对策略和技巧，以维持一种长效的改变。

（三）和服务对象形成并维持良好的关系

良好助人关系的确立对于社会工作者服务的开展和服务对象情况的改变有很大帮助，如何接近服务对象、如何走进服务对象的内心世界、如何让服务对象向社工敞开心扉、如何和服务对象建立平等且合作的关系，无一不影响服务的效果。良好助人关系的形成，首先需要社工采用“具体问题具体分析”的方法，对不同年龄的服务对象采用不同的亲近方式，这就需要提前对服务对象的背景、喜好、性格等有一定的了解；其次，社会工作者应该因时制宜地采用和服务对象不同的联系方式，巧妙运用家访、打电话等方式，甚至通过书信来有效实现与服务对象的沟通；再次，必要时，社会工作者通过自我展示来达到和服务对象的共鸣，有利于获取服务对象的信任；最后，服务对象现在所处的困境容易使其生出孤独无力之感，社工的鼓励和支持可能是对服务对象的无形帮助。

（四）外展的处遇方式

对服务对象实际生活环境的参与和观察，了解服务对象日常活动的情况，以求达到对服务对象所处社区的经济、风气、文化活动和服务对象家庭情况的掌握，对于社会工作者服务的开展有很大的帮助。这就需要社工走出办公室，进行家访和实地了解，与服务对象进行全方位的接触，以便良好地应对服务过程中的各种情况和问题。外展地点应该选择服务对象经常出入的地方，必要时要到轻松自在的地方以利于服务对象心理压力的释放；外展的时间应征求服务对象同意，并且最好不要占用服务对象太多的时间；外展对象不仅仅包括服务对象，还包括服务对象社会支持网络中的成员，这样才能获得更多的资源。

（五）对社区资源的有效利用

不同于作为一种方法、途径和手段的外展做法，社区资源是优势观点的社会工作的目标和结果，社会工作者需要将社区中的各种服务联结成一个网络，达成全面的服务目标。社区的资源分为以政府和非营利组织等机构的服务为表现形式的正式资源和亲人、邻里、同事的帮助为内容的非正式资源。这两方面资源的运用需要社工从探寻固有资源、化解矛盾、联结已有资源、增强资源力度、协助案主建构资源并维持服务对象运用资源的能力这几个方面进行。

（六）服务对象的倡导作用

服务对象具有独立自由的意志和自我决定的权利和义务，即服务对象自决，是社会工作服务的一项基本原则，而社会工作者没有权利和义务支配服务对象的决定，所以，服务对象在助人关系中处于倡导、自主的地位，社会工作者起到的是协助的作用：帮助服务对象了解真正需求、制订服务计划并讨论服务目标、促进服务对象采取行动进行抉择以及鼓励服务对象采取行动执行计划。

第四节 优势视角理论的案例分析

我们以企业社会工作者介入产业园区，通过赋权协助当地农村妇女成功转型为企业职工的B项目为例，介绍优势视角在社会工作实务中的运用策略。

一、需求评估

B项目服务的产业园所在地区是贫困人口集中地区，且贫困人口中绝大多数是少数民族，文化水平、生活习俗等严重影响着当地贫困群体的就业水平，当地政府在就业稳工方面做了很大努力，建立产业园招商引资，到农户家宣传就业等，但是一开始成效很微弱。贫困户都是从未走出乡村的农户，习惯了自由自在、没有约束，无所谓上下班的概念，流动性非常大，工作效率特别低。加之当地产业园新建立，新入驻企业并不了解当地情况，有着语言的沟通障碍，很难实现对员工的有效管理。产业园区的管理部门由三支队伍组成：管委会、带队干部、驻园工作组，三支队伍也是新入驻的，都在磨合期，园区事务也在探索中，分工尚不明确。企业面临的急迫用工需求问题与现实的管理问题出现了较大矛盾。如何将被动就业的农户转变成主动就业的产业工人？如何协助入驻企业员工进行有效管理？如何保障就业稳工、脱贫攻坚？这些成为产业园和当地政府苦恼的问题。当地社工站作为与农户长期打交道且专业服务运作成熟的社会组织，被产业园区和政府部门突破以上难题寄予厚望。

二、干预目标确定

企业社工把社工专业服务延伸到企业领域，运用社会工作的方法服务企业员工、管理者和消费者，倡导企业的社会责任和与企业有关的社会公共政策，以员工身心健康、职业发展与规划、社会参与为主要内容，以推动社会、企业与员工的共赢发展为目标。

社工能够根据企业和职工的现实需求策划服务内容。不论是走访车间发现的沟通问题、管理问题，还是在服务中发现的妇女们遭受的家暴和疾病问题，社工都能以妇女为主体，开展的服务内容都能契合服务对象的现实需求。更为重要的是，社工相信妇女职工有能力改变自己并影响他人，将她们发掘培养成为骨干，服务更多的服务对象。正如某社工所说：

> “第一次小组活动招募了20多个人，做完之后反响挺好的，她们回去跟企业说了之后，企业就直接找来我们，后来需求量挺大的，所以我们就培养了一批队伍，招募了几个沟通能力强的妇女，就是队伍骨干，社工教她们如何教别人。”

社工首先要相信服务对象具有改变现状的能力，并力图通过对服务对象日常生活的参与和观察发现服务对象的能力，然后给予肯定和鼓励。其次，增强服务妇女职工的能力也是社工在服务过程中的重要一步，在适当时机给予她们帮助，而不是什么事情都帮助服务对象做好。在服务过程中，社工注重利用本地资源，挖掘妇女职工骨干，培养语言教学的志愿者，既提升了妇女的能力，又使社工的服务可持续。

三、服务提供

通过培养妇女就业能力，妇女能自己赚钱了，不用再依附丈夫，产生了“赚钱真好”的感受。B项目最大的成效在于给中年妇女带来了希望，给了她们力量感，找到了可以赚钱的路子。妇女通过就业、获得经济收入，赢得了丈夫和孩子的尊重，家庭地位得到提升，家庭的氛围也改变了，积极健康的生活态度得以建立。正如该项目的社工所说：

> 很多妇女之前不想就业，后来她们赚钱之后，在家里的地位提高了。刚开始时她的老公、家人都不支持她，在工作有了收入之后，不仅是对她自己的经济有帮助，而且她赚的钱为整个家庭带来了稳定的收入，家人、孩子也慢慢转变态度，支持她工作。孩子会说：“妈妈你可以去工作。”她老公也希望她继续工作。之前家里全部事情（家务）由妇女来承担，但是她工作之后，她老公开始给家里的牲畜喂饲料，会觉得“你辛苦了”，然后孩子们回家之后也帮妈妈洗碗、打扫卫生等，妇女们都觉得特别开心。
>
> 教育引导是我们开展的主要内容。我们会有一些法律知识的讲座，产业园里的职工都是妇女，她们在心理咨询的时候有家暴，有离婚，这类问题特别多。妇女们大部分是文化水平较低的少数民族，她们不懂汉语，很难与汉族师傅沟通。因此我们特别组织了汉语学习小组，不学什么复杂的语句，就教一些工作中必须用到的短句，教她们跟工作直接相关的语句。效果非常好，解决了企业和职工面临的现实问题。

对产业园区妇女职工实际生活环境的参与和观察，了解她们日常活动，掌握所处社区与家庭的情况，对于社会工作者服务的开展有很大的帮助。正如该项目一位社工所说：

> 我们一般每天上午都会去车间走访，去车间里跟工人聊，跟组长聊，发现这些问题之后就设计针对性的服务内容。同时将服务内容进行拓展，深入到B产业园企业职工乡村，以现身说法的形式，宣传就业对妇女带来的变化，在妇女职工所在村庄、乡镇营造适合妇女外出就业的环境，鼓励当地妇女走出家门外出就业。

同时，社工还非常注重对社区资源的有效利用，将社区中的各种服务联结成一个网络，达成全面的服务目标。产业园的社工从探寻固有资源、化解矛盾、联结已有资源、增强资源力度、协助服务对象建构资源并运用资源方面提升园区女职工的能力。正如一位社工所说：

> 产业园每个月每周都有新人过来，但由于园区特别大，她们不了解环境。比如说，吃饭在哪儿吃？办工资卡在哪儿办？新来的职工全都不知道。我们就做了便民体验的服务。我们通过链接产业园里食堂、超市、医院、幼儿园、银行等部门的负责人，请他们来介绍。比如说幼儿园，介绍入园需要哪些条件，什么样的人可以送过来？平时是怎样安排的？再比如，医院分了哪些科室？什么病可以在哪儿看？我们会

先跟职工有一个互动，我们会把她们带到社工站，与社工熟悉之后，再带她们转园区。

特色服务是咨询调解，比方说工资拖欠问题，我们会从中进行调解。还有专门针对妇女的健康知识。企业管理层反映，有些妇女经常请假，今天身体不舒服，明天身体不舒服。社工请来医院妇科方面的医生做讲座。

四、效果评估

通过引入社工进驻产业园，缓解了园区和企业的管理难题，也协助解决了新入职妇女的适应性问题，在此过程中还通过为职工开展语言学习、健康讲座、法律知识普及等服务为妇女们赋权，协助妇女们快速适应园区生活，为就业稳工起到了很好的保障作用。

以妇女为服务对象既是依据当地农村现实需求，也是在服务开展过程中不断总结挖掘的结果。通过挖掘、提升和培养妇女的能力，进而带来了农户家庭内生力的提高，降低了农户家庭返贫的风险。社工站通过项目实施发掘了妇女的潜力，将工作的重点集中到妇女能力建设方面，通过持续的项目实施，提升妇女（主要是中年妇女）的自我效能感，不断发现自身的优势，以实现农村妇女整体能力提升的目标。个人能力的提升实质上指的是贫困群众在自我意识、能动能力、参与能力、自决能力四种具体能力的提升，这四种具体的能力能够帮助贫困群众逐步提升综合素质，促进自我脱贫、自我发展的能力。该项目将妇女作为主要的服务对象，通过妇女能力发展带来家庭权力关系的变化，提升了家庭整体抵御返贫的能力。

五、反思与启发

优势视角作为当代社会工作重要理论之一，不仅对社会工作的后续发展有重要影响，而且对中观和微观层面的社会工作实务服务意义重大。

优势视角自问世以来就招致了一些批评建议，虽然多年的发展也促进了该理论的不断完善，但仍存在一些不足。运用优势视角，在实操过程中我们需要保持警醒。对优势视角最大的质疑来源于其过分的乐观主义和对社会结构性制约的忽视。批评者一般认为，优势视角观点是一种伪装的正向思考，它忽略了服务使用者的实际遭遇，只是重新构建服务使用者悲惨的境遇，并且过于乐观（塞勒伯，2004）。以优势视角为基础的社会工作模式为我们描绘了一个前途一片光明、生活满是希望的美好世界，在这里，积极向上的服务对象、满怀希望的社工和平等合作的服务关系把人的主观能动性发挥到了极致，却忽略了社会结构对结构性贫困、制度性不平等以及压迫和歧视对个体、家庭及社区的压迫与宰制。面对如此批评，我们要为优势视角辩解的是，从优势、资源角度思考服务对象问题的优势视角，并不是要刻意轻视社会的结构性制约对服务对象自身问题的作用，也不是忽略服务对象的痛苦或不足之处这样的事实，而是期待社会工作者从优势角度出发，协助服务对象换一种态度去思考自己的问题，运用自身拥有的才智、资源来实现自己的愿望并寻求改变的机会。

第五节　优势视角理论的优势与不足

一、优势视角的优势

“优势视角”是一种关注人的内在力量和优势资源的视角，优势视角着重强调人们及其环境中的优势和资源，并将其作为社会工作助人过程中所关注的焦点，从而抛却对服务对象问题和病理的关注。优势视角立足的基本信念，是个人面对环境和生活的挑战具备有效应对的能力与内部资源。从优势视角的基本理念可以看出该理论对人类自身未来发展能力和蜕变能力的信任。对于持优势观点的社会工作者而言，不论服务对象身处何种艰难的困顿中，即使他是最卑微的人，也能发现其散发的独特的精神特质。优势视角就是提供给每个人不可磨灭的“可能性”。作为后现代时期对传统问题视角理论范式的挑战与超越，优势视角将更多的注意力聚焦在服务对象所具有的优势和潜能上，关注社工与服务对象之间权力关系的平等，强调服务对象挖掘缺陷与不足之外的能力和资源，重申了社会工作专业以人为本的价值理念。优势视角以一种新的看待问题的思维方式被引入社会工作领域，抗逆力、赋权等优势词汇为社会工作未来发展开启了一个新的空间（文军等，2013）。

二、优势视角的不足

当下优势视角的理论研究面临诸多争议与批评，理论研究与实务干预研究也呈现彼此隔离、自说自话的尴尬局面。实务研究中直接被使用的“抗逆力”“赋权”“希望”等核心概念，在社会工作介入过程中如何使用，彼此在介入工作中呈现何种关系，缺乏深入讨论。除理论缘起的争议外，优势视角面临的理论性弱与可操作性差等批判直接指出优势视角当下对自身概念体系、内涵、逻辑关注的不足，这些不足也直接导致本就含糊不清的理论自身在实践中缺乏理论指导性。

不容忽视的是，信奉优势视角的社会工作者虽然不担心他人“过分乐观”和“忽视结构性制约”的批评，但宏观角度的社会结构和社会环境对个人优势发挥的制约在无形中产生的影响，使优势视角在实务操作过程中为社会工作者和服务对象带来了“问题情境”的困境。尽管优势视角极力强调对个人和社区优势资源的发掘，却也难以抵制社会和环境层面的阻碍和制约。在社会结构和社会环境的影响下，服务对象“复原力”的效果参差不齐。因此，服务对象能否发掘自身优势和资源，提升自己的“复原力”，仍然是社会工作者的一大挑战。

再者，优势视角在个别实务领域的局限作用也难以忽略不计。诚如上文所言，虽然优势视角广泛应用于实务领域，但在某些领域不能完全适用。诸如儿童保护工作、心理健康危险评估和矫治服务领域，社会工作者有一定的法律责任去评估服务使用者对他人的风险程度，这样一来对服务使用者优势的聚焦便不可行。因此，在面对由于弱点而引起风险的群体时，优势观点理论必须谨慎使用。上述问题也引发了社会工作者在对服务使用者真正优势的判断上，由于缺乏明确目标指导而产生模糊不定，因为文化和个人的差异导致了“优势”的具体内涵的变化万千。而这种情况的出现正是由于优势视角理念维度的单向性，使得在实务操作过程中产生不确定因素。

此外，鉴于优势视角近年来在我国的流行，理论滥用的情形屡见不鲜。通过对国内文献的研究可以发现，优势视角在残疾人就业、青少年网瘾戒除、亲子关系辅导、贫困大学生心理干预、农村扶贫、灾后重建等多方面、多领域得以应用。但细细看之，这些文献所谈的应用只是截取了优势视角中的若干概念，完全是断章取义之举，这种做法往往造成社会工作者知其然而不知其所以然的状况的出现。生搬硬套热门理论于社会工作实务中的做法，不仅使人对优势视角产生曲解，更不利于社会工作的长远发展。

如上所言，理论的发展往往和社会的发展紧密相连。任何理论都不可能尽善尽美，优势视角在得到广泛应用的同时也不可避免地受到了各样批评。作为对优势视角缺陷的弥补，实践中的社会工作发展出对一种整合型理论模式的需求。在功能角度的社会工作实务操作中，优势视角更多强调从预防和发展层面对服务对象开展服务，而问题视角则是从治疗层面开展服务。要实现服务对象的全面康复，需要从多个层面，即优势视角和问题视角互补运用的方式来完善进行。因此，这种理论模式不再仅仅依靠问题视角的方式或以优势为本的方式，而是加强对服务对象优势和弱势的同时关注，并兼顾个人关怀和社会正义两大社会工作价值观，从而为优势视角提供一个全面的框架。

本章小结

本章介绍了优势视角理论的基本概念与假设以及在社会工作中的运用。利用案例分析讲述了社会工作实务中各环节如何运用优势视角理论，并阐述优势视角理论的优势与不足。主要包含以下知识点：

1. 优势视角是人们和社会对消极方面关注的一种代替，也是对助人自助、利他主义等社会工作价值更恰当的表达。在优势视角下，强调积极的品质和属性为社会工作实践创造了一个不同背景，它使社会工作者与他的价值体系保持一致。优势视角的假设是建立在信念而非经验事实的基础之上，即相信所有人都拥有天赋、能力、领悟力、技能和抱负。优势视角下的社会工作强调将服务对象的优点包括进来，强调人的能力、价值、兴趣、资源、成就和抱负在满足自己需要和解决问题中的作用。

2. 优势视角的社会工作实务强调：第一，个人、小组、家庭和社区都有优点，都有他们内在的和外在的资源；第二，贫穷、歧视、疾病和困难可能是伤害，但它们也可能成为挑战和机遇；第三，人的成长和转变的能力是巨大的，应认真对待个人、群体和社区的理想；第四，社会工作者只有通过与服务对象的协作才能更好地为他们服务；第五，每一种环境都充满资源。

3. 优势视角下社会工作的实践操作性依赖于优势视角自身的知识体系。优势视角理论中的核心概念构成了优势视角的实践框架，也是社会工作实务的介入重点。因此，厘清核心概念及其逻辑关系是社会工作实践发展的关键步骤。优势视角的核心概念包括：抗逆力与优势、赋权、希望、对话与合作等。

4. 优势视角在社会工作实践中坚持以下三点原则：首先，在恰当的情境中认识问题，意识到问题并不是生活的全部，而只是暂时的、特殊的境况；其次，对问题本身或事物的消极方面的关注适当减少，充分调动个人、家庭和社区的资源，使得另一种不同生活的创造成为可能，将焦点放在服务对象的期望、技能和能力方面；最后，利用更简单的、日常化的语言去谈论服务对象的问题，建立其对生活的自主性和控制感，减少职业化、理性化甚至污名化的语言来谈论服务对象面临的问题。

5. 优势视角的实务操作方法的应用主要围绕六个指导性策略展开：对服务对象优势的聚焦，发掘服务对象学习、成长和改变的能力，与服务对象形成并维持良好的关系，外展的处遇方式，对社区资源的有效利用，服务对象的倡导作用。

资源链接

视频微课 10－1　视频微课 10－2　视频微课 10－3　视频微课 10－4　视频微课 10－5

思考题

1. 如何理解优势视角的理论内涵？
2. 优势视角理论包括哪些核心概念？
3. 优势视角理论包括哪些基本假设？
4. 优势视角取向社会工作的干预原则与策略有哪些？
5. 优势视角理论下的社会工作实务有哪些优势与局限？
6. 优势视角理论的主要特征有哪些？
7. 优势视角理论在社会工作中未来如何发展？

在线自测

扫一扫　练一练

第十一章 叙事治疗理论

学习目标

了解叙事治疗理论的基本概念和假设：理解叙事治疗与各学科或理论之间的关系；掌握叙事治疗的干预原则与技术；掌握在社会工作实务中进行叙事治疗的程序。

建议学时

6 学时

案例

本案例源自C市冬青社会工作服务中心"事实孤儿系统照顾"项目（以下简称"项目"），该项目旨在为C市事实无人抚养儿童（也称为事实孤儿）提供社会工作支持服务。本案例由项目组内社工刘平（后文称社工L）和黎雅洁（后文称社工小黎）共同负责，为服务对象提供服务。社工小黎负责案例的撰写，以下是社工小黎所记录的案例内容。

张浩（化名），项目服务对象，初中二年级。父亲与母亲早年离婚，张浩主要跟父亲一起生活，父亲腿部残疾，享有低保。以前张浩成绩很好，有良好的学习习惯，每天都会认真完成老师布置的任务，是老师眼中认真学习的"乖孩子"；虽然父亲常忙于生计而无暇顾及他，但对于父亲吩咐的事情他都会去完成。即使父母离异，但母爱并未在张浩的成长中缺失，张浩的母亲时常会带张浩去科技馆等地方玩，每次他们都会合影留念，留下属于他俩的记录。因为性格外向又讲义气，张浩在学校有几个好朋友，张浩经常会在放学后以及周末跟朋友一起玩。上初中接触到手机之后，张浩开始沉迷于玩游戏。常常熬夜玩游戏，上学迟到，成绩也因此下滑，被老师批评。对于父母的劝说他也是无动于衷。有一次，张浩出现"逃学"行为。自此之后，张浩常常"逃学"，父亲劝说他也只是嘴上答应，第二天仍旧"逃学"。任由老师劝说、父母打骂与哀求，也没能扭转这个局面。张浩变成了老师与父母眼里不听话、爱骗人的问题儿童。之后，张浩常常跟父亲发生冲突，关系紧张。在该项目的一次入户走访中，社工小黎到张浩家中，经过交谈，张浩父亲得知服务中心能够为他们提供服务后，便向社工寻求帮助，希望社工能够帮忙"治一治"张浩，让他乖乖去上学。社工小黎接受了张浩父亲的请求，开始了解关于张浩"逃学"的事情，思考如何运用叙事治疗理论为张浩开展服务。

第一节 叙事治疗理论与社会工作

叙事治疗理论作为以家庭治疗为基础发展而来的后现代心理治疗方法，主张以叙事隐喻发掘服务对象的生命故事（叙事治疗的对象存在多种称呼，本章统一称为“服务对象”），这为服务对象重新建构自己的生命故事、激发生命的潜能带来新的可能性。叙事治疗理论与社会工作在原则、理念等方面存在着共通性，因此，更多的研究者与社会工作者将叙事治疗理论与社会工作结合起来，推动了叙事治疗在社会工作领域的研究与发展，从而形成独特的社会工作实践范式。

本章先概述叙事治疗理论的发展历程，描述该理论与社会工作实务的关系，接着介绍叙事治疗理论的主要概念观点，然后重点介绍叙事治疗理论在社会工作实务中的运用，并运用案例分析阐述叙事治疗理论如何运用在社会工作实务各阶段之中，最后对叙事治疗理论及其在社会工作实务中的运用给予评价。

一、叙事治疗理论的发展简介

（一）叙事治疗的含义

叙事治疗，旨在帮助服务对象通过问题外化，解释和理解自己的生活故事，改善原有消极认识，从而建构新的生活故事，摆脱困境。叙事治疗理论并没有一个权威的、明确的定义。我们主要依据叙事治疗理论创始人迈克尔·怀特的核心观点与叙事治疗的过程确定具体含义，即社会工作者（原为“治疗师”，本书采用“社会工作者”这一称呼）在叙事治疗理念原则指导下，采用叙事治疗技术，引导服务对象积极叙说其生活故事（包括行为、思想、情感等），寻找生活中被遗忘而又具有积极意义的故事片段，鼓励服务对象重新建构生活故事，从而发掘自身内在的动力，增强自我效能。叙事治疗中的服务对象对问题的认识是消极的，这种消极认识源自社会主流文化对其问题的描述，文化中所携带的权力，压制着服务对象对自身的积极认知，因此，社会工作者需要协助服务对象外化问题，突破主流文化即知识背后的权力对服务对象的压制。其中社会工作者所遵从的理念原则包括聚焦于服务对象生活故事叙述、人与问题的分离和重构主流故事（何雪松，2006）。叙事治疗技术指倾听、提问的技术、外化、寻找独特的结果和治疗档案的运用等。

（二）叙事治疗理论的发展历程

叙事治疗理论的产生与发展是一个渐进的过程。它受到心理学家和家庭社会工作者的实践经验的启发，又在理论与实践中吸收心理学、人类学和后现代主义等学科与视角的观点，因而在发展过程中凸显不同的特点。

叙事治疗的起源最早可追溯到 20 世纪 60 年代的美国。当时，一些心理学家和社会工作者开始注意到服务对象如何通过讲述自己的故事来理解和应对生活中的困境。他们认为，“叙事”有助于服务对象建构身份认同、探索自我和解决心理问题。由此，“叙事”开始作为一种心理治疗的方法和工具。

随后 70 年代，人类学和社会建构主义的兴起也对叙事治疗理论的发展产生了重要的影响。人类学家们开始研究和探讨人类故事在文化和社会交往中的作用。他们发现，人们可以通过讲述和分享故事来传递价值观、经验和知识，故事是人类文化和社会交往的核心。另外，社会建构主义者指出，在社会建构主义的思潮下，人对世界（包括自我及他人）的理解，其实是通过对话相互建构而产生的，这种建构在很大程度上受到社会“主流知识”的影响，而叙事可以帮助服务对象重新构建对问题与生活的认识。由此，叙事治疗理论关注“叙事”在治疗中的重要作用，开始阐发叙事隐喻的概念和叙事思想的影响，凭借叙事的隐喻，叙事治疗不再以“信息”或“形态”等这样一些抽象的用语来解释服务对象的外在经验和社会经历，而是代之以一种故事的形式，因而在此过程中首要考虑的是历史性、社会性等因素对服务对象生活故事的影响。社会工作者也不再把自己视为一个修理坏机器的技工，也不是试图了解并影响复杂系统的生态学家，而是一个满怀兴趣的人，将众人的生活当成故事，以有意义并可以实践的方式，体验他们的生活故事，以此治疗他们。

直至80年代，正值后现代主义思潮的兴盛，叙事治疗的理论观点发生了转变。在后现代主义关于知识与权力关系的观点的影响下，其中以福柯为首的学者认为知识是权力的代表，“真理”是运用权力的结果，人只不过是运用权力的工具。他们质疑以所谓科学的通则（即通过客观的观察和测量去揭示事物的真理）去实现真理的可能性，因而强调服务对象对自我故事的重新解读和再构建，以实现服务对象的自由和权力。同时，学者们开始反思社会工作者在叙事治疗中的角色，社会工作者因掌握该领域科学的、专业的知识而被视为“专家”，而叙事治疗反对社会工作者以专家的身份探索服务对象问题的成因，以“科学的标准”去证明服务对象的改变，强调社会工作者应该以倾听者的身份与服务对象建立平等的合作关系，协助服务对象以叙述故事的方式，沉浸在故事中，发掘其中的独特结果，充实故事的内容。叙事治疗不再假定服务对象生活的方式，也不是帮助服务对象用另一个故事来取代原有的故事，而是致力于理解服务对象在社会和文化背景中的真实生活，与服务对象一起意识到生活有多种版本，有选择的余地与无数种可能性。

如今，叙事治疗理论呈现出整合性和多元化的趋势。众多来自不同领域的学者，如心理咨询、家庭治疗以及社工界、医疗界、教育界等，将叙事治疗理论运用在实践工作中，进行理论与实践模式的研究，以满足不同服务对象的需求。

二、叙事治疗理论与社会工作实务

叙事治疗与社会工作实务的关系可以通过两方面来理解，即叙事治疗理论与社会工作实务指导理论的契合和叙事治疗理论在社会工作实务领域的应用。由此说明叙事治疗理论运用于社会工作实践中的可行性，以及该理论在社会工作领域的实践。

（一）叙事治疗理论与社会工作实务相辅相成

叙事治疗理论与社会工作在对服务对象发展经历的认识上、所要达到的目的和与服务对象的关系上都有共同的追求。首先，叙事治疗理论与社会工作都关注服务对象的经历或生活故事，能为社会工作提供一个有益的框架。叙事治疗理论强调服务对象的故事和经验对缓解其困境的重要性，认为协助服务对象通过重建自己的故事，找到自我的意义和身份的认同，与社会工作致力于促进服务对象的自我认同和福祉的目的不谋而合。其次，社会工作者通过运用叙事治疗理论，帮助服务对象重新认识与理解自己的故事与问题，发现生命历程中未被发掘的重要经历，能够实现协助服务对象改变对自己和问题的看法，重新探索问题的根源，并找到解决问题的途径这一目标。最后，叙事治疗理论还可以用于促进与服务对象之间的沟通和互动。社会工作者可以利用叙事治疗的技巧和方法，帮助服务对象慢慢发掘“被遗忘”的生命故事，有利于建立良好的合作关系。通过共同建构故事，服务对象可以更好地理解自己和他人的角色和责任，从而更好地解决问题和冲突。

（二）叙事治疗理论与社会工作实务相互促进

社会工作存在众多实践领域，如青少年社会工作、社区社会工作和家庭社会工作等。20 世纪以来，西方各国将叙事治疗理论运用在社会工作实践中。纪默曼（J. Zimmerman）和迪克森（V. Dickerson）首先在美国将叙事治疗理论应用于青少年社会工作，并在《如果说出问题：叙说治疗历险记》中详细阐述了叙事治疗理论在青少年社会工作中的运用过程及其应当注意的一些问题。怀特为了将叙事治疗进一步引入社会工作实务而创立阿德雷德叙事治疗中心，目标是为社区提供叙事治疗相关的咨询服务，并且为个人、夫妻、家庭、团体与各种社群开设与叙事治疗相关的训练工作坊（文军，2013）；在加拿大，社会工作者格瑞伍斯（L. Grieves）和梅迪根（S. Madigan）领导的温哥华抗厌食症团体或抗贪食症团体，也曾积极倡导叙事治疗在社会工作实务中的干预。可以说，随着社会学、人类学和心理学等诸领域的理论演进，叙事治疗作为一种新的治疗方法进入社会工作实务领域，并且在社会工作实务中不断地进行经验总结与理论提炼，逐渐形成独特的理论视角与分析框架，越来越受到重视，也不断得到广泛发展（文军，2013）。

第二节　叙事治疗理论的基本概念与假设

叙事治疗理论强调通过叙事的隐喻展现服务对象的生活经历，从而厘清问题对服务对象及与其关系的影响。另外，在故事化的过程中强调对主流故事之外的生活经历的挖掘，从而得以重新建构服务对象的生命故事。然而，无论是叙事隐喻，还是对生命故事的重新建构，都离不开语言，语言是叙事的核心，语言所形成的知识及其背后所含有的权力，都深刻影响着服务对象的叙事与生命故事的重建。因此，本章将叙事隐喻、社会建构和语言、知识、权力三部分作为叙事治疗理论的主要概念。

一、叙事治疗理论的基本概念

（一）叙事隐喻

从家庭治疗发展而来的叙事治疗理论，改变了以往传统家庭治疗以结构隐喻和系统隐喻的基础，而强调以叙事的隐喻为治疗的基础。以往的结构隐喻忽视了家庭关系的多样性和易变性，将复杂的互动简化；而系统隐喻无法协助服务对象去探索价值、制度和习俗对其生活和互动所造成的负面影响，难以诱导他们去对抗这样的价值、制度和习俗，从而实现改变。而叙事隐喻的核心是人的生活经由不同的故事构成。人一出生就会进入各种故事，他们的社会和历史不断诱导他们自己叙说故事，并从中发掘生命的意义，使人变得更有自主性，更有动力。

对于叙事的理解，怀特采用的是“Story”和“Discourse”，取其表译为“讲故事”

“言说”。在社会科学与心理治疗架构中，叙事指研究对象、服务对象对自己或他人所叙说的生命故事。不管采用哪种层面的定义，叙事作为帮助服务对象讲故事的过程，都为人们提供了一个框架和意义，帮助其在更为广阔的社会和文化环境关系中理解自己的角色，组织人们的生活事件以及在社会和文化背景中的经历。

（二）社会建构

人们在筛选、组织、讲述故事过程的同时就是在筛选生活的经验，建构自己的生活，对于叙事而言建构具有特殊的意义。在叙事治疗中，社会建构关注服务对象的故事和经历是如何被社会和文化环境影响和塑造的。它认为服务对象的故事是在社会互动和交流中形成的，服务对象的故事是在与他人互动和交流中不断建构和重建的，而服务对象在社会中扮演不同角色，与他人进行互动、交流并共同建构故事。这种互动和交流的过程不仅仅是服务对象的内在体验，也是社会和文化环境的共同构建。在叙事治疗中，社会建构的理论强调了社会和文化因素对服务对象身份与意义建构的重要性。服务对象的故事和经历是在特定社会和文化背景下产生的，它们受到社会和文化规范、价值观和信仰系统的影响。社会建构的理论也强调了权力和话语的关系。在社会中，特定的权力结构和话语权决定了哪些故事被认可和赋予意义，哪些被忽视或边缘化。社会建构理论认为，服务对象的故事和经历受到权力关系和话语权的影响，通过叙事治疗，服务对象可以探索和重建自己的故事，从而重新塑造自己的身份和意义。

总的来说，社会建构是叙事治疗理论的重要概念，关注服务对象的故事和经历是如何被社会和文化环境影响和塑造的；强调服务对象的身份和意义是通过社会和文化的共同构建而产生的。社会建构的理论不仅帮助服务对象理解自己的故事，还帮助服务对象重新塑造自己的身份和意义。

（三）语言、知识、权力

在叙事治疗中，语言、知识和权力是不可忽视的重要元素，它们相互交织，共同影响着服务对象的故事和治疗过程。

首先，语言在叙事治疗中扮演着至关重要的角色。语言是我们表达自己和理解他人的主要工具。在治疗过程中，服务对象通过语言来描述和表达自己的故事、情感和体验。同时，社会工作者也通过语言来引导和促进服务对象的自我探索和反思。但语言并不是中立的工具，在社会和文化环境中，语言受到特定的规范、价值观和权力结构的影响，不同的语言使用者可能会有不同的经验和理解。叙事治疗强调服务对象的故事是通过特定的语言和话语形成的，因此在治疗过程中需要关注和敏感地倾听服务对象的语言，理解其背后的文化和社会背景。

其次，知识在叙事治疗中也起着重要的作用。知识包括服务对象的内在知识和外部的社会文化知识。服务对象的内在知识是指他们对自己故事的理解和体验。社会文化知识是指服务对象所处的社会和文化环境中的共享知识和价值观。在叙事治疗中强调尊重并关注服务对象的知识，与服务对象共同探索和挖掘服务对象的内在知识，帮助其理解自己的故事和经历，同时还可以引入外部的社会文化知识，帮助服务对象拓宽视野，重新审视自己的故事和身份。

最后，权力在叙事治疗中也是一个重要的议题。权力关系和话语权决定了哪些故事被认可和赋予意义，哪些被边缘化或忽视。在权力运作下，生产与建构的知识或者“真理”影响人们对自己生活经验的解释，在这样的影响下，人们一般更愿意筛选出一些与主流故事一致的经验，而那些与主流故事不一致的就更容易被主流故事所忽视或掩盖，成为日常生活中无法表达而流失的“特殊意义经验”。因此，在治疗中，社会工作者需要意识到自己所处的权力位置，努力创建一个平等和尊重的治疗环境，尊重服务对象的主体性和自主性，让服务对象成为自己故事的主人。

二、叙事治疗理论的基本假设

（一）故事是经由语言构成的

不同于个人心理学的观点，叙事治疗理论认为，建构或塑造着的服务对象的主流故事都不是由单一个人产出的，这样的故事是在社会脉络下，经由许多人参与、多次对话之后的结果，而语言承载了这些对话。服务对象的主流故事通常看来像是其个人的生活经历，但却受到语言背后社会文化“洪流”的影响。在社会文化“洪流”的影响下，服务对象筛选着自己的生活，保留下来的部分便形成了服务对象的主流故事，这也不可避免地导致有部分生活经历被遗在外。为更多了解服务对象的故事，社会工作者在服务过程中还要注意服务对象所接触的社会文化、环境因素，同时，也要引导服务对象叙说主流故事之外的故事片段，丰富其生活故事。在叙事治疗的过程中，服务对象就是通过语言与社会工作者对话，在对话中形成故事。也是通过对话，这些问题故事才逐渐被解构、新的生活故事又得以建构。

（二）问题本身才是问题，人不是问题

这里的核心在于将问题与人分离，认为问题是外在的实体。当个体以内化后的不合理的价值观去看待周围的事物和人时，往往会对生活中积极的事件采用消极的意义诠释，从而对个体的自我成长产生负面影响。传统的心理治疗往往通过一些既定的标准将来访者自身存在的问题予以诊断，而这种诊断结果往往会导致来访者将问题内化，给服务对象贴上问题的标签，使服务对象产生人本身就是问题的观念，容易使来访者感到筋疲力尽，不利于问题的解决。因此，叙事治疗强调将问题从人身上剥离出来，将其视为独立存在的客观实体。

（三）服务对象是自己生活与问题的专家

传统的心理咨询往往表现出这样的一种特点，即咨询师是专家。传统的心理治疗效果是值得肯定的，然而这种咨询师的专家角色往往让许多来访者在咨询的过程中产生被动依赖的情绪，容易使来访者过于依赖咨询师，而难以挖掘自身的能量。但在叙事治疗理论看来，服务对象都有自己独特的故事和经历，这些故事中包含着对问题的独特理解，其自身才是自己的问题的专家。因为没有任何人比服务对象本人更能了解他的生命故事，他们自己拥有理解和解决问题的能力，社会工作者需要做的是引导和支持个体探索和理解自己的故事，帮助他们发现问题的解决方法。

第三节 叙事治疗理论在社会工作中的应用

叙事治疗理论在实务中的运用，一方面，社会工作者首先需要明确叙事治疗理论在服务过程中的基本干预原则和所需要运用的技巧，从而指引社会工作者在叙事治疗范式中开展实务工作。另一方面我们需要知晓叙事治疗理论在实务中的运用过程，其不似社会工作通用过程具有一定的规范性，但与社会工作通用过程有一般相似性，即叙事治疗过程中也可划分为一般的几个阶段，包括需求评估、方案设计、服务过程、效果评估四个部分，接下来我们将阐释叙事治疗实务过程是如何开展工作的。

一、叙事治疗干预的基本原则与技术

（一）聚焦生活故事的叙述

在运用叙事治疗时，服务对象的生命故事在不同的文化及社会环境影响下呈现不同的问题特点，每一个服务对象都是独特的。因此，在实践过程，中社会工作者需要将服务对象的生活故事放在治疗过程的中心位置，聚焦服务对象生活故事的叙述，觉察那些以病态或负面的方式出现的、对服务对象造成伤害的叙事，并代之以建设性的叙事。另外，每个人都有自己独特的生活经历和故事，这些经历和故事对于服务对象的身份认同和意义建构至关重要。通过聚焦服务对象的生活故事，社工能够更好地了解服务对象的背景和文化背景，从而更好地理解服务对象的困境和需求，以服务对象为中心进行治疗。

（二）人与问题的分离

问题与人是分离的，更为具体的表达就是问题本身才是问题，人不是问题。这样，社工可以撇开问题去帮助服务对象找到更多的正面经验，从而替换服务对象的问题故事。而实现这一目标的策略是“外化”，我们将在叙事治疗干预的技术中详细说明外化技术。问题的外化帮助人们辨识到那些负面的知识体系，这样的知识体系迫使服务对象接受这样一种观念，即问题会持续存在，存在的原因是自己没有达到别人或社会的期望（何雪松，2006），这无疑会产生严重挫败感或失落感，从而出现无权和失语的状态。问题外化之后，服务对象能够逐渐摆脱问题对其自身的内在化压迫，尤其可以减少问题内在化所带来的自我污名和责难，并将其视作外在的“敌人”，从而采取新的手段来减少“敌人”对自己以及自身人际关系的影响，这无疑为自我成长提供了动力。

（三）重构主流故事

叙事治疗中，服务对象在文化背后隐藏的权力机制的压迫下，服务对象的主流故事可能被困扰、扭曲或限制。服务对象在成长和生活过程中可能经历了一些创伤、挫折或困难，导致他们对自身的故事产生了负面的理解和评价。重建主流故事的目的是帮助服务对象重新审视和解释这些经历，以促进服务对象的自我成长和变革。重建主流故事具有以下四点意义：第一，重建主流故事可以改变服务对象对自身的认知和情绪体验。服务对象对自己的故事有着深刻的认同和情感连接，当这些故事受到负面影响时，服务对象可能会体验到自卑、无助

或抑郁等负面情绪，通过重建主流故事，服务对象可以重新找回自己的力量和意义，从而改变对自己的认知和情绪体验。第二，重建主流故事还可以帮助服务对象更好地应对挑战和困境。服务对象在面对困难和挫折时，常常会受到自己过去的故事和经历的束缚，重建主流故事可以让服务对象重新审视和理解这些挑战，发现自己的资源和潜力，以更积极的方式应对困境。第三，重建主流故事对于服务对象的身份建构和自我表达也具有重要意义。服务对象的主流故事反映了他们对自己的理解和价值观的塑造，通过重建主流故事，服务对象可以重新定义和表达自己的身份，从而更好地与他人进行沟通和交流。第四，重建主流故事还有助于服务对象的自我接纳和自我关怀。服务对象在重建主流故事的过程中，会接受和理解自己的过去，以及对未来的积极期待。这种自我接纳和自我关怀可以提升服务对象的自尊和幸福感，促进服务对象的整体健康和幸福。

二、叙事治疗干预的技术

（一）倾听

在叙事治疗看来，与以往专注于问题、资源的面谈不同，社会工作者要试图让自己配合服务对象，并从他们的观点、以他们的语言来了解他们为什么寻求帮助，这样才能认识到不同的故事，尤其是注意到自己所不知道的事（何雪松，2006）。为了达到这样的目的，社会工作者在治疗过程中需要积极倾听服务对象对其生活故事的描述，倾听技术不仅包括社会工作者对服务对象言语的聆听，还包括对服务对象情绪、肢体语言和非言语表达的敏感观察。与社会工作基本技能中的倾听技术一样，我们需要积极倾听服务对象的话语，从而表达出对服务对象的关注和尊重，其中积极倾听包括面部表情和肢体语言的展示，以及使用肯定性的回应和鼓励性的语言。总体而言，倾听技术对于社会工作者与服务对象之间的有效沟通和合作至关重要。

（二）提问的技术

叙事治疗是使服务对象通过叙述的方式来展现自身的生活故事，这时如何引导服务对象说出自己故事的技术就显得十分重要。即使是运用外化、寻找独特的结果等技术时我们也需要使用提问的技术。提问主要包括三种类型，即解构式提问、发展故事的提问和意义性的提问。解构式提问也可以理解为外化问题中的外化提问手段，常用于外化服务对象的问题，拓展故事的发展空间，让服务对象从不同的系统、不同的角度审视自己日常故事的产生和发展过程。发展故事的提问帮助服务对象把事件的过程、细节、时间框架、特殊的背景以及人际关系连接起来，重新撰写新的故事，并以新的方式体验自己的生活。意义性的提问可以帮助服务对象反思和体会自己日常生活经验中的独特结果，理解其中所蕴含的含义，并不断构建新故事的意义。

（三）外化的技术

在了解外化技术前，我们可以先了解服务对象问题的形成途径——“内化”。从社会学角度而言，内化指社会意识向服务对象意识的转化，在叙事治疗中则指服务对象按照文化中的主流故事框架建构与诠释自己生活的过程，也是充满问题的自我叙事形成的过程。内化使得服务对象将问题与自我混为一体，对于患者而言容易因此产生“我是精神病”的自我认知，从而削弱了自我改变的动力。与“内化”相对应的是“外化”，“外化”是一种治疗方法，能使患者将问题从自身分离，“我患上了精神病”，这种方法鼓励人们将压迫他们的问题客观化或者拟人化。在这个过程中，问题变成了与人分开的独立部分，因而得以脱离原本被认定为问题的人或关系。问题从原本被视为内在且不易被改变的存在，通过外化变得较容易改变且不束缚人。问题的外化具有六方面的优点：第一，减少无益的人际冲突，包括谁该为问题负责的争吵；第二，降低挫败感，许多人在努力解决问题却失败后对问题的持续存在常常产生挫败感；第三，铺路，让人们为合作相互铺陈，使人们能够共同努力、面对问题，避免问题对生活与家庭关系造成影响；第四，开启新的可能，使人们能够采取行动，从问题和问题的影响中重新赢回生活与家庭的关系；第五，使人对“严重得要命”的问题采取轻松、有效、压力较轻的面对方式；第六，提供对话的可能，而非仅止于独白。为了实现问题的外化，怀特还创立了四种外化的提问方法，包括商讨一个独特的、符合经验的问题定义；描述问题的影响；评价问题行为的效果；论证评估。

（四）寻找独特的结果

独特的结果是指那些被遗落在主流故事之外，并且随着时间的推移而逐渐被忽略的生活经验，虽然其不易被感知，但却一直存在于过去、现在或者未来的事件、行为、思想和情绪等部分中。寻找独特的结果，我们首先需要做的便是运用外化的技术，使服务对象与其问题分开；其次通过外化，使服务对象看到问题对其自身或与他人关系的影响；最后回顾主流故事，发掘服务对象在过去做过的、现在在做的或者将来想做的尝试，这些尝试对问题与服务对象的生活带来了怎样的影响，这一部分便是独特的结果。寻找独特的结果可以协助服务对象重新认识自己的生活故事，发现独特的结果背后那部分被自己忽视的能力，从而为故事赋予新的意义，获得对生活的控制感，为重构故事注入活力。

（五）治疗文件的运用

治疗文件记录了服务对象的故事和治疗过程，是社会工作者与服务对象合作中的重要工具。治疗文件有不同形式的载体，如录像带、证明文件和私人信件等，包括服务对象记录的生活故事、社工写给服务对象的问候信件等。治疗文件的使用有以下重要作用：首先，治疗文件有助于服务对象的自我反思和认知。服务对象在治疗过程中通常会通过书写来记录自己的故事，以及与社会工作者的对话来表达自己的内心体验和情感。这种反思和认知的过程有助于服务对象更深入地理解自己，发现自己的资源和潜力。其次，治疗文件可以跟踪治疗的进展和成果。社会工作者会根据服务对象的故事和对话，记录服务对象在治疗过程中的变化和成长。这些记录可以帮助社会工作者和服务对象共同评估治疗的效果，并制定进一步的治疗计划。另外，治疗文件还可以提供社会工作者和服务对象之间的有效沟通和合作。社会工作者可以通过阅读和分析治疗文件，更好地了解服务对象的需求和目标，从而提供更有针对性的治疗和支持。而服务对象也可以通过治疗文件回顾自己的治疗过程，更好地参与治疗和反馈治疗的效果。最后，治疗文件可以为服务对象提供回顾和复盘的机会。服务对象在治疗结束后可以回顾自己的治疗文件，重新审视和理解自己的故事和经历。这种回顾和复盘的过程可以帮助服务对象巩固治疗的成果，继续自我成长和发展。

三、叙事治疗理论在需求评估中的应用

在叙事治疗过程中，社会工作者通过叙事了解服务对象的“问题故事”，并同服务对象对问题进行“界定”，这一过程同时也是社会工作者对服务对象进行需求评估的过程。在这个过程中，社工需要明确的是，服务对象的问题是什么？由此掌握服务对象问题的表象和问题对服务对象造成的影响，能够对服务对象问题有较为基本的认识，从而明确需要满足服务对象哪些层次的需求以及需要动用怎样的资源等。

对服务对象问题的界定，需要社会工作者通过倾听、对话与服务对象共同界定。具体而言，社工可以协助服务对象运用特定行为来界定问题，如“他发了一顿脾气”，也可以是一般性的描述，如“我们的沟通有问题”。在当事人无法依照自己的经验定义问题时，社会工作者可以提出几种可能，然后由服务对象决定是否符合其经验。需要注意的是，鼓励服务对象对问题建构属于自己的定义，这种新定义最贴近自身经验，最能反映当事人所关切的主题，而非使用“科学分类法”界定的问题，否则我们将难以从中发现并干预服务对象生活中“问题”的部分，也无法发掘服务对象生活中的独特结果，使服务对象体验“生命主权”。

四、叙事治疗理论在服务方案设计中的应用

叙事治疗中的服务对象是独特的，其生活故事经由不同的事件所构成，使得我们难以制定一种固定化或者模板化的服务计划，我们所需要强调的是引导服务对象叙说其生命中的故事。因而，在对服务对象进行叙事治疗的过程中，社会工作者需要针对服务对象的不同叙事采取不尽相同的干预计划。但总的来说，干预计划包括这样两个部分，即解构与建构，并规划需要在多长的时间段内，采取怎样的访问频次与方法，以及不同的环节社会工作者需要完成不同的目标与任务。在解构阶段，社会工作者通过外化问题明确服务对象问题的影响因素、问题对其自身及他人关系造成的影响，从中寻找针对回应问题而得到的独特结果，并聚焦对独特结果产生的细节和过程的描述。紧接进行的便是建构，通过对独特结果的探讨，发掘服务对象在该过程中的能力，对不同的特殊结果进行多次探索和积累，从而丰富服务对象的生命故事。

五、叙事治疗理论在服务过程中的应用

在叙事治疗服务过程中，我们将阐述社会工作者如何运用叙事治疗理论的方法与技术来完成该阶段即“解构”和“建构”的目标与任务。

（一）主流故事的解构

对主流故事的解构就如同打开服务对象的问题盒子，通过提问与聆听，“拎出”对服务对象生活造成影响的“问题”（即外化问题），并为其命名，理清这些问题与服务对象的“连接线”（即“问题的影响地图”与“人的影响地图”）；从中寻找主流故事中的独特结果，挖掘服务对象的能力，重建服务对象生活的主流故事。

1. 问题命名

借助“问题命名”的手段来帮助我们实现服务对象问题的外化。在前期对问题进行界

定的基础上，我们邀请服务对象共同为问题命名。并在命名的过程中，强化服务对象关于问题与其自身无关的意识。对问题命名时需要注意以下两点：

第一，问题的名称应该是一个名词。在访谈过程中，服务对象可能会通过一些句子来描述他的问题与困境，社会工作者需要把这种描绘问题的动词或形容词或者一些句子转换成名词。如“我时常突然发脾气”，我们可以转换成“这种情绪”。

第二，随着服务的推进，问题名称可能会发生改变或者出现多个。如果命名出来的名称不止一个，社会工作者可以询问服务对象他们之间的关系，并尝试给这个关系命名，如果没有关系，则邀请服务对象选择出最重要的或者最希望解决的一个。

2. 绘制“问题的影响地图”与“人的影响地图”

“问题的影响地图”，主要描述问题怎样影响服务对象生活，这样的过程会涉及服务对象对家庭、学校或社会生活的“充满问题的描述”，所以这一过程的叙事不只是探索问题与被视为造成问题的当事人之间的关系，还探索了问题不同层面的影响，包括问题与不同的人之间、问题与不同关系之间的不同影响。“人的影响地图”，描述服务对象怎样影响问题的过程。采用外化提问的方式可以促进“问题的影响地图”与“人的影响地图”的绘制，实现服务对象问题的外化。这样的外化提问涉及对问题在生活各方面的影响/效果进行调查，可以包括以下几个部分：家庭，单位，学校，同辈交往的环境；家庭关系，自己和自己的关系，朋友关系；自我认同，包括问题对人的目的的影响，希望，梦想，愿望，价值；一个人未来的可能性以及人生的限度。

（二）服务对象生活故事的建构

1. 寻找独特结果

在前期外化问题与绘制“地图”的基础上，邀请服务对象通过对话或提问的方式，描述生活故事中独特的结果及其对服务对象的影响，这样的提问包括但不限于以下几点：邀请服务对象描述独特结果（如这时候为了抗拒问题你做过哪些尝试?）；邀请服务对象依据独特结果重新描述自己、他人与关系（如当你（对问题）进行抗拒时，你看到自己或周围他人与以往有何不同？他们曾给予你怎样的帮助?）；等等。

社会工作者可以通过以下步骤来实现独特结果的发掘：首先我们需要实现服务对象问题的外化；其次利用“地图”，使服务对象看到问题对其自身或与他人关系的影响；最后回顾主流故事，发掘服务对象在过去做过的、现在在做的或者将来想做的尝试，这些尝试对问题与自己的生活带来了怎样的影响。

2. “由薄到厚”

“由薄到厚”是服务对象在叙事治疗过程中不断积累成功实践的动态结果。在服务对象不断积累独特结果和改变自我力量的过程中，社会工作者将焦点放在发掘服务对象的活力，赋予独特结果以新的意义上，例如询问：当你（对问题）进行抗拒时，反映了你什么样的特质？你是怎么办到的？关于自己的这个新的信息，会使你往后采取什么不一样的行动？

“由薄到厚”的叙事治疗可以协助服务对象形成积极有力的自我认同，让服务对象看到生命中的力量，鼓励他们在故事中扮演积极的角色，并探索自身的资源、能力和解决问题的策略，以增强他们的自我意识和行动力。“独特结果”的发掘不断丰富服务对象的生活故事，社会工作者需要强化服务对象对独特结果的认同，使服务对象建构新的关于自我的故事。

六、叙事治疗在服务效果评估中的应用

在叙事治疗中，社会工作者可以采用“局外人”见证的方式对服务效果进行评估。“见证人”团队是一个由对服务对象具有重要意义的成员组成的团队，“见证人”可以是服务对象的家人、朋友、同学等。“见证人”团队不仅是一个支持性的团队，而且也具有治疗性作用。邀请服务对象社会系统中重要的支持成员一同来见证新的故事的诞生，可以让服务对象更真实地感受到改变的成功，最后通过“仪式”实现对服务对象的新故事的肯定与结束服务。

第四节　叙事治疗理论的案例分析

在此，将对本章开头所展现的案例进行过程分析，包括需求评估、服务方案设计、服务提供和效果评估四个部分。

一、需求评估

在服务过程中，社会工作者需要从张浩及其关系对问题故事的描述中得知其面临怎样的问题与困境。社工小黎了解到张浩逃学事件三个方面的情况：其一，张浩“逃学”事件的背景；其二，张浩身边重要他人对张浩的描述和评价；其三，张浩对自身的描述和评价。为此，社工小黎访谈了张浩、张浩的爸爸妈妈和社工 L（在社工小黎介入之前，为张浩开展其他支持性服务的社工），并且将访谈的内容整理为三个部分，分别为重要他人叙事、自我叙事、重要他人叙事对自我问题故事的形塑。

1. 重要他人叙事

社工小黎发现重要他人叙事给张浩“烙”上了三个标签。首先，不听话的行为标签。很多父母的教育总是强调孩子要听话，如果不听话就不是好孩子。张浩父母将其不去上学、爱玩手机的行为等同于张浩不听话，并且以此为由批评他。

> 爸爸：他小学的学习成绩很好，一放学就能把作业给做了，但是上了初中就天天拿他妈妈手机玩，我就打他，叫他不要玩手机，先写作业，他总是不听，晚上为了玩游戏还熬夜，早上都起不来。
>
> 妈妈：他以前很听我话的，我让他做什么事情他都会做的。但是自从那天逃学了之后，他就不再听我的话了，每次写作业他都不好好写。现在真的是一点儿都不听话了，我都烦他了。

其次，爱骗人的人格标签。张浩在父母的强烈要求下，答应父母去上学，可是到了学校后，张浩又会自己在外面玩一天，然后跑回家。父母认为，他并没有“遵守”约定，是个爱骗人的小孩，并且在此类事情多次发生后，放弃了送张浩去上学的念头，觉得管不了了，打算将张浩送往特殊教育学校。

爸爸：他现在都会骗人了，之前，我都送他去上学，我把他送到学校门口，看着他进去了，但是谁想到，他又溜出校门去玩了，我打电话问老师他表现得怎么样才知道他又逃学了。

妈妈：我白天要上班，之前晚上回来的时候会给他玩一下手机，但是他睡觉的时候我就会把手机收回来，有几次我感觉他半夜在偷偷玩手机，他还不承认。我现在已经不相信他了，手机绝对不会给他玩。

社工 L：我给他做过很多次工作了，每次他都答应我会好好学习，会好好去上学，但是每次都没有做到，这孩子根本没法管，可能要送到特殊教育学校去了。

最后，问题儿童的身份标签。张浩的爸爸妈妈对张浩多次管教无果后，将张浩定义为问题儿童，而社工 L 在对张浩进行问题分析并且尝试介入的过程中，也免不了对其以“问题儿童”下判断，认为其父母没有尽到做父母的责任，并且认为张浩就是一个问题儿童，没有办法劝其回学校。

爸爸：我是不愿意管他了，白天在外面挣钱累死累活，回来还要生他的气，烦得很。

妈妈：怎么说都没用，他就是这样了，看看能不能让特殊教育学校管管他。

社工 L：他和别人聊天的时候，一会儿大声，一会儿小声，而且不停地聊自己喜欢的事情。每次他都要别人，但是别人做什么事情稍微不顺着他，他就不高兴了，这孩子根本没法管，要是再不上学，可能要把他给送到特殊教育学校去了。

2. 自我叙事

在与张浩交流时，社工小黎发现张浩的自我叙事受主流语言、权力的影响，主要对自我形成了三个标签。首先，爸爸妈妈不管的孩子。社工 L 在与服务对象进行沟通的时候，不可避免地带入了自我的价值判断，并将这个价值判断传递给了张浩，让张浩内心对自我产生了否定。

张浩：去年的哪个月，我不记得了，社工到我家来的时候，和我说我爸爸老是喝酒，不愿意管我，我妈妈上班没时间，也没有时间管我。说我爸爸妈妈都管不了我，让我自己懂事一点，可是我听了感觉很难受，但是我没有吭声。

其次，自卑又骄傲的孩子。张浩的父母与很多家长一样，对儿童的说教始终离不开考个好成绩，让张浩认为成绩是最重要的。

张浩：我从小到大学习都不错，尤其是数学。我想让自己掌控考试，每次我考得比别人好，我就特别的骄傲，但是当我考不过别人的时候，我就觉得自己特别自卑，特别特别没用。我逃学之后的那段时间，每次想起来我回去之后会考不过他们，就觉得很丢脸。

最后，欺负同学的孩子。张浩解决问题的方式原本可以由班主任引导，但是班主任对待事情的“不公平”态度让张浩感觉委屈，并且对班主任产生了排斥心理。

张浩：我第一次逃学，就是因为我的同桌总是画我的书包，把我的书包画得非常难看，前几次我都没有告诉老师，我怕老师说他。但是那次他又画，我特别生气，就去画他的书包，就画了那一次，他就去告诉老师了。我把他总是画我的书包的证据给老师看，老师不听我的，没有批评他，一直在批评我，凭什么？凭什么他可以欺负我，我不能欺负他？然后我就不服气，我就不想见到那个老师。

3. 重要他人叙事对服务对象问题故事的形塑

根据张浩周围重要他人的叙事和张浩的自我叙事，总结出服务对象的问题故事，主要涉及三方面。第一，学习成绩是最重要的，学不好是一件丢脸的事情；第二，周围的人都不喜欢他，都不会帮他；第三，不去上学就能不看到讨厌的同学和老师。在这样的语言、权力关系下，张浩选择了用逃学的方式回避班主任，也同时回避了与父母、社工 L 的沟通。在对问题故事了解后，社会工作者需要与服务对象共同界定其问题。

社工小黎：通过之前的谈话，我们了解到过去、现在或将来关于你的问题的故事，在你看来，面临的问题是什么呢？

张浩：每次我爸爸妈妈喊我明天一定要去上学，我就很烦躁。

社工小黎：当提到要你去上学的时候，你就会觉得心情很烦躁，那个“烦躁”有多严重呢？

张浩：我就会觉得自己很委屈、很没用、很丢脸，特别不想说话。

对话中，我们与张浩共同界定出他的问题：父母让张浩上学的时候，服务对象很烦躁。接下来，需要制订一个服务计划协助社工小黎更好地为张浩开展叙事服务。

二、服务方案设计

针对张浩面临的问题与需求，将开展 7～9 次会谈。对此，社工小黎与张浩约定每周都来办公室讲讲自己的故事。结合张浩及其父母的要求，社会工作者制定服务目标：逐渐揭去张浩的三个“标签”，改变其不合理认知，引导张浩看到自身在生活中的力量。通过叙事治疗的问题外化技术，不断引发服务对象思考自己目前所处的状况，寻找独特结果，挖掘自身的活力重新建构生活故事，帮助自己获得更好的成长。

三、服务提供

（一）主流故事的解构

1. 为问题命名

协助服务对象为其问题进行命名，将问题具象化，外化于服务对象的生命故事，从而为服务对象创造更多的空间，拉开服务对象和问题的距离，可以减轻服务对象受自责和羞耻的影响。

社工小黎：如果让你给这个“烦躁”取个名字，你会怎么称呼它呢？

张浩：我感觉它是一个怪兽，一直在欺负我、烦我。

社工小黎：这个怪兽有多大呢？

张浩：有房子那么大，很吓人。

社工小黎协助张浩为这样的情绪取名为“怪兽”。将张浩的情绪从抽象化为具体，再进行问题和人的分离。从张浩的表达中，社工小黎接收到了“怪兽”给张浩带来的巨大困扰的讯号。

2. 绘制问题的影响地图

在对问题进行命名之后，社会工作者接下来就要勾勒出问题对服务对象的影响，进一步将问题和人分开，并且让服务对象感受到问题对他生活的控制。

社工小黎：“怪兽”是什么时候第一次出现的？

张浩：初一下学期的时候，我的同桌总是画我的书包，把我的书包画得非常难看，那几次我都没有告诉班主任，我怕老师说他。但是那次他又画，我特别生气，就去画他的书包，就画了那一次，然后他就去告诉班主任了，我就把他总是画我的书包的证据给班主任看，班主任不听我的，没有批评他，一直在批评我。然后我就觉得很委屈。

首先，了解问题发生的起因。“怪兽”之所以会出现要回溯到一年前发生的画书包事件，这个事件让张浩感觉很委屈的原因有三点，第一是对同学的容忍没有得到好的结果；第二是被同学欺负但是没有得到帮助；第三是明明告诉了真相却没有得到公平的对待。这三个因素让张浩对这个同学感到愤怒，也对班主任感到失望。

社工小黎：在你还没有遇到“怪兽”之前，你的生活是怎么样的？

张浩：我上课的时候会很认真地上课，在学校就能把作业写完，放学回家的时候玩一下游戏，我很早就睡了。从来没有想过自己不去学校或者什么的。

其次，了解问题发生前的状态。社工小黎在和张浩重要他人沟通的时候，内心也会不自觉地带有这个儿童可能不喜欢学习、不愿意读书的看法。但是在询问张浩问题发生之前的状态时，社工小黎惊奇地发现，张浩对学习的态度是喜爱和自豪的，并非厌倦学习。

社工小黎：“怪兽”如何影响你的生活？

张浩：“怪兽”让我不想见到我的班主任，我不想去学校，然后我的爸爸妈妈就骂我，我就更觉得“怪兽”在欺负我，我就更不想去了。这样老是不去久了，我就觉得学习进度肯定跟不上别人了，本来我还会隔几天去一下，后来我就干脆一直不去了。

最后，绘制问题的影响。

通过对话，社工小黎绘制了问题的影响地图，如下：

(1)“怪兽”已经影响张浩的学习动力。在它的影响下张浩不想上学、逃避学习。

(2)“怪兽”已经影响了张浩与家人的关系。张浩不上学的理由不被接受和理解，让张浩内心觉得更加难过和委屈，便和父母反抗，这样的反抗让张浩跟不上学业进度、与父母疏离。

(3)“怪兽”已经干扰了张浩的学校生活。在“怪兽”的干扰下，张浩常常逃学不受老师待见，也更少和同学接触。逃学让张浩学习“一落千丈”，考试成绩下降，认为输给了别人，更进一步让张浩觉得自己“没用”和“丢脸”。

3. 绘制人的影响地图

上一步我们绘制了问题对生活与关系的“问题影响地图”之后，就可以展开关于绘制“人的影响地图”的对话了。在这一步我们将重点引导张浩与其生活关系中的人配合我们，厘清张浩自身和其关系对“怪兽”造成的影响。

社工小黎：你觉得“怪兽”的出现是一件好事还是坏事呢？

张浩：坏事吧，我有时候觉得被它控制着让我觉得很不舒服、很不自在。

社工小黎：那个不舒服，不自在的感觉是什么样的呢？

张浩：你知不知道神仙世界里的捆仙索，就是你越抗争，它就会勒得越紧，但是如果你不抗争，你又逃不出去。

社工小黎：这种“捆仙索”的感觉，最糟糕的情况是怎么发生的呢？

张浩：大概就是我爸爸一直打我，我其实知道我做错了，但是我还是要和他犟嘴，告诉他我就是不去上学，然后他对我失望，打算把我送去特殊学校的时候吧。

社工小黎：那你希望你的生活一直是这样吗？

张浩：我不希望。

最后通过对话，张浩描述他在“怪兽”的控制之下，会产生不舒适、不自在的感觉，并且描述了这种感觉就像是“捆仙索”让他进退两难，以及举例说明了这个感觉产生时的情境，并表示他的立场，也就是不想保持这样的生活状态。

社工小黎：刚才你说的不想，我可以理解为你不想自己的生活一直受“怪兽”的影响，不想一直感受那种如“捆仙索”一般的生活，是这样吗？

张浩：嗯，没错。

社工小黎：是什么让你不想你的生活一直被“怪兽”控制呢？

张浩：我看到我爸爸打我、我妈妈哭，我就觉得自己做错了事情。

社工小黎：嗯，还有没有呢？其他人？

张浩：我也好久好久没有看到我的朋友们了，我真的很想他们。

社工小黎：虽然我能明显感受到你对家人和朋友的感情，但是我还是想问问你理想的生活状态是什么样的？你对自己的期待是什么呢？

张浩：希望自己能够让父母骄傲，让自己骄傲吧，希望自己有个好前途，希望自己能够一直和朋友们在一起。

通过对话，社工绘制了人的影响地图，如下：

（1）张浩不想一直受到“怪兽”控制。“怪兽”会让张浩出现负向的情绪体验，张浩想尝试摆脱它的控制。

（2）张浩的父母会影响“怪兽”。被怪兽控制的感觉就像被“捆仙索”捆住一样，当张浩感受到父亲对自己的失望，打算把他送去特殊学校的时候，“捆仙索”就会捆得十分紧，让张浩十分难受。但当张浩被父亲打、看到母亲因自己而哭泣时，他会想要摆脱“怪兽”的控制。

（3）曾经的友谊会使张浩想要摆脱“怪兽”的控制。张浩表示他许久没有见到朋友们了，十分想念他们，希望自己有个好前途，希望自己能够一直和朋友们在一起。

（二）服务对象新故事的建构

1. 寻找独特结果

张浩生活故事中的独特结果，我们可以借助两幅“地图”进行寻找，并以此帮助社会工作者识别那些帮助服务对象解决问题的有效尝试。

社工小黎：我们之前聊了那么多被“怪兽”控制的情况、影响，那你想想有没有没有被“怪兽”控制的情况？

张浩：我也不知道算不算。

社工小黎：你说说看，是一件什么样的事情呢？

张浩：我上个学期有一次答应了平姐回学校了，我就真的回去了。就是我们学校的校长亲自来我家里来接我去上学的，我就回去了。那个时候一点也不觉得被“怪兽”控制了。

社工小黎：哦？校长都来接你了啊，你当时是什么感觉呢？

张浩：感觉被人重视，感觉特别有面子，而且我想着总是待在家里也不是办法，爸爸妈妈看着我就烦，我也想同学们了，所以我就很开心地回去了。

社工小黎：感觉这件事让你很骄傲嘛，你喜欢这种有面子的感觉是吗？

张浩：当然啦，这件事我可以和别人说很多次。

社工小黎：那你能不能和我说说，除了这件事情，还有没有什么事情是让你觉得特别骄傲的，是在学校发生的事哦。不着急，说一件就好。

张浩：有啊，我初一的时候数学考了一次满分，全班就我一个满分，别提多神气了，他们都不会做的题目，我却会做。我爸爸妈妈当时也特别开心，还给我庆祝了呢。

张浩现在给人的印象是不爱学习、爱骗人、任性，而在他生命中的“独特结果”中，他是信守承诺、自信的孩子，并且在意朋友、家人的感受，这样的特殊事件能够让张浩发现自己生活中积极正向的一面。

2. “由薄到厚”

不断叙说着生活故事中的独特结果，使独特结果所建构的新故事“由薄到厚”，让服务对象发现自己做出的尝试所带来的不一样的结果，更加明白自己的生命意向，以及服务对象自我改变的动力。

社工小黎：我们刚才提到了你的两个事件，我们来一件一件聊啊。第一件是你说你很开心地回去上学，并且觉得校长来接你让你觉得很有面子。在这个过程中，“怪兽”并没有出现是吗？

张浩：是的，我当时并没有任何不开心的感觉，甚至很爽。

社工小黎：那种爽，是哪方面的呢？比如说，保持了同学关系，让父母放心，让老师放心，等等，还是什么呢？

张浩：我感觉自己答应了别人的事情终于做到了，而且感觉到自己被重视，又可以和同学们见面，又可以让父母安心，不骂我。

张浩的第一个“独特结果”是回去上学，这件事给张浩带来的积极感受有四点，分别是做到了承诺、感觉被重视、能够与同学见面和让父母安心。

社工小黎：你好像特别自豪你当时兑现了和社工L的承诺。这是为什么呢？

张浩：因为我之前答应了她很多次，我都没有做到，但是那次我做到了，我就觉得非常棒。

社工小黎：你会很在意她对你的评价吗？

张浩：如果可以的话，我也想她对我的印象能够好一点。

社工小黎：你提到了想和同学们见面，所以会愿意去上学。同学们给你带来了什么感觉让你觉得自己是愿意上学的呢？

张浩：我们在一起玩耍的时候很开心，他们也很仗义，会经常帮助我。

社工小黎：也就是说，你的朋友愿意为你付出，所以你也愿意为他们付出，哪怕需要你做的事情你并不一定想做，是这样吗？

张浩：当然啦！

在这段对话中，张浩其实很在意他人对自己的评价，并且希望给他人呈现自己好的一面，张浩愿意为给他人留下好的印象去付出努力。提到自己的朋友会非常开心，对待感情讲究“义气”，会用回报的方式去对待感情，并且愿意为了朋友去做可能让自己觉得为难的事情。此外，在他觉得被校长接回去上学是件有面子这件事上，同样衬托出了他对感情的在意和被关注的渴望。

社工小黎：有次你数学考了满分嘛，你说你的父母还专门为你庆祝了。这件事让你觉得爽吗？

张浩：爽啊，别人都不会就我会的感觉怎么会不爽？

社工小黎：那除了这种感觉，还有吗？

张浩：还有，让父母骄傲的自豪吧。

社工小黎：你很希望让你的父母为你感到骄傲是吗？

张浩：当然啦，你会不希望吗？

社工小黎：那你在为了不让父母失望的这件事情上，还做过什么努力吗？

张浩：他们不让我玩手机我就不会玩的。

社工小黎：说不玩就不玩吗？

张浩：不是，也不是每次都做到，但还是会尽力不玩游戏的。

社工小黎：大部分时候还是能做到的嘛。做到让父母骄傲会让你有种什么样的感觉呢？

张浩：我会很开心，会觉得很自在。

社工小黎：你喜欢这种感觉吗？

张浩：嗯，我要是我父母，我都会觉得这个儿子生得值，想想就觉得很 nice。

张浩的第二个“独特结果”是“考满分带来的成就感”。这件事情发生在“怪兽”出现之前，通过对这件事情的探讨，可以去寻找张浩克服“怪兽”的动力。一方面，张浩能够正视学习方面的成就感，并且能够给他带来学习的驱动力；另一方面，张浩对父母期待的重视能够促使张浩改变自己的行为。

四、效果评估

以往社会工作者可以通过服务目标与服务对象的变化对服务对象进行服务效果评估，社会工作者也可以邀请服务对象根据自己的改变进行满意度评估，在叙事治疗中，社会工作者还可以通过“局外人”见证的方式，评估服务的效果。在“由薄到厚”阶段后，张浩的行为已经发生了一些改变，会定期在社工小黎值班期间来到社工站，主动找社工小黎帮助他补上落下的功课，并且和社工小黎谈论最近发生的趣闻，例如妈妈鼓励他去买冬奥会的吉祥物冰墩墩。一个儿童在短时间大幅度改变，靠自身的力量几乎是很难完成的。他所做的努力需要得到支持他的“观众”见证，需要得到他心中重要他人的鼓励，才能使最后的努力与见证达到共鸣。张浩的见证团队包括张浩的爸爸妈妈、社工 L、老师以及其他同学等。

爸爸：孩子最近主动学习了，也愿意和我分享他的开心事了。

妈妈：他前几天提到做了一个梦，梦到我不在了，然后和我说要珍惜和我在一起的时光，要听我的话，让我特别感动。

社工 L：张浩对学习有了全新的态度，能够意识到学习的重要性了。

生命是持续不断的，服务对象的改变也不是一蹴而就的。通过加强故事的续写，才能够更好地巩固服务的效果，带来后续更为持久的良性效应。

社工小黎：我听说你去上学了，自己去的吗？

张浩：是的，我自己去报名的，报完名还想去买冰墩墩，可惜没买上。

社工小黎：见到了之前的朋友了吗？感觉怎么样？

张浩：我今天早上 6 点半就起床了，第一个进的教室，他们都没有我早，然后第二个进来的就是我的好朋友，他说他非常地想我，我们俩聊了很多很多话。这个学期还来了两个新同学，我还帮他们发书了。

社工小黎：现在，那个“怪兽”还在吗？

张浩：还在，不过我已经能够克服它了。

社工小黎：新学期新气象，你对自己有什么期待吗？

张浩：我希望自己在第一次月考的时候，能够恢复到以前的水平。

经过服务效果评估，当张浩能够克服“怪兽”时，社会工作者就可以在最后一次回访中开展“仪式”进行结案。“仪式”是对服务对象的改变的肯定，通过为服务对象颁发小奖状等荣誉物，为服务对象结束服务画上句号。

第五节 叙事治疗理论的优势与不足

一、叙事治疗理论的优势

叙事治疗理论的优点之一是其综合性。叙事治疗综合了认知、行为、人际关系和心理动力学等多个心理学领域的理论，这使得叙事治疗能够从不同角度帮助服务对象解决心理问题。例如，通过认知角度，叙事治疗可以帮助服务对象认识到自己内心的负面自我评价，并通过重新构建自己的叙事来改变这种评价；通过行为角度，叙事治疗可以帮助服务对象发展积极的行为模式，从而改善心理健康；通过人际关系角度，叙事治疗可以帮助服务对象理解自己与他人之间的关系，并提升沟通和解决冲突的能力；通过心理动力学角度，叙事治疗可以帮助服务对象探索潜意识的冲突和需求，并释放内心的压力。因此，叙事治疗的综合性使其能够满足服务对象多层次的治疗需求，提供更全面的服务支持。

另外，叙事治疗理论重视服务对象的生命故事，并聚焦服务对象重构生命故事的能力。叙事治疗关注个体的生命故事，帮助服务对象更好地了解自己的过去、现在和未来。在服务过程中，服务对象被鼓励回顾和审视自己的生活故事，并探索这些故事对其个人和情感发展的影响。通过反思过去的故事，服务对象能够更加清楚地认识自己的行为、态度和价值观。通过叙说故事，服务对象能够释放内心的负面情绪，减轻情绪压力，并与社工建立情感连接。叙事治疗强调服务对象的个人故事和经历，帮助他们更好地理解自己的身份和角色。通过探索自己的故事，服务对象能够发现自己的强项和成就，认识到自己的独特性和价值。这种个人身份的发展有助于服务对象建立积极的自我认同，并在社会中找到自己的定位。叙事治疗为服务对象提供了一个重新定义自己的机会，更好地塑造自己的身份，并追求个人成长和自我实现。

二、叙事治疗理论的不足

服务对象的问题总是涉及多领域的知识，社会工作者需要具备一定的心理学、哲学和文学等方面的知识，尤其是在治疗心理疾病和精神创伤时，对于社会工作者的素质和素养提出了更高的要求。叙事治疗并不仅仅是听服务对象讲故事那么简单，服务过程涉及众多叙事治疗特有的技术，如倾听、提问、外化等，要求社会工作者能够熟练掌握使用这些技术，而这并不是朝夕就能训练而成的。叙事治疗中不同的服务对象面临着不同的问题，述说着不同的生活故事，以固定的方法去应对服务对象的问题是不可取的，因为一旦陷入技术模板而缺乏对服务对象叙述的关注，就有可能错失服务对象生活故事中的“关键情节”。服务对象的生活故事是通过与社会工作者的对话来共同建构的，社会工作者作为服务过程的重要参与者，很可能会在无意识间，在服务对象建构新的故事的过程中强加入自己的价值观，尤其对于那些将社会工作者视为“权威”的案例中，从而干扰了服务对象生活故事建构的走向。因此，无论是对社会工作者的知识背景、技术的掌握运用还是价值观念的掌握，叙事治疗理论都有着较高水平的要求。

另外，叙事治疗理论并不适用于所有人群，当服务对象的问题是由于其所处的文化与社会环境在背后的权力压制而形成时，我们可以采用叙事疗法，但叙事治疗可能会忽视服务对象问题产生的物质基础，它难以回应现实的生存议题，而这样的服务对象在社会工作领域向来不是少数。那些遭遇严重精神疾病困扰的人，比如精神分裂症恐怕也不适宜进行叙事治疗（何雪松，2006）。服务对象的问题在不同的社会、文化背景的影响产生，每个人思考问题的逻辑也不全相似，对于叙事治疗理论而言，服务对象都是独特的服务对象，叙事隐喻本身所具有的叙事结构在不同的情境中也会表现出不同的形式。正是因为对独特性的重视，叙事治疗理论难以制定结构化的服务过程，这并不利于社会工作者在实践中高效地为服务对象提供服务。叙事治疗理论作为后现代主义的治疗方法，主张跳出科学知识的“权力”的控制，重视服务对象的主观经验和故事，这可能会忽略客观事实和数据，导致叙事治疗的结果缺乏科学的可靠性和效度。因此，人们也不得不怀疑叙事治疗下的社会工作给服务对象带去的改变是否是真实有效的。社会工作者在叙事治疗服务与理论研究过程中，仍然应该重视叙事治疗理论对于服务人群的适用性、服务过程的结构性和服务效果的科学有效性的问题。

本章小结

本章介绍了叙事治疗理论的简要发展过程，叙事治疗理论的定义等知识点，以及结合案例详细阐述了叙事治疗理论在社会工作实务各环节中如何运用。主要知识点如下：

1. 概述了叙事治疗理论的发展历程并描述了该理论与社会工作实务的关系，接着介绍了叙事治疗理论的简要发展过程，阐述了不同学科、理论视角对叙事治疗理论观点形成的影响。

2. 叙事治疗理论的基本概念，即叙事隐喻、社会建构、语言、知识、权力；叙事治疗理论的三点理论假设：故事是经由语言构成的；问题本身才是问题，人不是问题；服务对象是自己生活与问题的专家。

3. 叙事治疗理论在社会工作实务中的干预原则，即聚焦服务对象生活故事的叙述、人与问题的分离、重构主流故事；其干预技术包括倾听、提问的技术、外化、寻找独特的结果、治疗文件的运用。叙事治疗理论在社会工作中的工作流程包括对主流故事的解构，即问题命名、绘制“问题的影响地图”与“人的影响地图”和对新故事的建构，即寻找独特结果、“由薄到厚”；并通过案例，展示叙事治疗理论如何运用在社会工作实务各环节之中。

资源链接

视频微课 11－1　　视频微课 11－2　　视频微课 11－3

视频微课 11－4　　视频微课 11－5　　视频微课 11－6

思考题

1. 为什么说叙事治疗理论与社会工作实务是相辅相成的？
2. 在叙事治疗理论的发展过程中，受到哪些理论的影响？
3. 在叙事治疗中，重建服务对象的主流故事有怎样的意义？
4. 叙事治疗中“问题外化”有怎样的优点？
5. 叙事治疗有怎样的优势？

在线自测

扫一扫　练一练

第十二章　女性主义社会工作理论

学习目标

了解女性主义的历史发展；掌握女性主义的基本概念和观点；能够在社会工作实务中运用女性主义社会工作视角进行评估和干预；批判性地理解女性主义社会工作的优势和局限性。

建议学时

4 学时

案例

小李，今年 35 岁，与丈夫结婚十多年，有一份不太稳定的工作。婚后不久，因为家庭琐事或其他原因，丈夫从一开始的恶言相加，到扇耳光，到后来的拳打脚踢，丈夫的暴力行为不断升级，给小李身心带来极大的伤害。小李多次尝试过离开，但每次都因为种种原因而放弃，她在经济上完全依赖丈夫。尽管她有一份工作，但丈夫总是找各种借口，限制她与他人交往，甚至限制她与娘家人来往，这使她感到孤立无援，经常在心里默默地流泪。更令小李痛苦的是，她们有两个可爱的孩子，一个六岁的小男孩和一个四岁的小女孩。小李非常担心他们的安全，她害怕如果自己决定离开，孩子们会受到更严重的伤害。这使她陷入了两难的境地，既想离开暴力的婚姻关系，保护自己，又害怕影响孩子的未来。

从女性主义社会工作的视角看，小李面临的问题不仅仅是个体层面的，还涉及更广泛的社会和文化层面。解决小李的问题不仅仅是提供个体援助，还需要在更广泛的社会和文化层面上进行努力，推动性别平等，提供更多的支持和资源，以及改变社会对女性角色的期望和看法。

第一节　女性主义社会工作理论与社会工作

一、女性主义社会工作理论缘起

女性主义社会工作理论源于女性主义的理论。西方的女性主义运动始于 19 世纪，当时女性争取自己在选举、教育和就业等领域的权益，并形成了系统的女性主义理论来指导实践。这些早期的努力为将女性主义理念纳入社会工作等领域打下了基础。到 20 世纪中叶，社会工作逐渐正规化，社会工作者开始意识到很多服务对象面对的性别问题。这些初期的社会工作者很多是女性，为女性争取权益，尤其是反对家庭暴力、争取生育权和反抗工作场所歧视，实质上体现了女性主义的原则。20 世纪 70 和 80 年代，随着第二波女性主义浪潮兴起，女性主义理论开始融入社会工作，形成了独特的范畴，着重于理解和挑战性别不平等，促进性别平等。20 世纪末的第三波和第四波女性主义进一步促使女性主义社会工作理论多元化。如今，女性主义仍是一个重要的分析框架，指导社会工作者支持女性权益，挑战父权，并努力构建更公正、平等的社会。

女性主义社会工作的理论来源可以追溯到女性主义运动和社会工作的发展历程。女性主义社会工作的主要理论来源包括以下几点：

（一）女性主义理论

女性主义理论强调性别平等和女性权益的重要性。女性主义理论中有若干不同的流派，例如，自由主义女性主义、激进女性主义、马克思主义女性主义、文化女性主义等，每一流派对妇女处境及压迫根源有不同的解释，所提出的策略也有所不同。这些流派的共同之处在于探讨了社会结构和文化对女性的压迫和歧视，并提出了争取性别平等的政治、经济和社会变革的观点。女性主义理论为女性主义社会工作提供了基本框架和理念。

（二）社会正义理论

社会正义理论关注社会中的不平等和不公正，并提倡通过社会变革来实现公平和平等。女性主义社会工作借鉴了社会正义理论的观点，认为性别不平等是一种社会不公正，需要通过社会工作实践来促进性别平等和社会正义。

（三）反压迫理论

反压迫理论强调对抗各种压迫形式的重要性，包括性别压迫、种族压迫、阶级压迫等。女性主义社会工作认识到女性经历多重压迫，通过反压迫理论来理解和解决性别压迫问题。

（四）社会建构主义理论

社会建构主义理论认为社会现实是通过人们的交互和共同构建而形成的。女性主义社会工作运用社会建构主义理论来探索性别角色和性别身份的形成，以及社会工作如何影响和塑造性别关系。

（五）女性主义伦理学

女性主义伦理学关注道德和伦理问题，强调关怀、互助和公正的重要性。女性主义社会工作运用女性主义伦理学的原则来指导实践，例如关注权力平衡、尊重个人价值和经验、关心社会正义等。

这些理论来源为女性主义社会工作提供了理论基础和方法论，帮助社会工作者更好地理解和回应性别不平等问题，推动社会变革和性别平等的实现。此外，女性主义社会工作理论强调，必须理解社会、经济和政治力量在造成性别不平等中的作用。这些力量相互交织，从不同角度加剧性别不平等的现实。因此，女性主义社会工作不仅着眼于解决个体问题，还致力于系统结构的改革。

二、女性主义理论与社会工作实务

社会工作历史中，妇女一直是主要的服务对象（梁丽清，1996）。在很多国家，社会工作服务的专业人士中，女性居多，被视为“女性化的职业”。尽管如此，社会工作仍然存在明显的性别不平等。尽管职业中大部分是女性，但管理者职位仍然主要由男性担任，女性的工资也低于男性。据统计，女性从业人员的工资仅为男性的84%。对于一个倡导社会公平的职业，这是一个巨大的矛盾。再者，有研究指出，女性从业人员在为女性服务时，往往沿用了社会对女性的刻板印象，用男性的标准来评价女性，从而加剧了女性的从属地位和受害。

自20世纪70年代起，女性主义运动为社会工作实务提供了新视角。众多社会工作者开始在妇女庇护所、危机中心等地工作，关注受害妇女。在服务中，传统方法难以解释和应对某些问题，如家暴、妇女为何不离婚、强奸受害者的处理等。女性主义为社会工作者提供了新的理解和方法，确保从女性的角度出发，提供真正所需的服务。90年代，女性主义社会工作研究和实践成为社会工作的重要领域。

第二节　女性主义社会工作理论的基本概念与核心观点

一、女性主义社会工作理论的基本概念

女性主义社会工作理论的核心概念侧重于赋权、包容性和系统性变革。通过融合这些原则，社会工作者能够更有效地支持妇女，推动更为公平的社会建设。女性主义社会工作理论的主要概念如下所述。

（一）赋权

赋权是女性主义社会工作的核心，其目标是通过多种手段和途径提升女性的能力，帮助她们摆脱受压迫和边缘化的困境。在此背景下，赋权强调针对女性的工作，为她们提供必要的工具、信心和能力，使她们能够掌控自己的命运。这不仅包括提高她们的个人能力，还鼓励她们通过集体参与，推动社会改革和社区发展。具体实践中，赋权包括以下几点：

（1）促使女性有机会平等接受教育，掌握必要的知识和技能，因为知识是力量。

（2）提升女性的自我认识和自信，强化她们的身份感和主观性，鼓励她们勇于发声，明确自己的需求和期望。

（3）支持女性建立组织和网络，集体面对压迫，增强她们在政治、法律及其他社会领域的参与和影响力；同时，消除阻碍女性发展的制度障碍，例如修订存在歧视的法律。

（4）帮助女性实现经济独立，避免受到男性的控制；培养她们的领导能力，使她们能够进入决策层。

赋权的终极目标是确保女性的自我实现和全面解放，使她们在社会中由被动对象转变为主动参与者，这需要在个人和集体两个层面上的持续努力。

（二）交叉性

交叉性考虑到个人身份的多重性，意识到个体可能因为不同身份特点，如性别、种族、阶级、年龄及残障等，遭遇多重交织的压迫。这些交错的身份可能使歧视或特权的经验更为复杂。如，一名黑人残障女性不仅可能因其性别受到歧视，还可能因种族和残障遭受多层次的歧视。理解交叉性有助于女性主义社会工作者全面应对因多重身份引起的特殊挑战。

（三）协作实践

协作实践强调与服务对象之间的平等伙伴关系和共同决策。在这一实践中，重视建立基于尊重、接纳和同理的伙伴关系，通过促进服务对象参与决策，增强她们的自我效能感和生活控制感。例如，社会工作者与服务对象一同商讨其需求和目标，共同制定尊重其自主和意愿的行动计划。

（四）社会性别敏感性

社会性别敏感性是对性别差异和不平等现象保持警觉和认知的能力。具体包括：

（1）意识到性别角色为社会所塑造，且各文化中的性别规范各异。

（2）深入了解社会对性别的期望和刻板印象，及其对个体发展的影响。

（3）关注并避免在言行中展现的性别偏见，努力消除这些偏见。

（4）关心不同性别在获取各种资源和机会上的不平等，如教育、就业和晋升等。

（5）认识并考虑不同性别群体的需求和观点，确保其在决策和政策制定中得到体现。

（6）倡导并创造一个平等、包容的环境，使所有性别能充分展现其潜能并受到尊重。

（7）反对任何基于性别的暴力、骚扰和歧视，并维护受害者权益。

总之，社会性别敏感性关注性别差异可能引发的不公平对待和问题，并通过实际行动促进真正的性别平等。这既要求我们审视个体偏见，也需要社会结构和制度的变革。

（五）个人经验的政治意义

个人经验的政治意义为女性主义社会工作理论中的核心概念，涵盖以下几点内容：

（1）个人所面临的问题往往并非孤立，而是体现了社会性别不平等和其他形式的压迫。

女性遭遇的众多问题，如家庭暴力、情感挑战，往往与父权制社会结构相关。这些问题是政治和社会不公的体现。

（2）在探讨个人问题时，需从交叉性角度出发，了解性别、阶级、种族等众多因素如何影响每个人的生活。我们应将个人问题视为政治和社会问题，从宏观角度找出导致不公的根源。

（3）改变个人的命运需要改变社会结构和思想。个人问题的解决与推动社会进步相结合。个人的政治参与有助于社会改革，而个人的经验也能推动社会进步。

（六）关注关系

女性主义社会工作强调女性与他人的关系，认为女性的身份认同和发展与他人的关系紧密相关。女性常常面临各种关系问题，如亲密关系中的暴力、单亲家庭的责任等，这些问题均反映了性别不平等。我们应关心来自不同背景的女性（如残疾人、有色人种等）的特殊需求。对女性而言，支持网络和友谊对其心理和成长至关重要。因此，我们应协助女性建立支持网络，促进与其他群体的平等互动，并消除隔离。女性主义社会工作从关系的角度出发，旨在分析并改变不平等或压迫的关系，帮助女性建立有益于自我发展的关系。

（七）意识提升

女性主义社会工作旨在提高女性对其所处环境和压迫的认识，唤起其反抗意识，具体包括以下几点：

（1）帮助女性认识到，所面临的问题背后有更广泛的社会背景，并分析女性如何在社会中被边缘化，如因为父权制、性别刻板印象等。

（2）提高女性对自身权益的认知，使她们不再容忍歧视，了解社会结构和意识形态的变革不仅仅是个人的问题，并明白各种社会机制如何加剧性别不平等。

（3）帮助女性看到个人问题与他人的相似之处，培养集体意识。

（4）引导女性使用批判思维，分析社会中默认的性别文化，提高其政治参与的意识。

通过上述意识提升，女性能够觉醒，获得力量，在个人和政治层面促进变革，捍卫自己的权益，这是女性赋权的首要步骤。

二、女性主义社会工作理论的核心观点

女性主义社会工作理论的核心观点包括以下几个方面。

（1）女性的个人生活与社会的父权结构有着深厚的联系。女性所面对的问题，如家庭暴力、育儿责任和生殖健康，均与社会的结构性条件有关。女性主义者重视这些个人经验与更大的社会压迫及性别不平等之间的联系，因此，“个人经验的政治意义”成为女性主义社会工作的核心概念，目的在于将女性的个人挑战与社会的结构性问题相联系，并推动个体与社会的变革。

（2）意识提升作为女性主义社会工作的关键策略，旨在通过集体讨论和反思，使女性认识到自己的经历与性别不平等和父权结构之间的联系。这一过程鼓励女性分享和反思自己的经验，突破沉默与孤立，从而意识到所遭遇的不公不只是个人问题，而是整个社会系统的问题，促使她们从更宏观的结构性角度审视问题。

（3）女性主义社会工作对父权社会结构进行深入的批判分析，旨在探讨这一结构是如何导致女性受到系统性压迫的。这个理论关注性别与种族、阶级等多重身份如何交织并加剧权力不平衡。在实践中，社会工作者与女性建立合作关系，避免权力不平衡，并在更广泛的社会与制度层面上挑战并改变不公正的做法，推动女性的领导能力并集体应对性别不平等。

（4）女性主义社会工作视女性的生活经历为重要的知识来源，并确保她们的声音被听见和重视。女性的个人叙述展现了父权制度和性别不平等如何实际影响她们的生活。这种工作方法挑战了社会对女性观点的忽视，强调那些被视为“私人”或“琐碎”的经验实际上为深化我们对社会结构的理解提供了关键信息，其核心目标是打破女性的沉默，与她们合作，赋予权力，并基于她们的经验与优势共同建构。

(5) 女性主义社会工作批判服务对象与工作人员之间的权力关系，致力于建立平等与合作的伙伴关系。从业者需要持续地反思和挑战自身的权力地位，避免陷入传统的“专家-受助者”的不平等关系，倡导相互尊重、学习和赋权。这一模式旨在与女性服务对象建立真正的合作伙伴关系，真正体现出女性主义社会工作的核心价值观。

第三节 女性主义社会工作理论在社会工作中的应用

一、以服务对象为中心的赋权

女性主义社会工作理论强调服务对象为中心的方法，此方法转变了工作关系中的传统权力格局。它不仅仅将社会工作者视为专家或权威，更尊重服务对象对其生活的独特知识、经验和洞察。以服务对象为中心的赋权实践相信，每个人，不论其处境，都具有内在的优势和潜力。这些优势虽可能被外部因素或内在观念遮挡，但始终存在。女性主义社会工作者的任务是与服务对象合作，帮助她们重新认识并发挥这些优势。

以面对无家可归的妇女为例，传统的社会工作可能着重解决其眼前需求，如提供庇护所和基础资源。尽管这些服务至关重要，但女性主义社会工作则通过以服务对象为中心的方法，追求更深层次的影响。社会工作者会与女性深入交谈，探讨其过去的历程、成就、技能及愿景。这可能揭示她曾有稳定工作、特定职业技能或有价值的社区联系。得知这些信息后，社会工作者与服务对象能合作制订个性化的计划，而非千篇一律的解决方式。可能的方案包括与职业培训项目对接，联系前雇主或运用社区资源，最终的目标是让服务对象不只获得即时援助，更能重新掌控自己的生活，为未来规划路径。

二、解决系统性障碍

在女性主义社会工作中，焦点不仅放在个人，也考虑更宏大的社会结构，它们经常塑造乃至决定个人的经历。女性主义社会工作理论意识到个人所面临的挑战常常是更大社会问题的反映，因此重视解决这些系统性问题。这些问题深植于文化规范、法律框架及制度实践中，持续导致性别不平等。它们的表现形式多种多样，从偏见的政策、有偏颇的媒体报道，到难以获得的服务及偏见的社会观念。

例如，辅助单身母亲应对挑战，如寻找经济适用的住房或获得高品质的儿童保育服务，虽是迫切和实际的，但往往与更广泛的系统性问题相互关联。住房政策可能偏重于核心家庭，使单身母亲难以寻找合适住所。此外，社会对单身母亲的偏见可能转化为偏颇的制度实践，如工作场所不给予单亲母亲灵活的工作时间，学校系统不为单亲家庭的孩子提供充足支持等。

女性主义社会工作者意识到这些系统性的障碍，采用了综合策略。在为服务对象提供个性化支持的同时，他们也致力于挑战和改变那些加重压迫的结构。这可能涉及推动政策改革、提高对歧视做法的认识或与其他组织合作以增强其行动的影响。核心在于，解决女性主义社会工作的系统性障碍意味着看到个人经历与社会结构的紧密关联。社会工作者不仅在个体层面上支持服务对象，还在更广泛的层面上挑战并改变压迫性的制度。

三、共同决策

女性主义社会工作的核心理念是合作原则，与传统模式有着明显的不同。在传统模式中，社会工作者通常扮演主导决策者或专家的角色，而女性主义社会工作则强调平等的合作。这一理念强调了服务对象的专业知识、见解和生活经验的重要性。它认为社会工作者和服务对象都拥有独特的知识和视角，通过共同协作，可以产生更为全面和有效的解决策略。合作决策基于相互尊重、信任和追求共同目标的原则。这需要积极倾听、开放的沟通，以及真正尊重和吸纳服务对象的观点。通过这种方式，女性主义社会工作者不仅增强了服务对象的自主感和赋权，还能制定更具针对性、相关和持续的干预措施。

举例来说，以为家庭暴力受害者制订安全计划为例，传统的方法可能是社会工作者基于通用的最佳实践来制订行动计划。然而，这种方法可能会忽略受害者所面临的独特情境和复杂性。女性主义社会工作者则更注重受害者的意见，与其进行深入对话，了解其担忧、相关的风险和资源信息。这种对话有助于了解施虐者的行为模式和受害者的支持网络，这些信息对确保受害者的安全至关重要。在合作模式下，安全计划是社会工作者与服务对象共同制定的，既体现了社会工作者的专业知识，又反映了受害者的亲身经历。将受害者的声音纳入决策过程中，不仅使干预措施更加有效，还增强了受害者的自主权和控制力。

显然，女性主义社会工作中的合作决策模式颠覆了传统的权力结构，建立了真正的合作伙伴关系，为服务对象提供了定制化的服务，并赋予她们更多的参与、发言和能力。这种方法不仅有助于实现更好的结果，还促进了社会正义和性别平等的实现。

四、交叉干预

当代女性主义思想中最具革命性的观念之一是交叉性。金伯莱·克伦肖首次提出交叉性，此后得到众多女性主义学者和活动家的支持，它深入探讨了身份和压迫的复杂性。交叉性认为个人不是孤立地经历歧视和特权，而是他们的身份，如性别、种族、阶级、性取向和残疾，在多个层面上交织并相互影响。在女性主义社会工作中，交叉性方法是关键，因为它强调从服务对象的多重身份出发去理解或应对其所面临的挑战。这也意味着压迫不仅是累积的，还可能是复合并加重的。

例如，女性可能会遭受性别歧视，但有色人种女性可能同时面临性别和种族歧视，产生一系列特定的挑战。类似地，有色人种的残障女性可能遭受残障歧视、性别歧视和种族歧视的交织影响。每个交织点都让问题更为复杂，需要更具针对性的支持和理解。传统的社会工作可能会基于普通的残障者或有色人种女性的经验来提供帮助，但这可能忽视了性别和种族交叉带来的特定挑战。女性主义社会工作通过交叉性方法深入探索服务对象所经历的具体差异，确保提供的支持全面并涵盖她的整体经历，让她在多个身份中都能得到关注、理解和确认。

五、挑战传统性别角色

纵览历史，社会常常根据性别规定特定的角色、责任和行为。这些传统的性别角色已经在文化中根深蒂固，塑造了围绕男性气质和女性气质的期望和规范。虽然它们因文化而异，并且随着时间的推移而演变，但它们通常将男性定位为提供者和决策者，将女性定位为照顾者和家庭主妇。这些角色不仅限制了个人的潜力和选择，而且还使不平等和偏见长期存在。女性主义社会工作以其对性别平等和赋权的基本承诺，从本质上挑战了这些传统角色。通过批判性地审视和质疑这些社会结构，女性主义社会工作者的目标是摆脱基于性别限制个人的局限。它们促进人们对性别的理解是流动的、多样化的，并且不受僵化的刻板印象的束缚。这种扩展的视角认识到广泛的性别经历和表达并验证它们。在实践中，挑战传统性别角色通常涉及对服务对象的直接干预以及更广泛的宣传和认识工作。社会工作者可能会与服务对象进行对话，鼓励他们探索和理解社会规范对他们的选择和行为的影响。他们可能会提供资源、教育和支持，帮助个人摆脱限制性的刻板印象，拥抱真实的自我。

以家庭服务为例，母亲因照顾孩子的责任而不堪重负，而父亲则对孩子的日常抚养感到疏离。女性主义社会工作者在与这个家庭合作时，可能会促进围绕共同养育子女的讨论。他们可能会挑战“照顾孩子完全是女性的职责”这一根深蒂固的观念，并鼓励父母双方共同参与孩子的生活。这不仅促进了更公平的责任分工，而且还促进了家庭内部更深层次的联系和理解。

六、倡导和政策变化

女性主义社会工作虽然深深植根于个人赋权和支持，但可以将其愿景扩展到更大的社会结构和系统。女性主义社会工作者认识到许多个人挑战是更广泛的系统性问题的反映，因此，他们经常充当倡导者的角色，努力推动有利于个体服务对象、整个社区和社会的变革。在这种情况下，倡导是多方面的。它涉及提高对普遍问题的认识、影响公众舆论、游说政策变化以及与其他组织和利益相关者合作以扩大影响。女性主义社会工作者对服务对象所面临的挑战拥有第一手的了解，在识别系统性性别差距、倡导必要的改革方面具有独特的优势。

例如，在与性侵犯受害者合作时，社会工作者可能会发现反复出现的挑战，例如缺乏可用的咨询服务、法律保护不足或社会污名化等。虽然他们将为每个受害者提供个人支持，但他们也认识到需要进行更广泛的系统性变革，以从根本上解决这些挑战。作为回应，社会工作者可能会参与各种宣传工作。他们可以发起公众宣传活动，增强意识，教育社区了解性侵犯的普遍性和影响，并挑战普遍存在的偏见。他们可能会与其他组织合作，汇集资源和专业知识，为受害者创建全面的支持系统。在立法方面，他们可能会游说当地立法者，主张为受害者资源提供更多资金，制定更严格的法律保护以及防止性侵犯的教育举措。

第四节　女性主义社会工作理论的案例分析

一、问题定义

从女性主义社会工作的视角看，小李面临的问题不仅仅是个体层面的，还涉及更广泛的社会和文化层面，主要包括以下几个方面。

（一）性别不平等

小李的遭遇表明，她所遭受的暴力状况，从根本上说，是基于性别的权力失衡而带来的权力受损，这种权力失衡在许多文化和社会中仍然存在。她的伴侣利用这种权力差距，对她进行身体和情感上的虐待。

（二）经济依赖

小李在经济上依赖施虐者，这是由于社会对女性的期望和角色的限制，让她难以独立生活。这种经济依赖限制了小李的自由和选择权，使她在暴力伤害面前无法轻易离开。

（三）缺乏社会支持

社会和文化常常认为，夫妻打架是家务事，外人没必要干预；夫妻之间的冲突过后很快就会言归于好的，因此，长期以来，给受害者的社会支持非常缺乏；公众对家庭暴力的性质和危害性的认识不足，反家暴法出台之后，在执行层面上，仍是存在很多不足。这一切都让家庭暴力现象禁而不止。

（四）担忧孩子的未来

受到传统性别角色期望的影响，目前，小李对孩子的关心，让她在是否离开这段关系中犹豫不决。社会对于“完整家庭”的期望和压力可能也加剧了她的困境。

（五）自尊与自我价值的损害

长期的虐待给小李的心理和精神带来了严重影响，导致小李对自己的价值感到怀疑，她可能认为自己不值得被爱或被尊重，她的自尊和自我价值受到了极大的损害，阻碍了她勇敢结束暴力的婚姻关系。

（六）社会服务资源的限制

在许多地区，服务家庭暴力受害者的资源是不足的，特别是全国范围内的普及还未实现，因此，家庭暴力受害者获得所需社会服务的资源仍然是一个未解决的问题。从女性主义社会工作的视角来看，解决小李的问题不仅仅是提供个体援助，还需要在更广泛的社会和文化层面上进行努力，推动性别平等，提供更多的支持和资源，以及改变社会对女性角色的期望和看法。

二、共同确定干预目标和措施

从女性主义社会工作的视角出发，对于小李这样的案例，干预的目标不仅关注个人的需求，还着眼于社会结构和文化背景中的性别不平等问题。以下是主要的干预目标和措施。

（一）增强个体自主性与经济独立性

在小李的情况中，经济依赖是一个关键问题。干预的首要任务是帮助她建立经济上的自主性，如提供职业培训、就业指导或小额贷款等。经济独立性可以为她提供更多的选择，使她能够从有害的关系中解脱出来。

（二）提供心理支持与恢复自尊

由于多年的虐待，小李的自尊心受到严重伤害。女性主义社会工作重视为受害者提供心理支持，帮助她们重建自尊，认识到自己有权利受到尊重和爱。

（三）构建社会支持网络

为小李提供一个安全、支持的社区环境是至关重要的。这可能包括介绍她参与支持小组、社区活动，以及与其他受虐待的女性建立联系。

（四）教育与提高社会意识

为了从根本上解决性别不平等问题，需要提高社会对家庭暴力的认识。这可能包括在学校、社区或媒体上进行教育和宣传，挑战和改变社会对女性角色的刻板印象。

（五）倡导政策与法律变革

从宏观层面，需要倡导政策和法律的变革，以更好地保护受虐待女性的权益。这可能涉及推动更为严格的反家暴法律、提供更多社会服务资源，或鼓励政府为受虐女性提供更多支持。

第五节　女性主义社会工作理论的优势与不足

一、女性主义社会工作理论的优势

女性主义社会工作理论阐明了基于性别不平等的、动态的社会现实与女性受到不公平对待之间的关系。它最重要的优势之一，在于它提出了一个理解基于性别不平等和压迫的整体方法。女性主义社会工作理论没有将其范围限制在个人挑战上，而是深入研究更广泛的社会结构，以敏锐的眼光审视使性别不平等长期存在的父权制度。这种全面的视角可以在微观（个人）和宏观（社会）层面进行干预，从而促进更可持续和更具包容性的成果。此外，女性主义社会工作的核心是赋权理念。通过倡导以服务对象为中心的方法并将服务对象视为自己叙述的专家，该理论向其服务对象灌输一种主体感和自决感。另一个显著的优势是它对交叉性的重视，承认个人所驾驭的复杂身份。这确保了干预措施对可能与性别交叉的压迫如种族、阶级和性取向敏感。此外，女性主义社会工作理论大胆挑战传统的性别规范，挑战极限以改变根深蒂固的社会观念和角色。该理论强调持续反思和适应，确保了其在不断发展的社会观念中的相关性和有效性。

二、女性主义社会工作理论的不足

虽然女性主义社会工作理论为我们提供了强大的分析框架，用以理解和解决性别压迫，但它并非没有一些限制。主要的批评集中在将性别作为压迫的核心因素，有时会掩盖或低估其他形式的系统性压迫，比如种族、阶级或能力方面的压迫。这种狭隘的焦点有点像聚光灯，虽然能够清晰地照亮一个特定领域，但也会使周边领域处于阴影之中，从而可能导致我们对服务对象多层面经历的理解不够全面或不够一致。此外，女性主义社会工作理论的起源根深蒂固于西方女性主义的叙事中。因此，存在忽视或误解非西方经验的风险，可能导致在实践中出现种族中心主义的偏见。这种局限性需要我们更加努力地跨过文化界限，以确保我们的工作不仅局限于西方的视角。另一个限制源自女性主义社会工作理论的强大意识形态基础。虽然这些基础为我们提供了清晰的方向，但在面对不断变化的社会背景和多样化的服务对象需求时，它们也可能使理论的灵活性降低。我们需要时刻保持开放思维，以便在新的情境下调整理论，以更好地适应现实需求。最后，女性主义社会工作有时会面临来自那些坚守传统价值观或不理解其原则的人的抵制。这可能会妨碍更广泛的理论接受和实际应用。在这种情况下，我们需要采取教育和对话的方式来建立桥梁，以促进更广泛的社会接受和应用。

本章小结

本章简要介绍了女性主义社会工作理论的发展历程，并阐述了其主要观点。通过结合实际案例，讲解了女性主义社会工作理论在社会工作实务中，特别是在个案工作各环节中的运用。主要包括以下知识点：

1. 女性主义社会工作理论起源于对性别差异和父权制的深入分析和挑战，强调经济和政治力量在导致并维持性别不平等中的作用。

2. 女性主义社会工作理论的核心概念包括赋权、交叉性、社会性别敏感性、个人经验的政治意义等。

3. 在社会工作实践中，该理论提倡以服务对象为中心的方法，视服务对象为了解自己经验的专家和代言人，确保他们的观点和需求在决策和干预措施中得到重视。

4. 女性主义社会工作理论强调交叉性的概念，承认个体可能同时遭受多方面的压迫，主张从多角度理解和应对服务对象的复杂处境。

5. 女性主义社会工作理论致力于挑战根深蒂固的性别角色，通过小组工作促进社区支持，同时倡导更广泛的社会倡导，推动政策变革以消除性别不平等。

资源链接

视频微课 12－1

视频微课 12－2

视频微课 12－3

视频微课 12－4

视频微课 12－5

思考题

1. 简述女性主义社会工作理论与赋权的关系。
2. 阐释社会性别敏感性的含义。
3. 概述“倡导”在女性主义社会工作实务中的重要性。
4. 比较女性主义社会工作理论与生态系统理论的异同之处。
5. 举例说明女性主义社会工作理论在社会工作实务中的应用。

在线自测

扫一扫　练一练

第十三章　社会发展理论

学习目标

通过本章学习，可以了解三种不同的社会发展理论；了解社会发展理论的基本假设；掌握社会发展理论的基本内涵、核心命题；掌握发展性社会工作的实务原则和策略；掌握社会发展理论的五个特征；掌握发展性社会工作的发展趋势和理论的优势与不足。

建议课时

4 课时

案例

S社会工作站联手某助贫服务中心为当地农村有需要的农户提供启动资金购买种羊，为农户进行养殖技术培训，帮助他们开展优质绵羊的繁育和养殖，两年内种羊和产下的羊羔归该农户所有，两年后得到帮助的农户将原始启动资金作为“礼品”传递给需要帮助的下一户。通过“礼品”传递，由受助者变为助人者，让资源得到有效利用，惠及更多的农户，同时鼓励农户之间成立互助小组，发掘利用自身的资源，互帮互助，促进农村农户生活条件的改善和社区的互助团结。

项目主要分布于 3 个乡所属的 3 个村，直接受益人群为 397 户项目农户家庭；受益内容为项目的礼品赠送及相关技术支持，弱势群体的福利增进，农户的能力提升、社区融合度增加等；间接受益人群主要以被项目成效和宣传的理念所影响的潜在农户和非潜在农户，他们通过直接受益农户的“现身说法”激发农户发展农村社区、共建美好家园的动力。该项目的目标主要是为了实现贫困农村经济的可持续发展；增能建设，提升当地农户自我照顾、自我管理、自主发展、互助扶持的能力；探索农村社区发展的成功经验，实现农村社区综合发展。

该项目以改善农户养殖发展环境为主，在一年的项目周期内开展了 20 场养殖业技术类、季度疾病防控知识普及类及项目理念等培训，在 2 个村建造了 2 个药浴池；为了提高农户的参与度、创造节日气氛，开展了 10 场节日类、环保类及资源整合类活动。此外，跟进了 3 个个案，走访了 383 户并形成调研报告，97 户完成了礼品传递；1 个村的礼品传递工作及 1 个乡的社区基金试点构建工作在稳步进行中。

第一节　社会发展理论与社会工作

一、社会发展理论简介

在当代，有两大主题被提上了人类社会的议事日程。一个主题是和平问题，另一个主题就是发展问题。发展，本来是人类社会的一个基本属性，由于内在的固有矛盾，使它不停顿地处在变迁、进化之中。这种发展是一般哲学意义上的社会发展。而当代人类所普遍关切和研究的发展，则是指人类在特定历史阶段上的、朝向既定的具体目标的社会结构分化，社会状态变迁与社会形态转型，它具有现代性、全球性、紧迫性的特点。社会发展理论研究的主要内容包括：社会是什么？它是如何产生和发展的？它和自然界的发展相比有何特殊性？世界各民族的发展道路如何，有没有一个共同的趋势和走向？研究这些问题对人类自身的发展有何意义？

在西方，最初的社会发展理论被狭义地理解为研究传统农业社会向现代工业社会转变的理论。所以，在 20 世纪 50、60 年代，最早的社会发展理论也被称为“现代化理论”。第二次世界大战以后，一大批殖民地国家纷纷独立，先后诞生了 130 多个发展中国家，其人口占世界总人口的 74%。发展中国家的经济发展问题成为国际社会的一个重大问题，这些国家虽然在政治上走上了民族独立的道路，但在经济上仍然面临很多亟待解决的问题，如：经济结构问题、社会结构问题、人口问题、失业与贫困问题、与发达国家经济差距不断扩大的问题，等等。这些问题制约着全球经济的发展，而这些问题仅仅依靠发展中国家本身的力量是很难解决的，因而成为全球问题。另外，第二次世界大战以后，西方发达国家也有一个医治战争创伤、振兴经济的问题。在这样的背景下，20 世纪 50 年代，西方社会形成了独立的社会发展理论，或称社会发展哲学。

围绕着发展中国家如何摆脱贫困、如何寻求社会发展，西方社会形成了不同的社会发展理论，主要包括：第一，“现代化”理论。这种理论认为，发达国家通过扩散西方价值观、资本和技术给不发达国家从而推动不发达国家的现代化；反过来，不发达国家只有步西方发达国家的后尘，遵循西方社会发展的模式，才能成为发达国家。第二，“依附论”。一些比较激进的学者，特别是南美的理论家不同意“现代化”理论，在 20 世纪 60、70 年代提出了“依附论”，他们通过对不发达国家的考察，认为发达与不发达并不是发展过程的两个阶段，而是同一个发展过程的两个相互关联的结果，不发达国家依赖发达国家发展，一些国家的发达是以另一些国家的不发达为代价的，不发达国家是资本主义经济体系的必要的组成部分，发达国家通过资本输出，剥削不发达国家，从而成为发达国家。这种情况造成了不发达国家依附于发达国家的发展，不发达国家成为发达国家经济结构的组成部分，不发达国家成为发达国家的能源基地、劳动力基地、夕阳产业（包括严重污染的产业）的基地，没有任何经济发展的自主权，从而成为世界资本主义经济扩张的牺牲品。第三，“世界体系论”。现代化理论与依附论所采用的方法是非此即彼的二分法。在现实世界中，一个国家的社会发展很难说一定是依赖于其他国家或者说一定是独立发展的。应该说，所有的国家的发展都是互相依赖的，同时又依赖于整个世界经济体系。世界体系论克服了依附论的单向依赖关系，相互依存概念更准确地反映了复杂的世界经济与政治结构。有人把世界的结构比作一艘在大海中航行的航船，各国人民都是这艘航船上的乘客，只不过有的人坐头等舱，有的坐二等舱，等等，但是所有的人同舟共济，向着同一个目标行驶。

因此，如果说有发展阶段的话，应该是指人类社会整体的发展阶段，而不是个别国家的发展阶段。根据世界体系论的观点，如果要认识某个国家内部的阶级差异、阶级冲突、政治斗争，就必须把这个国家放在世界经济体系的整体中加以认识。显然，相对而言，世界体系论对发展中国家的发展更具有指导意义，它抛弃了西方中心主义，在全球发展过程中，不发达国家与发达国家都是平等的依赖关系。但是，我们也不能否认一个客观事实，发达国家毕竟走了二三百年的现代化道路，他们在全球经济发展中的分量与发展中国家相比是不同的，如美国的国民生产总值占全世界国民生产总值的 1/4 左右。

总体而言，当代西方社会发展理论经历了两大转型：第一，从单一的“经济增长”到社会的综合发展，强调经济发展与社会发展的均衡，强调发展是“综合的”“整体的”“内生的”，强调发展的终极目标是为了人的全面发展。第二，当代西方社会发展理论还经历了从单一的“经济增长”向“以人的发展”为中心的转型。社会的发展要“以人为中心”，这是由传统发展观向当代社会发展观转变的又一个表现。随着“发展”概念的不断丰富，人们越来越感到，“市场是为人而设的，而不是相反；工业属于世界，而不是世界属于工业；如果资源的分配和劳动的产品要有一个合法的基础的话，即便是在经济学方面，它也应依据以人为中心的战略”。从最广泛的意义上来说，人的发展是人类的最终目标，与其他方面的发展或目标相比，它应占绝对优先地位。人的发展成为社会发展的一个重要内容，并成为社会发展的又一个重要的衡量向度。

新中国成立以来，特别是改革开放以来，中国共产党经过长期探索和实践，成功推进和拓展了中国式现代化，实现了人类历史上前所未有的大变革。中国式现代化的成功，首先，动摇了西方主流现代化理论的霸权根基。中国式现代化的本质是中国共产党领导的社会主义现代化，是没有经历西方化的政治重组或意识形态重组的非资本主义现代化，它的出现从根本上动摇了西方中心论、西方优越论的实践基础，使西方主流现代化理论曾经具有的科学性和吸引力变得不再那么确凿无疑和理所当然，从而证明这些理论并非关于一般现代化，而是关于一种特殊的现代化即西方式现代化的主流理论；其次，又一次证明现代化是一个客观的社会发展过程。就具体的现代化过程而言，西方式现代化走的是一种线性的“串联式”道路，工业化、城镇化、农业现代化、信息化等依次发生，而中国式现代化走的是一种结构化的“并联式”道路，各个领域的现代化在短短几十年间几乎同时发生了，但两者的历史起点是相同的，即都是从工业化开始的。这种“异中有同”再次证明，只要现代的生产方式能够确立并可持续地运行，建立在其上的各种上层建筑就会以或慢或快的方式发生变革，现代社会结构本身因而得以客观地被创造出来，现代化从而以具体的方式得以实现；最后，再次证明现代化是普遍的历史进程，从而极大鼓舞了广大发展中国家探寻符合自己民族国家实际的现代化道路的信心。

二、社会发展理论与社会工作的关系

社会工作发端于100多年前的西方国家，并经历了一个从志愿性助人活动到职业性助人活动再到专业性助人活动的历史发展过程。在这个历史发展过程中，社会工作形成了不同的实践取向。历史上，社会工作偏重治疗性实践。20世纪中期，南半球的发展中国家也开始了社会工作的历史进程。如同西方国家一样，这些发展中国家的社会工作本质上也是治疗性的。

第二次世界大战以来，发展成为时代主题，并成为世界各国所追求的目标。改革开放以后，发展也成为我国第一要务，在“发展才是硬道理”理论的指导下，我国加快了以市场经济改革发展为主导的发展步伐，并将工业化、城市化与现代化作为发展的重点内容。经过四十多年的努力，我国的改革发展取得巨大成效，尤其在经济建设方面取得了举世瞩目的成就。然而，这种过分注重经济发展而忽略社会发展的非均衡性发展，导致进入经济转轨与社会转型关键期后，出现了诸如失业、通胀、金融风险以及地区、城乡、阶层差异等诸多社会问题与社会风险。在应对这些问题的行动中，均衡发展、可持续发展和总体发展的国家政策议题和改革发展议题应运而生。

发展性社会工作的提出是社会发展理论引入社会工作领域的成果。此外，从中国的角度梳理该理论的发展过程，也必须包括该理论进入中国和得到实践运用的情况。早期发展性社会工作理论出现在社会发展的相关讨论中，主要是将社会发展看作一种宏观的社会工作实务方法。社会工作是社会福利制度的重要组成部分，是社会福利制度中的服务传递体系。社会工作作为一种专业的助人行动，能够改善社会成员的社会功能，增进社会成员的福祉。一般来说，社会工作具有“治疗性”和“发展性”两种实践取向。治疗性社会工作实践取向强调个体问题和需求的解决与回应，具体表现为“心理治疗”“认知行为矫正”“环境调适”等。发展性社会工作强调将促进人们的经济参与、发展与改善社会功能相结合，具体表现为“人力资本投资”“自决”“参与”等。

发展性社会工作是对传统社会工作理论和实务挑战的一种回应。治疗取向的社会工作服务并不能对发展中国家中存在的贫困、失业等问题给予很好的回应并解决。而且由于公共财政的紧张和社会工作教育制度的缺乏，在专业人才培育及社会工作服务提供方面的经费短缺，治疗取向的社会工作所需的人力资源得不到保证，也就难以谈及扩大专业服务的社会覆盖面。发展性社会工作主张社区层面的整体介入，关注社区人群的经济活动，致力于促进其生产能力的提升以改善整体处境，并实现社区发展。

第二节　社会发展理论的基本概念与假设

一、社会发展理论的主要概念和命题

社会发展与社会工作之间存在着密切的联系。社会福利制度的传递需落脚在具体的干预手段上，于是便与社会工作发生了关联。只有透过对社会发展的了解，我们才能更好地理解它与社会工作实践的结合。社会发展理论积极鼓励经济发展与社会发展的整合，希望将两者整合在共同促进人类福祉的发展过程中，成为提升人类福祉的最佳方式。社会发展的理论假设包括（陈涛等，2018）以下内容。

（一）社会进步

社会发展理论认为，可以通过整合经济发展与社会发展的方法来推动社会进步与社会变迁，并将经济发展的成果惠及所有的社会成员。这也是经济发展对社会发展的贡献。

（二）物质主义

社会发展理论强调物质福利，注重健康、住房、收入等物质对人们福利提升的影响，关注社会成员生活水平提高的需要。

（三）有计划的介入

社会发展理论认为，社会福利提升需要系统性的计划介入，提倡由政府发起和管理的介入方式。

（四）多元参与

社会发展理论认为，政府在社会福利体系中承担基本责任，其他各类组织和个人也以制度化的方式在其中分担责任。

社会发展理论包含了社会变迁和社会进步；社会干预和集体行为；普遍主义、平等和社会包容；促成经济社会协调发展等重要理念。

首先，在社会变迁和社会进步方面，需要制定和实施专门提高社会成员生活水平的政策。因为经济增长是社会发展的前提条件和发展动力，社会发展又能成为经济增长的推动力。只有经济发展了，社会福利才能惠及所有社会成员，才能消除贫困。

其次，在社会干预和集体行为方面，社会干预和集体行为是在政府的领导之下进行的，需要通过社会干预和集体行为去发现和解决那些危害社会进步和人类福祉的社会问题。

再次，在普遍主义、平等和社会包容方面，发展性理论指导下的社会干预和集体行为应该能给所有社会成员带来福祉。

最后，在促进经济社会协调发展方面，社会发展理论强调应能在促进经济发展的同时，促进社会发展和人类福祉，也只有将经济政策和社会政策进行整合，才能实现这一目标。

二、社会发展理论的主要特征

基于社会发展理论的命题和理念，发展性社会工作具备以下特征：

第一，发展性社会工作以社会投资为核心。发展性社会工作致力于推动社会发展与经济发展的协调与均衡，强调社会成员在经济发展中获益。所以，发展性社会工作被认为是有利于经济发展的社会工作实践，强调为服务对象提供实质性的社会投资，在干预中使用大量的社会投资策略，比如人力资本投资、就业和创业计划、社会资本、资产积累以及消除经济参与限制等。和生产性取向的社会工作方案如合作社、互助社、生计小组等相比，社会投资取向的干预目的在于提升人们的干预技巧，促进人们生产性活动的参与，使人们的经济发展能力和社会发展能力共同获得成长，并借此推动社会发展。

第二，发展性社会工作强调社区为本的实践介入策略。社区是社会之基础。社会中的社区是社区成员经常性互动的场所，具有丰富性、多元性、多样性的特点。社区成员互动性行动衍生出改变的多种可能性，比如培养社区成员的自我意识和参与行动；发展社区共同体意识等。所以，发展性社会工作采用以社区为基础建立社会网络与社会支持的工作策略，致力于促进其生产能力的提升以改善整体处境，并实现社区的可持续发展。社会工作应当且适合介入有关人与社区经济发展与整体发展的领域，通过运用涉入经济发展的干预方式，解决人与社区发展受阻的问题，促进经济与社会发展的统一。

第三，发展性社会工作重视参与和自决。人的发展是广泛而全面的发展，既包括智力、体力的发展，也包括经济、政治、文化、能力、志趣和道德品质的发展。同时，发展也是社区的基础性需求和发展目标；而且，人与社区都具有经济发展与全面发展的优势和潜能，但这些优势和潜能在发挥过程中可能遇到了一些阻碍。发展性社会工作相信服务对象的参与对其问题的解决至关重要，强调尊重服务对象的发展意愿，增强服务对象的发展能力。特别是，发展性社会工作积极推动服务对象参与到与其相关的决策和行动中，相信服务对象有自决的能力，能为自己的未来发展负责，并鼓励服务对象自决。服务对象的参与和自决有利于社会工作目标的实现。

第四，发展性社会工作着力于推进社会公正是社会工作的终极目标。发展性社会工作强调社会公平与社会公正，注重保障社会成员基本社会服务的权益和社会成员平等获得社会福利的权益。发展性社会工作强调通过社会干预和集体行为的手段实现公平，关注社会成员的积极参与，关注社会成员在参与过程中获得意识的觉醒和能力的提升。发展性社会工作不仅关注微观层面对个人或家庭的服务提供，更关注宏观的社会结构议题，希望能通过民主、参与、平等与社会正义等推动社会进步与社会变迁。

第五，发展性社会工作具有国际意识。发展性社会工作是对传统治疗性社会工作理论和实务挑战的回应。传统治疗性的社会工作并不能很好应对社会发展过程中出现的诸多社会问题。发展性社会工作根据不同国家制度发展中的变化，可以被经常审慎地加以调整以适合其他国家的实践需要。

第三节　社会发展理论在社会工作中的应用

一、社会发展理论在社会工作实务中应用的策略

在社会发展理论的指引下，发展性社会工作的目标是通过对社会投资取向的干预策略的运用，促进服务对象包括经济发展能力在内的能力的提升，满足包括经济发展需求在内的多样性需求。为了实现这些发展性目标，发展性社会工作的实践策略具体包括以下八种。

第一，人力资本投资计划。人力资本是服务对象发展的基本条件，主要包括健康与能力两个方面。发展性社会工作兼顾教育与健康营养照顾方面的投资，为人们的相关服务如营养膳食、健康保健、岗位培训等提供知识和技巧。

第二，就业与自主创业计划。就业和自主创业是获取经济参与，增加经济收入的重要途径。社会弱势群体如妇女、老年人、残疾人、失业青年等都有迫切的就业需求。发展性社会工作将就业和自主创业计划置于优先性地位，为服务对象提供岗位介绍、岗位安置、创业培训、就业与创业咨询等，鼓励服务对象参与生产性活动。

第三，微型企业和小额贷款计划。微型企业和小额贷款计划是就业安置计划的拓展，发展性社会工作积极推进微型企业和小额贷款的发展，推动贫困人口和有特殊需要的人的经济参与。

第四，以津贴补助工资的投资或颁布最低工资或最低生计工资标准计划。

第五，资产积累计划。以消费为导向的社会福利制度造成人力资本和金融资本投入的减少，不利于劳动力的再生产和投资的扩大化。发展性社会工作关注个人及家庭的资产积累计划，认为资产积累对个人与家庭的发展有重大影响，有利于个人与家庭采取更合理、更有规划和更积极的行为方式。

第六，社会资本计划。发展性社会工作认识到社区组织与社区建设之间的密切联系，强调将社区组织与经济发展联系起来。

第七，消除妨碍经济参与的障碍并创造平等机会计划。发展性社会工作向经济参与的制度化障碍发起挑战。

第八，注重成本效益和促进实践的证据为本的方法。系统评估社会工作介入，倡导证据为本的工作方法。

二、社会发展理论在社会工作实务中应用的领域

发展性社会工作是在社会工作实践的基础上产生的。它将生产性活动和社会投资策略应用于社会工作的专业实践，在强调经济发展的同时，也强调人类福祉的提升和改善。发展性社会工作的实践通过社会投资、强调社区为本的实践介入策略两方面梳理其实践模式。这些实践模式并非以独立的形式存在，虽然模式的策略不同，但都以干预社会发展为主要目标。虽然都包含了从个人、社区、社会三个方面的内容，但在各模式内并非是被满足后向前递进的发展序列，这些实践模式之间、模式的各个内容之间都是互相影响、互相促进和共同发挥作用的关系，最终促进社会发展。

发展性社会工作在我国反贫困和乡村振兴实践中具有巨大的介入空间。发展性社会工作强调社区为本的实践介入策略。社区为本的反贫困社会工作以社区为整体和落脚点，关注贫困群众的主体性、能动性、自主性，重视贫困群众的增能，增强贫困群众的能力建设，强调贫困地区的可持续发展，注重整合的方法，强调以社区为核心，利用社区原有的资源来激发社区的内在力量。

在中国社会工作本土化实践中，也有开展以发展性社会工作理论和实践模式为取向的探索，如四川省汶川县震后社区生计项目和云南省绿寨村的城乡合作项目。云南绿寨的城乡合作项目以资产建设和能力建设为核心，通过公平贸易和城乡合作的方式对农村社区进行赋权。在汶川地震灾后重建的社会工作服务中，服务团队以发展性社会工作为实践取向，确立社区团结和生计发展的核心目标，以家庭生计互助小组为载体，社会工作者作为“协助者”进行参与，推动小组成员之间的纽带来互相扶持，通过集体行动解决困难，走

向社区行动组织的转型。在下面的案例分析中，我们将以S社工站开展的社会发展A项目为例，介绍发展性社会工作的实务技术和策略。

第四节　社会发展理论的案例分析

一、确定干预策略和目标

S社工站通过整合社会和政府资金，联合当地政府一起实施农村社区发展A项目。具体而言，这个项目的统筹工作和具体实施由社工站负责，项目的资金由某助贫服务中心提供，项目实施当地的畜牧局为项目提供技术支持。

我国反贫困社会工作以整合社会发展与经济发展为目标；以社区为基本介入单元；以多重社会工作干预联动为方法；以“能力提升”和“可持续生计”为策略。从S社工站实施的A项目，我们可以看出发展性社会工作在服务过程中的干预策略表现为以下方面。

（一）以社区为本，搭建多方合作的扶贫平台

社工站实施的A项目体现了反贫困社会工作服务联动整合多方资源的特点。整合了社工站、助贫服务中心、畜牧局三方的力量：助贫服务中心提供项目资金和项目培训，社工站全程实施项目并协调各方工作，畜牧局为农户提供技术培训并跟进解决项目实施过程中养殖技术问题。社区为本视角下的社会工作非常强调以社区为中心，更注重整合的方法。A项目中，社工是统筹项目的核心力量，链接助贫服务中心的资源，落地当地。社工站带领社工团队一方面参加了助贫中心A项目运作模式系统培训，依据当地地理、人文、经济特征策划设计了具体项目服务方案，畜牧局则是社工站邀请加入的技术支持方，很好的补足了社工畜牧养殖技术的短板。A项目是国际扶贫模式、我国本土社工工作经验和养殖专业技术三方力量和方法整合、合作的结果，凸显了以社工为核心的，依托社会组织统筹运营实施项目的特色。

> 以前政府给的羊，比如给了十只羊，一个月之后就变成一只羊了，不知道是吃掉了，卖掉了，还是死掉了。政府不允许他们卖掉吃掉，但是农户有借口，政府也没办法，没有什么相应的措施。我们的项目，给了羊后会有持续的服务，比如技术指导。

（二）注重多重社会干预方法的综合运用

在A项目具体实施过程中，社工作为项目的核心力量，一方面通过系统培训学习掌握项目的实施模式，保障了项目“礼品传递”的核心理念。同时，社工依据当地农户的实际情况，策划实施了一系列的辅助服务，例如互助小组、农户亲子互助小组、农户子女的各类主题青少年小组活动、针对妇女的各类小组活动，以及大型社区活动。三方相互协作，各自发挥优势，充分体现了以社会组织为载体、专业社工为支撑各方合作提供综合性服务的联动模式。

> 他们（社工）会组织孩子们到市里开展活动，还举办到内地的夏令营。孩子们特别开心，回来跟我们讲自己看到了什么，学到了什么，还说要好好学习，考上大学，我们也特别开心，就想着多挣钱，供孩子们上学。

（三）以社区为基本介入单元

在某种程度上来说，福利依赖现象的形成，会消减服务对象自主发展的动机。同时，因资源和机会的缺乏，即使贫困群体有参与劳动和工作的意愿和动机，贫困地区所能创造的就业岗位十分有限。发展性社会工作应高度关注农村贫困地区和贫困人口的就业，鼓励贫困群体和弱势群体就业创业，促进社区发展。社区作为社会的基本构成单元，是发展性社会工作介入的基本单元。因此，社会工作在反贫困领域的服务提供需立足于社区，促成贫困人口在经济、政治、文化、设施等多层面融入社区生活。反贫困社会工作可以采取以社区为基础的社会投资策略，直指社区中的贫困问题，将社区的经济发展与社区成员的减贫联系起来，改变社区及社区居民贫困落后的状况，回应社区居民和社区的需求，提升其经济水平和生活水平。

很多妇女之前不想就业，后来她们有的赚钱之后，在家里的地位提高了，刚开始她的老公、家人都不支持她，后来有了一个月一千多块钱的收入之后，对家庭、对她自己的经济有帮助，她赚的钱为整个家庭带来了稳定的收入之后，整个家人、孩子也开始支持她。合作社的20个妇女，之前家里全部事情（家务）由她们承担，但是来合作社之后，她们的老公开始给家里的牲畜喂饲料，会觉得这些妇女们辛苦了，然后孩子们回家之后也帮妈妈洗碗、打扫卫生等，妇女们都觉得特别开心。

该项目中，妇女通过就业、获得经济收入，赢得了丈夫和孩子的尊重，家庭地位得到提升，家庭的氛围也改变了，积极健康的生活态度得以建立。项目基本全部服务的是一般户，也就是说都不是建档立卡的贫困户，社工所做的工作从脱贫攻坚的直接层面来说，并未参与。但是社工开展的服务体现在针对农户的能力建设上，培养农户脱离政府救助也能持续发展。社工的服务对象从贫困户转向一般户，这恰恰是一种社区为本的视角，是超越了“贫困”画线这一单一标准下的可持续发展理念，超越了扶贫政策的刚性要求，将扶贫的视野从建档立卡的贫困户扩展到超过贫困线标准的一般户，对政府的扶贫工作起到了很好的补充作用，为防止一般户返贫起到了有效的支撑作用。

年人均收入4 000块钱以下的贫困户，不愿意接受我们的项目，因为政府好多项目给到贫困户的。年人均收入4 000块到7 500块钱的一般户，很乐意接受这个项目，因为他们没有任何政府项目。然而我们的项目两年，他可以发展自己的经济，也没有任何利息。7 500元以上的是富裕户，也不接受我们这个项目，他们觉得这个项目钱太少了。我们现在的服务对象基本上是一般户。

社工开展扶贫项目的优势，主要体现在服务的机制层面，服务是系统性的、持续跟进的。社工通过整合不同的项目资源，开展项目交叉服务，整合不同服务内容，全面介入服务对象的生活空间，由个体到家庭，由家庭到整个村落，注重对受助者能力的全面提升和可持续发展，这恰是以社区为本的系统设计服务内容的理念。

（四）以能力提升和可持续发展为理念

个人能力的提升实质上指的是贫困群众在自我意识、能动能力、参与能力、自决能力四种具体能力上的提升，这四种具体的能力能够帮助贫困群众逐步提升综合素质，促进提升自我脱贫、自我发展的能力。

农户通过参与项目，养殖技术得到了提升，愿意投资到自己的家庭产业，而不是只等着“给”。从原来给什么拿什么，到现在会主动想办法增收，甚至开始了生态农业经济的尝试，这是农户个人综合能力提升后的结果呈现，自我发展经济的能力、管理的能力都得到了提升，这是贫困农户能动能力、自觉能力得到提升的直接表现。

> 我们有这样的培训，农户愿意花钱买饲料，不仅仅是靠自己的田地里种出的那些东西，他还希望到市场上卖一些东西。这是我们跟畜牧局专业技术人员，把对的方法教给他们的，他原意花钱、花时间做好科学的配料，以前这些农户是不愿意花钱买这些饲料的。
>
> 有一个农户，他本来养的是牛，牛差点被电死了，他当时就特别害怕，就不敢养牛了，养牛风险太大，还是养羊了。农户的果园，前些年他们地里都种小麦，种棉花，是没有种果树的，后来因为养了这些羊，羊粪多，然后用来做果园的肥料，又省了买化肥的钱，形成一个良性的循环。因为养了羊，增加了收入，家庭整体都变化了。这样的例子也是挺多的，比如现在好多家庭都种蔬菜了，以前是没有的。以前是他们（农户）的园子里是空的，没有蔬菜吃。现在园子里种点东西，把家里的羊粪也用上了，蔬菜是没有用化肥的绿色蔬菜，这都是带来的显著变化。

二、反思与启发

面对全球化和区域发展不平衡、世界性经济波动和衰退、贫富悬殊、人口流动；气候变化加剧了天灾和粮食安全问题、大型灾害回应能力不足、传统和新型流行病猖獗、暴力冲突恶化等问题，以及实现联合国在 2015 年通过的可持续发展议程中的可持续发展目标等，发达国家和发展中国家的社会工作和发展专业人员、学者不得不重新界定社会工作对全球社会发展挑战的使命、干预策略和工作方法。而我国对持续和新型贫困问题的正视，对扶贫、不同弱势群体的赋能，社会和社区经济的发展，以及社会企业和跨部门合作的社会创新的涌现等，都对社会工作传统上只重视其治疗和补救性，以及在个人、小组和社区工作层面以外的介入策略提出了理论与实务的挑战。

从发展性的社会工作再回归到社会发展问题上来，我们可以发现在中国社会改革的情境中，社会工作本土化必须采用发展性的实践取向和本土化目标，既要注重社会问题的解决，又要注重能力的提升，既要注重社会福利资源的投放，又要注意自我经济发展能力的培养。这样才能从我国以往的社会福利服务和公益慈善服务中的资源消耗型服务模式，走向资产投资型服务模式。换句话说，发展性社会工作服务要解决的是以往服务对象“等、靠、要”而走向帮助服务对象实现自我独立和发展。

发展性社会工作聚焦于社会发展与经济发展的统一和整合。贫困人群的需求除了物质和经济等方面的基本需求外，还有发展的需求。社会工作既要为服务对象提供心理疏导、生活关照、教育、安全等服务，还要重视贫困人口的赋权和能力提升，真正实现“助人自助”。反贫困社会工作可以利用和挖掘社区内部优势资源与力量，链接社区外部资源，改善社区居民的生活状况，提高社会的经济发展水平；可以将社区建设与社区生产性组织工作联系起来，比如开展家庭生计互助社、农业专业合作社、平等参与的手工作坊等社区生产性组织工作，扩展服务的传递模式；可以调动社区的内生动力，充分发挥社区成员的积极性，借由互助和自助，促进贫困人口和社区的可持续发展。在追求经济收入增长的同时，还可通过人力资本投资策略和能力建设，维护和改善服务对象的健康水平，增加服务对象接受教育的机会，增进服务对象参与生计项目的能力，实现可持续生计，同时注重从个体、组织及社区层面开展社会资本建设计划和资产积累计划，提升服务对象的社会参与能力，进而对社区发展做出贡献。2014 年，全球社会工作定义的修订重申了社会工作使命对社会变革、社会发展、社会融合、赋权和人类解放的重要性，从个体到集体和宏观社会工作干预策略的重要性。因此，发展性社会工作自身就是一个社会创新的过程，从南方世界的社会工作视角和实践重新界定社会工作，有助于重新设计社会工作带来的社会变革和社会影响力。

第五节 社会发展理论的优势与不足

一、社会发展理论的优势

在某种意义上，可以把发展性社会工作的理论历程划分为“社会发展”理论阶段和明确的“发展性社会工作”理论阶段。发展性社会工作是一种强调将促进人们的经济参与、发展与改善其社会功能问题相结合的社会工作理论与方法，其突出的特征是综合干预和大量使用社会投资策略。与传统的社会工作相比，发展性社会工作更具有包容性、开放性、动态性、整合性和建构性。发展性社会福利政策与发展性社会工作紧密相连，其最大意义在于对民众福利的保护方式从被动型、事后补救型、消费型向积极干预型、促进型和投资型转变。而发展性社会工作在社区层面的介入并发挥重要作用将是未来社区发展的趋势。与传统的社区工作注重社区能力建构、社会服务规划或社区行动不同的是，发展性社区工作既注重运用经济与社会投资，满足贫困社区的物质需求，又能够促进社区居民能力和意识的提升；既满足社区的精神文化需求，又能够建立一个患难相恤、邻里互助、睦邻有爱的可持续发展的和谐社区。总之，无论在社区中是以人为本、以资产为本、以社区为本，还是以社会为本，从总体上来说，都是以发展为本，这就是发展性社区工作的核心要义所在，一切为了发展，一切依靠发展。发展不应该仅仅只在贫困领域得以实现，其应有更丰富的内涵和广阔的空间，发展一样能够延伸到其他领域，在不同层次中发挥重要的作用。

二、社会发展理论的不足

当然，发展性社会工作作为外来的社会工作理论与实践模式，其在国外的实践经验也并非全面、具体及有高度的参考性，所以可以理解为仍然处于一个建构的过程中。但是毫无疑问，作为理论，它有其吸引力，特别是对于基层人们如何面对全球化下基本生活的冲击与挑战，发展性社会工作整合了传统的社会工作模式与方法，并给出了新的重要的指引。不过，理论与模式需要实践的尝试与支持，理论才可以“活”起来，理论的内涵才会更有意义。因而，因应本土具体情况的实践经验至关重要，不仅仅只为理论的可行性及操作性提供关键资料，更有机会衍生发展出属于本土的社会工作理论。为此，期待有更多这方面的实践出现（陈涛等，2018）。

本章小结

本章介绍了社会发展理论的基本概念与假设，通过案例分析展现社会发展理论在社会工作中的应用，并说明了社会发展理论的优势与不足。主要包含以下知识点：

1. 社会发展的理论假设包括：社会进步、物质主义、有计划的介入、多元参与。社会发展理论包含社会变迁和社会进步；社会干预和集体行为；普遍主义、平等和社会包容；促成经济社会协调发展等重要理念。

2. 社会发展与社会工作之间存在着密切的联系。发展性社会工作的主要特征包括：以社会投资为核心、强调社区为本的实践介入策略、重视参与和自决、着力于推进社会公正是社会工作的终极目标、具有国际意识。

3. 发展性社会工作干预的基本原则与策略包括：人力资本投资计划、就业与自主创业计划、微型企业和小额贷款计划、以津贴补助工资的投资或颁布最低工资或生计工资标准计划、资产积累计划、社会资本计划、消除妨碍经济参与的障碍并创造平等机会计划、注重成本效益和促进实践的证据为本的方法。

4. 发展性社会工作是一种在理念和介入策略上不同于传统社会工作的新实践取向，它在社区层面的介入是一种新的有益尝试，也是未来社会工作发展与社会发展的趋势。

资源链接

视频微课 13－1　视频微课 13－2　视频微课 13－3

视频微课 13－4　视频微课 13－5　视频微课 13－6

思考题

1. 社会发展理论对社会工作实务的影响是什么？
2. 社会发展理论包括哪些基本假设？
3. 社会发展理论的基本内涵是什么？

4. 发展性社会工作的主要特征有哪些？
5. 发展性社会工作干预的基本原则与策略有哪些？
6. 社会发展理论的优势与不足有哪些？
7. 发展性社会工作在未来的发展前景如何？

在线自测

扫一扫 练一练

参考文献

1. 艾瑞娜·哥登伯格，赫伯特·哥登伯格著，李正云等译．家庭治疗概论［M］，西安：陕西师范大学出版社，2005.

2. 安娜·弗洛伊德著，吴江译. 自我与防御机制［M］. 上海：华东师范大学出版社. 2018.

3. 陈树强．增权：社会工作理论与实践的新视角［J］．社会学研究，2003（5）：70－83.

4. 陈涛，杨锡聪，陈锋．发展性社会工作的本土化理论及实践［J］．新视野，2018（4）：62－68.

5. 范明．社会工作理论与实务［M］，上海：上海大学出版社，2007.

6. 郭瑜．浅析角色理论在社会工作实务中的应用［J］，中国青年政治学院学报，2011，30（1）：127－131.

7. 何雪松．社会工作理论（第二版）［M］上海：格致出版社；上海人民出版社，2017.

8. 何雪松．叙事治疗：社会工作实践的新范式［J］．华东理工大学学报（社会科学版），2006（3）：7－11.

9. 简春安，赵善如．社会工作理论（下）［M］，上海：华东理工大学出版社 2018.

10. 卡尔·R. 罗杰斯著，杨广学等译．个人形成论［M］，北京：中国人民大学出版社，2004.

11. 刘林．社会发展理论与实践［M］，哈尔滨：黑龙江大学出版社，2010.

12. 刘梦，陈小蓓等．女性与社会工作：从实务到政策［M］，北京：中国劳动社会保障出版社，2006.

13. 陆士植，徐选国．优势为本的理论价值在青少年成长小组工作中的运用策略初探［J］，青少年研究，2010（4）：21－25.

14. 米奇利著，苗正民译．社会发展［M］，上海：格致出版社，2009.

15. 佩恩著，何雪松等译．现代社会工作理论［M］，上海：华东理工大学出版社，2010.

16. 佩恩著．冯亚丽，叶鹏飞译．现代社会工作理论（第三版）［M］．北京：中国人民大学出版社，2008.

17. 塞勒伯著．李亚文，杜立婕译．优势视角——社会工作实践的新模式［M］，上海：华东理工大学出版社 2004.

18. 沈黎. 焦点解决短期治疗——后现代主义的社会工作理论新趋向［J］. 华东理工

大学学报（社会科学版），2008（3）：27－31.

19. 特纳著，刘梦等译．社会工作治疗理论［M］．北京：中国人民大学出版社，2023.

20. 童敏．社会工作理论：历史环境下社会服务实践者的声音和智慧［M］，北京：社会科学文献出版社，2019.

21. 文军．西方社会工作理论［M］．北京：高等教育出版社，2013.

22. 亚历山德拉·拉玛著，徐建琴、任洁译. 精神分析心理治疗实践导论（第二版）［M］. 上海：华东师范大学出版社. 2019.

23. 严强．社会发展理论［M］，南京：南京大学出版社，1991.

24. 易臻真. 危机干预理论在社会工作实务中的发展及反思［J］. 社会建设，2018（1）：20－31.

25. 张和清，杨锡聪，古学斌．优势视角下的农村社会工作——以能力建设和资产建立为核心的农村社会工作实践模式［J］．社会学研究，2008（6）：174－193.

后　记

经全国高等教育自学考试指导委员会同意，由公共管理类专业委员会负责高等教育自学考试《社会工作理论》教材的审定工作。

本教材由浙江师范大学刘梦教授担任主编，上海师范大学张宇莲副教授担任副主编。具体分工如下：第一章 刘梦、张宇莲，第二章 陈哲（浙江师范大学），第三章 彭君芳（北京农学院），第四章、第五章 黄紫涵（浙江师范大学），第六章、第九章 唐佳（四川外国语大学），第七章、第八章、第十二章 焦开山（中央民族大学），第十章、第十三章 曹玲（新疆师范大学、新疆众和社会工作服务中心），第十一章 王丹丹、王会琴（重庆师范大学）。全书由刘梦、张宇莲统稿。

本教材由南京大学孙亚忠教授、南京大学彭华民教授、上海大学彭善民教授进行审稿，提出修改意见，谨向他们表示诚挚的谢意。

公共管理类专业委员会最后审定通过了本教材。

全国高等教育自学考试指导委员会

公共管理类专业委员会

2023 年 11 月

图书在版编目（CIP）数据
社会工作理论 / 刘梦主编. --北京：中国人民大学出版社，2024.7. --（全国高等教育自学考试指定教材）. --ISBN 978-7-300-33135-5
Ⅰ. D632
中国国家版本馆 CIP 数据核字第 20243JR810 号

全国高等教育自学考试指定教材
社会工作理论
（含：社会工作理论自学考试大纲）
（2024 年版）
全国高等教育自学考试指导委员会　组编
主　编　刘　梦
副主编　张宇莲
Shehui Gongzuo Lilun

出版发行	中国人民大学出版社		
社　　址	北京中关村大街 31 号	**邮政编码**	100080
电　　话	010－62511242（总编室）		010－62511770（质管部）
	010－82501766（邮购部）		010－62514148（门市部）
	010－62515195（发行公司）		010－62515275（盗版举报）
网　　址	http：//www. crup. com. cn		
经　　销	新华书店		
印　　刷	北京市鑫霸印务有限公司		
开　　本	787 mm×1092 mm　1/16	**版　　次**	2024 年 7 月第 1 版
印　　张	15. 5 插页 1	**印　　次**	2024 年 7 月第 1 次印刷
字　　数	354 000	**定　　价**	52. 00 元